KB267852

부모
자격
취득
하기

부모 자격 취득하기

발행일	2016년 12월 30일		
지은이	유 형 곤		
펴낸이	손 형 국		
펴낸곳	(주)북랩		
편집인	선일영	편집	이종무, 권유선, 김송이
디자인	이현수, 이정아, 김민하, 한수희	제작	박기성, 황동현, 구성우
마케팅	김회란, 박진관		
출판등록	2004. 12. 1(제2012-000051호)		
주소	서울시 금천구 가산디지털 1로 168, 우림라이온스밸리 B동 B113, 114호		
홈페이지	www.book.co.kr		
전화번호	(02)2026-5777	팩스	(02)2026-5747

ISBN 979-11-5987-345-4 13370 (종이책)
       979-11-5987-346-1 15370 (전자책)

이 도서의 국립중앙도서관 출판예정도서목록(CIP)은 서지정보유통지원시스템 홈페이지(http://seoji.
nl.go.kr)와 국가자료공동목록시스템(http://www.nl.go.kr/kolisnet)에서 이용하실 수 있습니다.
(CIP제어번호: CIP2016032024)

부모 자격 취득하기

유형곤 지음

북랩 book Lab

부모가 되는 교육만큼 중요한 것은 이 세상에 없다.

부모 역할을 통해서 인간은 성숙해진다.

부모가 자녀를 교육하는 것은 공교육보다 더 중요하다.

부모는 자녀 교육을 통해서 세상을 바꿀 수 있다.

더 좋은 세상을 원한다면 자녀를 훌륭한 아이로 키워라.

자녀 교육을 잘 하려면 먼저 부모가 교육을 받아야 한다.

부모의 질이 그 사회의 질로 결정된다.

우리 사회의 미래는 아이에게 달린 것이 아니라, 바로 부모에게 달려 있다.

• 머리말 •

　아이가 잘못된 행동을 하는 원인은 대부분 부모의 잘못된 양육 태도에서 기인한다. 부모는 무엇이 옳은 양육 방식인지를 배워본 적이 없다. 그러다 보니 아이를 기르는 데 있어 부모는 자기 생각대로, 혹은 남이 하는 대로, 또는 본능대로 양육을 하는 것이 일반적이다. 이것이 아이가 잘못되는 원인이다.

　부모는 자신이 가진 모든 것을 자식에게 다 주려고 한다. 부모는 자신의 인생을 오로지 자식을 위해 다 바친다. 부모의 인생은 어디에도 찾아볼 수가 없다. 부모는 그렇게 하는 것이 자녀에게 최고의 사랑을 주는 것으로 생각한다. 그것 때문에 아이가 고통을 받고, 아이의 인생이 망가진다는 사실을 전혀 알지 못한다.

　부모의 잘못된 사랑 때문에 아이는 사회에 나갔을 때 적응하는데 어려움을 겪게 된다. 부모는 자녀를 기르는데 용기와 대담성이 필요하다는 사실을 인식해야 한다. 즉 아이가 새로운 것에 도전할 수 있도록 유도해야 한다는 말이다. 하지만 일부 부모들은 아이를 온실 속에서 키우면서 도전정신의 싹을 잘라 버리는 잘못을 범하고 있다.

　어떤 일을 배우고 잘하려면 처음에는 실수를 해야 한다. 아이가 실수하는 것을 용인하고 이를 통해서 배움의 기회를 얻을 수 있도록 해야 한다. 그러나 부모는 아이가 실수하지 않도록 대신해 줌으로써, 아이가 실수를 통해서 세상을 경험하고 배울 기회를 빼앗고 있다.

　부모가 아이를 너무 엄하게 양육한다. 아이를 너무 엄하게 키우다 보니 아이가 어디 나가서 자신의 의견도 제대로 말하지 못하는 사람으로 만들어 버린다. 남에게 지적받을까 두려워하고 불안해하면서 인생을 살아간다. 부모는 아이의 조그만 실수도 용납하지 않는다. 아이는 항상 실수할까 불안해하고, 항상 결과가 좋지 않을까 불안에 떤다. 그러다 보니 아이는 새로운 일에 감히 도전하지 못하고 수동적인 아이가 되어 버린다.

부모는 아이를 적정한 수준의 위험에 노출해야 하지만 이를 원천적으로 봉쇄함으로써 아이의 정상적인 발달을 저해하는 잘못을 저지르고 있다. 그러나 안타깝게도 부모는 이러한 사실을 모르고 있다. 자기 자녀를 망치고 있는 사람이 남이 아니라 바로 부모라는 사실은 비극이다.

아이에게 결정권을 주지 않고 부모가 모든 것을 대신 결정해준다. 자녀는 자신의 인생을 살지 못하고 부모의 인생을 살아간다. 나중에 자녀는 자신의 인생이 없다는 것을 깨닫게 된다. 자녀는 인생의 허망함을 느끼고 끊임없이 방황하면서 괴로워한다.

필자는 한국의 가정에서 일어나는 이러한 잘못된 점들을 수없이 목격해왔다. 부모들은 최선을 다해 자녀를 키우고 있다고 생각하고 있기 때문에 어디서 아이가 잘못된 것인지 도저히 이해가 되지 않는다. 우리는 하루가 멀다하고 부모의 잘못된 양육방식으로 인해 행복해야 할 가정이 갈등으로 점철되고 있음을 매스컴을 통해 듣고 보고 있다.

이러한 현상들이 우리나라에서 유독 심하게 일어나고 있는 이유는 부모들이 자녀를 자신의 분신으로 생각하는 경향에서 오는 것이다. 자녀를 자신의 입맛대로 키우기 위해 자녀에게 공부 등을 강요하는 데서 오는 것이다. 그러나 가장 큰 근본 원인은 바로 자녀 교육에 대한 체계적인 교육을 받지 못하는 데서 오는 것이라고 말할 수 있다.

다른 아이에게 뒤처지지 않기 위해 남이 보내는 학원은 다 보내려고 노력한다. 남이 영어를 배우면 자녀도 영어를 배우게 하고, 남이 놀이 학원에 다니면 자녀도 놀이 학원에 보낸다. 이래저래 부모는 자녀의 학원비를 대느라고 등골이 휘어진다. 과도한 자녀의 사교육비 지출로 인해 부모의 노후대비가 취약해져 미래의 장수가 악몽으로 변해가고 있다.

행복하게 자라야 할 우리 아이들이 지나친 학습으로 인해 고통스러운 삶을 살고 있음을 우리는 잘 알고 있다. 그러나 그것이 정답이 아니라는 사실을 아무도 깨닫지 못하고 있다. 미래는 학력이 중요시되는 사회가 아니라, 창의성과 상상력이 중요시되는 시대가 된다. 이제 더 이상 지식이 중요한 시대가 아니다. 모든 지식은 인터넷에서 얼마든지 얻을 수 있으며, 또한 지식 분야에서는 인간이 인공지능을 따라갈 수 없다. 우리는 알파고와의 바둑대결에서 이미 경험하지 않았는가.

필자는 부모의 잘못된 양육 방식으로 인해 자녀들의 인생이 망가지는 것을 멈추게 할 시기가 왔다는 것을 깊이 깨닫게 되었다. 이제는 우리 부모가 변해야 한다. 자녀 교육을 잘하기 위해서는 먼저 부모가 되는 법을 배워야 한다.

필자는 사람들이 훌륭한 부모의 자격을 갖추기 위해서는 가장 먼저 이에 관한 교재가 필요하다는 점을 절감했다. 따라서 필자는 부모가 반드시 알아야 할 내용을 이 책에 집약시켰다. 이 교재를 통해서 여러분 모두가 훌륭한 부모가 될 수 있을 것이라고 확신한다. 아무쪼록 이 책으로 인해서 미래에 주역이 될 우리 아이들이 행복하고 민주적인 분위기 속에서 상상력을 마음껏 꽃피우면서 자랄 수 있기를 간절히 바란다.

이 책이 세상에 나올 수 있도록 자극과 영감을 주신 분에게 깊이 감사드리며, 그밖에 물심양면으로 저를 도와준 모든 분들에게 감사를 드린다.

제1장

부모교육의 필요성과
부모 및 자녀 분석

부모 자격 취득의 필요성

아이의 인생은 부모가 좌우한다.

아이의 문제는 대개 부모가 원인 제공자이다.

잘못된 아이는 없다. 오직 잘못된 부모가 있을 뿐이다.

부모의 말 한마디가 아이를 망친다.

자녀가 인생에서 낙오자가 되는 것은 부모의 잘못된 양육 방식이 그 원인이다.

부모는 자녀와 사회에 죄를 지어서는 안 된다

보통 젊은이들이 결혼하게 되면 하느님의 선물인 귀여운 아기를 갖게 된다. 이 세상에 그 무엇과도 바꿀 수 없는 보물인 아기를 부모는 잘 키우기를 희망한다. 그러나 아기를 잘 키우는 것은 말처럼 쉬운 일이 아니다. 그 이유는 젊은 부부들이 아기를 잘 키우는 법에 대해 배워본 적이 없기 때문이다. 한국에서 자녀 교육에 대해서 배우고 결혼한 사람은 거의 없다. 이것이 비극의 씨앗이며, 부모와 자녀가 인생의 험난한 길을 걷게 되는 원인이 되는 것이다.

하지만 결혼한 부부들은 이러한 사실을 깨닫지 못할 뿐만 아니라, 이를 대수롭지 않게 생각한다. 오직 내 아이를 누구보다도 잘 키우겠다는 의욕만 하늘을 찌를 뿐이다. 결혼한 부부들은 자녀를 누구보다 잘 키우겠다는 의욕만 강하면 모든 것이 잘 될 것으로 생각하는 것 같다.

하지만 세상은 냉혹하다. 세상은 자녀 교육에 대해 배운 적이 없다고 해서 특별히 봐주지 않는다. 세상은 무지한 당사자에게 그대로 철퇴를 내린다. 특히 자녀 교육에 있어서는 더욱 자비는 없다. 아이는 자신을 잘 다루지 못하면 그대로 부모에게 그리고 이웃과 사회에게 보복한다. 부모는 자녀 교육에 대한 무지가 자녀의 인생을 얼마나 망가뜨리는지를 전혀 깨닫지 못하고 있는 실정이다.

내가 아무리 명문대를 나왔다고 해서 자녀 교육을 잘할 수 있는 것은 아니다. 오직 자녀 교육에 대해서 공부한 사람만이 자녀를 제대로 잘 기를 수 있다. 자녀를 잘 기르고 싶다면 부단히 자녀 교육에 대해서 관심을 갖고 공부해야 한다. 세상의 원리 중의 하나는 항상 공부하고, 노력하고, 준비한 사람에게만 승리하는 삶을 살게 해준다는 사실이다.

자녀의 인생은 대개 부모의 양육 방식에 의해서 크게 좌우된다. 부모가 자녀 교육에 무지해서 자녀를 올바르게 키우지 못했다면, 그 자녀는 아마도 성공적인 삶을 살아가기 어려울 것이다. 물론 그러한 부모 밑에서 자랐다고 해서 그 자녀들이 다 성공하지 못하는 것은 아니다.

하지만 그런 경우는 아주 일부분에 지나지 않는다. 부모의 잘못된 양육 방식으로 인해 크게 상처받고 부정적인 사고방식을 가진 아이들이 사회에 나가 성공하기는 어렵다. 부모가 자녀를 어떻게 교육시키는가에 따라 자녀가 행복하고 성공적인 인생을 살아가게 되거나, 반대로 험난한 인생을 살아가게 된다.

이렇게 자녀의 평생을 좌지우지할 수 있는 것이 바로 부모의 양육 방식이다. 한 인간의 인생을 천국과 지옥으로 만들어버리는 자녀 교육은 부모가 절대 소홀하게 생각해서는 안 된다. 자녀 교육에 대해 공브하지 않는 것은 자녀와 사회 그리고 더 나아가 인류에게 큰 죄를 짓는 일이다.

좋은 세상을 만드는 것은 전적으로 부모에게 달려 있다

인간이 태어나서 자녀를 기르고 교육시키는 것은, 부모의 특권인 동시에 인간의 숭고한 의무이기도 하다. 부모가 자신의 자녀를 어떻게 기르느냐에 따라 자녀의 인생의 70~80%가 결정된다. 이 세상을 아름답게 바꾸고 싶은가. 세상을 좀 더 인간다운 세상, 따뜻하고 범죄가 없는 세상으로 만들고 싶은가. 그렇다면 자신의 자녀를 훌륭하게 키워라.

이와 반대로 자녀를 올바르게 교육시키지 못하면, 당신의 자녀는 사회에서 제대로 적응하지 못하게 되고, 더 나아가 범죄를 일으키게 된다. 자녀가 문제를 일으킨다면 그것은 자녀가 잘못된 것이 아니라 부모가 역할을 제대로 하지 못했기 때문이다. 몰라서 어쩔 수 없다고 변명해봐야 이 세상은 부모에게 전혀 자비를 베풀지 않는다. 자녀가 문제가 있다면 부모가 무엇을 잘못했는지 먼저 살펴봐야 한다. 자녀는 사실상 아무 잘못이 없다. 그렇게 만든 부모가 잘못이다.

자녀 교육의 근본은 자녀에게 사랑을 듬뿍 사랑을 주는 것이다. 우리 부모들은 자신의 자녀를 그 누구 못지않게 사랑한다. 그런데 왜 자녀가 비뚤어지는 것일까? 그 이유는 부모가 자녀를 올바르게 사랑하는 방법을 모르기 때문이다. 사랑하기 때문에 애인에게 폭력을 행사하고 잔소리하고 화를 낸다면, 서로 관계가 좋아지고 상대방이 사랑을 느끼게 될까. 그렇지는 않을 것이다.

자녀에게도 마찬가지다. 우리는 자녀를 사랑하기 때문에 수시로 자녀에게 잔소리하고, 화를 내고, 열심히 공부하라고 다그친다. 이와 반대로 자녀를 금지옥엽처럼 키우고, 최고로 비싸고 좋은 물건을 자녀에게 사준다.

또한 부모는 자신의 인생을 완전히 희생하면서 자녀에게 올인한다. 그리고 자녀의 성공을 위해 부모는 스스로 옳다고 생각하는 모든 것을 자녀에게 죄책감도 없이 강요하고, 그 어떤 행동도 마다하지 않는다.

부모 자신의 인생은 어디에도 없다. 부모는 이런 방식이 자녀에게 사랑을 주는 것이라고 생각한다. 이것들은 엄밀하게 말해서 사랑이 아니다. 이것들은 부모가 이루지 못한 것을 자녀를 통해 이뤄보려는 것이다. 또한 부모가 남의 눈을 의식하고, 남에게 뒤떨어질까 봐, 그리고 부모의 불안을 해소하기 위해 하는 행위들이다.

부모는 자녀에게 반드시 올바른 사랑을 주어야 한다. 자녀가 잘못된 길을 가려고 하거나 잘못된 행위를 할 때 냉정하게 꾸지람을 해야 한다. 때로는 엄격하게 규칙을 지키도록 요구해야 한다. 아이에게 인내심과 절제를 가르쳐서 성숙한 인간으로 성장하도록 유도해야 한다. 이러한 것들이 바로 부모의 올바른 사랑이요, 부모의 진정한 사랑이다.

자격 있는 부모가 되는 것이 바로 자녀 사랑이다

자녀를 사랑하는데 반드시 고도의 기술이 필요하다. 다시 말해서 자녀가 상처받지 않도록 해야 한다는 점이다. 자녀를 진정으로 사랑하기 때문에 부모가 꾸지람한다고 자녀가 느낄 수 있게 만들어야 한다. 이것이 바로 부모가 자녀를 올바르게 기르는 방법이요, 자녀를 진정으로 사랑하는 것이다.

자녀가 부모로부터 진정한 사랑을 받고 있다고 느끼면, 지금 당장 그것이 자녀에게 어렵고 힘이 들더라도 부모의 말을 기꺼이 따를 것이다. 그리고 부모의 꾸지람에 고마움을 느끼게 될 것이다.

아이가 어릴 때는 부모의 말을 잘 듣는다. 겉으로 보기에는 엄마가 사랑을 듬뿍 주면서 키우니까 아이가 잘 자라는 것처럼 보인다. 엄마는 속으로 '내가 아이를 최선을 다해서 사랑으로 잘 키우고 있기 때문에 아이가 잘 자라고 있다'고 생각한다. 과연 당신의 아이가 잘 자라고 있을까.

초등학교 시기까지 아이는 큰 문제가 없어 보인다. 그러나 사실은 엄마의 힘이 우월하기 때문에 아이는 할 수 없이 엄마의 지시를 따르는 것뿐이다. 또한 부모에게 버림을 받을까 봐 두려워서 할 수 없이 따르는 것이다. 어릴 때 부모의 잘못된 양육 방식의 결과는 아이가 중학교에 들어가면서부터 서서히 나타나기 시작한다.

부모 말을 그렇게 잘 듣던 착한 아이가 갑자기 부모에게 반항하고 대들기 시작한다. 그리고 아이가 비뚤어지기 시작한다. 혹자는 사춘기 때는 다 그렇다고 이야기한다. 그러나 사실은 어릴 때부터 축적된 부모의 잘못된 양육 방식에 자녀가 분연히 일어나 저항하는 것이다.

이때 부모가 자신의 잘못을 깨닫고 아이와 진솔한 대화를 한다면 이를 잘 해결할 수 있다. 그러나 부모가 권위주의적인 태도를 보이면서 일방적으로 지시하고 복종을 강요한다면, 부모자식간의 관계는 악화된다.

아이는 서서히 부모에게 마음의 벽을 쌓고 밖에서 문제를 일으키기 시작한다. 그때부터 가정은 전쟁터가 되기 시작한다. 부모와 자식 간의 관계는 최악으로 치닫게 된다. 이를 잘 치유하지 못하면 가정에 불행한 사태가 올 수도 있다. 우리가 매스컴을 통해서 수시로 접하는 청소년들의 불행한 사건들이 절대 남의 자녀 이야기만은 아닐 수 있다는 점을 인식해야 한다.

아기는 태어날 때 완벽한 상태 그 자체이다. 하느님은 우리에게 완벽한 아기를 주신다. 다시 말해, 대부분 아기들은 커서 훌륭한 사람이 될 수 있는 모든 자질을 가지고 있다는 의미다. 하지만 부모들은 아이를 제대로 다룰 줄 모르기 때문에 아이를 평범한 아이로 만들어버린다. 부모는 자녀를 제대로 작동시킬 줄 모른다. 그래서 자녀를 제대로 키우지 못한다. 부모는 자신의 입맛에 맞는 지시와 복종을 강요함으로써, 자녀의 훌륭한 자질을 약화시키거나 발휘하지 못하게 만들어버린다.

우리가 컴퓨터를 사게 되면 이것을 제대로 사용하기 위해 먼저 동봉된 사용설명서를 통해 컴퓨터의 올바른 사용법을 배우고 익힌다. 자동차를 사도 마찬가지다. 심지어 간단한 전기면도기를 사거나 TV를 샀을 때도 사용설명서를 익혀야만 그것들을 올바르게 사용할 수 있다.

아이도 마찬가지다. 그런데 하느님은 아기를 이 세상에 보내면서 양육 설명서를 동봉하지 않았다. 이것이 문제다. 아이를 키우는 일은 컴퓨터나 자동차보다 수십 배 더 복잡하다. 아이를 잘 키우는 방법에 관한 매뉴얼이 없다는 것은, 자녀를 기르는 것이 누구에게나 쉬운 일이 아니라는 사실을 잘 말해주고 있다.

그렇기 때문에 우리는 자녀를 갖기 전에 또는 임신하는 즉시, 자녀 교육에 대해 전반적인 공부를 시작해야 한다. 그래서 부모들은 자녀를 훌륭하게 기를 수 있는 능력을 갖추어야 한다. 오로지 부모의 자격을 갖춘 사람만이 진정한 부모가 될 수 있다는 사실을 우리는 깨달아야 한다.

그러나 진정한 부모 자격을 갖츠기는 현실적으로 쉽지 않다. 그 이유는 어느 곳에서도 진정한 부모가 될 수 있도록 교육시키는 기관도 없고, 교재도 존재하지 않기 때문이다. 나의 가장 귀한 보물이고, 그 무엇과도 바꿀 수 없는 나의 귀여운 자녀를 훌륭하게 키우고 싶지만, 이를 체계적으로 배울 곳이 없다는 것은 매우 안타까운 일이 아닐 수 없다.

이러한 문제점들을 해결하기 위해 자녀를 키우는 부모라면 반드시 알아야 할 중요한 사항을 모두 모아서 정리했다. 이 책을 통해서 부모님들은 자녀를 양육하는 데 있어 심리적인 안정감과 자신감을 얻게 될 것이다. 우리가 사는 사회와 국가 그리고 세계를 더 좋게 바꾸고 싶다면 우선 내 자녀를 훌륭하게 키워야 한다.

이 모든 것은 바로 우리 부모님들에게 전적으로 달려 있다. 그래서 부모는 반드시 부모 자격을 갖춰야만 한다. 지금보다 더 나은 사회로 변화시키고, 인류 발전에 큰 공헌을 할 수 있는 훌륭한 인물로 자녀를 키우기 위해, 우리 모두가 부모 자격을 갖춘 부모가 되어야 한다.

국가가 부모교육을 적극적으로 지원해야 한다

더 이상 부모가 되는 교육을 미루어서는 안 된다. 부모가 되는 교육을 개인이 알아서 하도록 방치해서는 안 된다. 이제 국가가 나서야 한다. 국가는 예산을 통해 적극적으로 부모교육을 지원해야 한다.

국가는 각 가정의 행복에 관심을 가져야 한다. 한국의 많은 가정에서 부모들이 공부를 위해 자녀를 지나치게 혹사키시고, 더 나아가 자녀의 인권을 유린하는 지경까지 이르고 있다. 부모가 되는 교육을 전혀 받지 못한 부모들이 자신의 생각을 밀어붙이면서 자녀들을 고통 속으로 몰아가고 있는 상황이다.

국가는 부모가 되는 교육을 광범위하게 실시할 필요가 있다. 사교육비의 증가로 모든 가정에 고통이 되는 상황이 계속되고 있다. 국가는 더 이상 뒷짐을 지고 이를 바라봐서는 안 된다. 이제는 국가가 나서서 새로운 패러다임을 구축해야 한다. 부모도 자녀도 모두 행복하게 생활할 수 있는 환경을 만들어야 한다.

이를 위해서 먼저 부모의 양육에 대한 사고방식부터 바뀌어야 한다. 자녀 교육에 대한 전통적인 관념에 변화를 주어야 한다. 우리는 이제 전통적인 사고방식에서 21세기에 맞는 새로운 사고방식으로 무장해야 한다. 그래야만 지금까지의 악순환을 끊고 새로운 방향으로 나아갈 수 있다.

21세기는 창의성과 상상력이 중요한 시대이다. 더 이상 구시대의 사고방식은 맞지 않는다. 우리는 제4차 산업혁명의 시대에 살고 있다. 빠르게 변화하는 시대에 부모들도 변화하지 않으면 안 된다. 그러나 현실은 그리 녹록하지가 않다.

국가가 부모의 양육 방식에 변화를 유도하는 데 적극적으로 앞장서야 한다. 우선 부모 자격증 제도를 시행하여 이를 취득한 사람에게 혜택을 주는 방향으로 나아가야 한다. 이를 위해 법률을 개정하고 결혼을 하려는 사람에게 부모 자격증 취득을 장려하는 정책을 시행해야 한다.

이제 국가가 개인의 행복에 더욱 밀접하게 접근해서 국민 개개인의 행복한 생활에 관심을 가져야 한다. 더 이상의 권위주의적이고 비민주적인 가정이 있어서는 안 된다. 우리는 작은 독립된 생명체인 아이의 인권을 보호해주어야 한다. 아이들이 하나의 독립된 인격체로서 존중받으며 자라야 할 권리를 국가는 보장해야만 한다.

우리 사회가 밝고 명랑하고 진정으로 인권이 존중되는 민주 사회가 되려면, 제일 먼저 가정이 민주적으로 변해야 한다. 더 나아가 개개인 모두가 나이, 성별, 학벌, 능력의 차이에 관계없이 상대를 존중하는 사회를 만들어 가야 한다. 그렇게 된다면 우리 사회는 더욱 살기 좋은 선진 사회로 바뀌게 될 것이다.

한국의 자녀 교육의 문제점

부모가 자녀를 잘 키우기 위해서는 반드시 자녀 교육에 관한 교육을 받지 않으면 안 된다. 그러나 우리나라 성인의 대부분은 자녀 교육에 대해 교육을 받을 기회를 갖지 못하고 있다. 그러다 보니 수많은 가정에서 자녀를 제대로 지도하지 못해, 부모와 자녀 사이에 수많은 갈등을 일어나고 있다. 모든 가정이 즐겁고 행복해야 하지만, 자녀와의 갈등으로 가정 내 긴장감이 높아가고 있는 실정이다.

또 하나의 문제점으로는 우리 부모들이 올바른 양육법을 제대로 알지 못하기 때문에 엄청난 사교육비를 지출하고 있다는 점이다. 크게 돈을 들이지 않고 얼마든지 자녀를 훌륭하게 키울 수 있지만, 그러한 방법을 모르기 때문에 대부분 가정에서 아이의 교육을 위해 막대한 사교육비를 지출하고 있다. 과도한 사교육비는 가계의 엄청난 부담을 주고 있으며, 이로 인해 부모 자신들의 노후에 대한 대비가 취약해짐으로써 많은 사회적 문제들을 초래하고 있다.

현재 한국의 자녀 교육 문제점은 다음과 같이 요약된다.

첫째, 각 가정에서 과도한 사교육비 때문에 부모들이 자신의 인생을 제대로 살아가지 못하고 있다.

둘째, 양육의 어려움으로 출산을 기피하는 현상이 초래되어, 한국의 미래가 암울해지고 있다.

셋째, 부모와 자녀들이 공부로 인해 상당한 스트레스를 받고 있다.

넷째, 부모와 자식 간의 원활한 대화가 이루어지지 않아서 엄청난 갈등과 불화가 발생되고 있다.

다섯째, 부모가 자녀를 기르는 데 있어서 각종 지식과 기술이 요구되지만, 부모들이 이에 부응하지 못하여 아이의 인생을 망치는 경우가 많다.

여섯째, 제4차 산업혁명시대에 적응할 수 있는 새로운 양육 방식이 요구됨에도 불구하고, 부모들은 이에 맞는 자녀 교육을 제대로 하지 못하고 있는 실정이다.

이러한 문제를 해결할 수 있는 가장 효과적이고 확실한 방법은 바로 부모들을 교육시키는 것이다. 자녀를 올바르게 키우고, 미래 사회가 원하는 인재로 키우기 위해서는 먼저 부모를 교육시키는 것이 가장 중요하다.

부모 자격 교육의 효과

현재 우리가 당면하고 있는 자녀 교육의 문제점을 부모 자격 교육을 통해 완전히 해소할 수 있다. 부모 자격 교육은 구체적으로 다음과 같은 효과를 기대할 수 있다.

- 1인당 사교육비 대폭 절감효과 (2014년 기준- 자녀 1인당 자녀 총 양육비 3억 추산)
- 훌륭한 인성을 가진 아이로 성장
- 도전적인 아이로 성장

- 창의적인 아이로 성장
- 영어를 자유자재로 구사하는 아이로 만듦
- 공부 잘하는 아이로 만듦
- 자녀의 인생이 성공과 행복으로 가득한 인생으로 만들어줌
- 저출산 문제 해결
- 행복한 가정
- 성숙한 시민 양성
- 부모들의 안정적인 노후생활자금 확보

부모들의 자식에 대한 바람

공부 잘해서 → 좋은 대학 입학 → 대기업 → 안정된 생활

자녀를 좋은 대학에 보내기 위해 어릴 때부터 자녀에게 무리하게 사교육을 시키고 있다. 그러나 더 이상 이런 공식은 통하지 않는 시대가 되었다.

공부가 미래를 결정하는 시대가 아니다. 공부를 잘한다고 해서 성공이 보장되는 시대가 아니다. 변화무쌍하고 예측하기 힘든 시대에 안정적인 것은 아무것도 없다. 현재 각광받는 분야가 미래에는 소리도 없이 사라진다. 현재 주목받지 못하는 분야가 미래에는 모두가 선망하는 분야로 바뀔 수 있다. 앞으로 변화는 더욱 빠르게 진행될 것이다. 여기에 대비하는 것은 좋은 성적을 받고 좋은 대학에 들어가는 것이 아니다. 취업이 인생의 안정을 보장하는 것은 아니다.

21세기 자녀 교육의 중점 방향

- 창의적인 인재로 키워야 한다.

- 인성과 소통능력을 갖춘 사람으로 키워야 한다.
- 자신이 좋아하고, 자신이 남보다 잘하는 분야를 키워주어야 한다.
- 취업이 중요한 것이 아니라 장기적인 인생 목표가 중요하다.
- 긴 인생을 무슨 일을 하며 살아갈 것인가를 가르쳐야 한다.
- 어떻게 사회발전에 기여할 것인가를 가르쳐야 한다.
- 아이가 행복한 인생을 살아가도록 도와주어야 한다.

공부 잘하는 아이보다 인성이 좋은 아이, 정서 지능이 높은 아이, 공부를 좋아하는 아이로 키워야 한다. 인간관계가 원만한 아이, 긍정적인 아이, 책임감이 있는 아이로 키워야 한다. 사회성이 좋은 아이, 사회물정을 잘 아는 아이로 키워야 한다. 호기심이 많은 아이, 스스로 결정하고 자신의 길을 찾아가는 아이로 키워야 한다. 끈기를 키워주고 낙천적인 아이, 노력하는 아이, 성격 좋은 아이로 키워야 한다. 자신이 좋아하는 것에 몰두하는 아이로 키워야 한다.

자녀 교육의 궁극적인 목표와 방향

① 자녀를 독립시키는 것이 자녀 교육의 목적이다.

② 자녀가 행복하게 인생을 살아가도록 하는 것이 바로 자녀 교육의 목적이다.

③ 무엇을 하고 어떻게 살아야 할지를 알도록 도와주는 것이다.

④ 이러한 궁극적인 목표를 달성하기 위해서, 자녀 교육은 반드시 장기적인 관점에서 이루어져야 한다.

결론

자녀 교육의 목표를 명문대 입학에 둘 것이 아니라, 자녀의 행복에 두어야 자녀 교육이 올바르게 될 수 있다. 자녀가 인생을 행복하게 살기 위해서는 부모가 삶의 지혜를 먼저 가르쳐야 한다. 중요한 것은 삶의 태도이다.

부모는 자녀가 더 많은 지식을 습득하도록 하는 데 초점을 맞추고 있다. 하지만 지식보다 더 중요한 것은 인생에 대한 생각과 태도, 그리고 인생의 방향을 먼저 가르쳐주어야 한다. 다시 말해 삶의 태도, 인생을 살아가는 방법을 가르쳐주어야 한다. 또한 인생의 방향과 목표를 자녀 스스로 정하도록 이끌어주는 것이 바로 부모가 가장 우선으로 해야 할 필수적인 역할이다.

자녀 교육은 말보다 부모의 행동으로 보여주는 것이다. 따라서 모든 것에 대한 모범을 부모가 먼저 행동으로 보여주는 것이 바로 자녀 교육의 핵심이다. 이를 위해서는 부모는 행동, 마음가짐, 태도, 말 등에서 자녀에게 미칠 영향을 고려하여 최선의 것을 취하도록 노력해야 한다.

<table><tr><td>3</td><td># 아기는 완벽한 상태로 태어난다</td></tr></table>

아기는 그 자체로 완벽한 상태로 태어난다. 아기는 인간이 성공하는 데 필요한 모든 인자를 완벽하게 갖고 세상에 태어난다. 부모는 이러한 특성을 훼손만 시키지 않고 잘 자라도록 하기만 하면 된다. 그러나 부모들은 아이들의 성공적인 인자들을 훼손하고 억압하고 불안정하게 만드는 실수를 저지른다.

완벽한 상태인 아기의 특성을 훼손하지 않도록 하면 아이는 모두 훌륭한 사람이 된다. 부모는 완벽한 아기의 특성이 잘 유지되고 발전할 수 있도록 키워주어야 한다. 그러나 부모는 어떻게 하는 것이 아이의 본성을 훼손시키지 않는 것인지를 모른다.

아이들은 대부분 뛰어난 능력을 가지고 있다

아이는 한 번 가르쳐주면 절대 그것을 잊지 않는다. 부모가 이러한 특성을 잘 이용한다면 아이들이 다 훌륭하게 자라게 할 수 있다. 아이의 본성, 아이의 심리, 아이의 감정, 아이의 행동 원리를 이해하면 얼마든지 아이를 훌륭한 사람으로 키울 수 있다.

천재들은 호기심이 강하다. 아이에게 호기심을 발달시켜주어야 한다. 부모는 아이가 계속해서 호기심을 갖도록 유도하고 이를 극대화 시킬 수 있도록 노력해야 한다. 또한 많은 질문을 통해 아이의 상상력을 자극시켜

주어야 한다. 아이가 몰두할 수 있는 환경을 만들어주어야 한다. 아울러 부모는 아이의 질문에 정성껏 답변해주는 습관을 가져야 한다.

자녀 교육에 대한 공부가 바로 아이의 미래를 결정하게 된다. 일찌감치 자녀 교육의 원리를 깨달은 부모는 아이의 천재성을 최대한 활용한다. 사교육도 거의 시키지 않고 자녀를 명문대학에 보낸다. 그리고 좋은 인성을 가진 아이로 키운다. 또한 자녀로부터 효도도 듬뿍 받는 행운도 갖는다. 이 모든 것들은 부모의 양육 방식에 전적으로 달려 있다.

자녀를 기르는 것은 사실 크게 어려운 것이 아니다

몇 가지 원리를 안다면 사실상 자녀 교육에 큰 부담을 느낄 필요가 전혀 없다. 아이는 잘 먹이고 잘 놀게 하면서 늘 따뜻한 관심과 보살핌을 주면 잘 자란다는 점이다. 엄마는 아이와 즐거운 시간을 보내면서 행복한 시간을 보내면 된다. 구태여 자녀를 위해서 애를 쓰지 않아도 자녀는 스스로 성인으로 잘 자라게 되어 있다. 자녀들은 스스로 잘 자라게 프로그램되어 있다는 사실을 깨달아야 한다.

: 어릴 때 공부보다는 다양한 경험을 갖도록 하는 것이 좋다

아이들이 불편할 때 이를 잘 보살펴주고, 아이들의 감정에 공감해주고, 마음의 평정을 찾도록 다독여준다. 초등학교 때까지 아이들이 마음껏 놀고, 체험시키고, 다양한 경험을 갖도록 하는 것이 좋다. 좋아하는 운동도 열심히 하게 하고, 각종 활동도 장려한다. 각종 캠프 체험, 가족과 여행, 박물관 견학 등을 활발하게 시켜준다. 그리고 아빠와 다양한 놀이를 하도록 한다.

: 항상 아이의 인격을 존중해주자

아이의 의사를 무시하고 부모의 의사를 무조건 강요해서는 안 된다. 아이에게 원하는 것이 무엇인지 물어보고 아이에게 선택권을 주어야 한다. 무엇이든지 아이와 상의하고 결정한다. 아이를 하나의 독립된 인격체로서 존중해주면, 아이는 남을 존중할 줄 알고 나름대로 책임감을 갖고 성숙한 행동을 하게 될 것이다.

: 어릴 때는 기억력이 뛰어나다

대부분의 아이들은 놀라운 두뇌를 가지고 있다. 특히 기억력이 비상하다. 부모들이 어릴 때 자녀를 잘 관찰하면 천재적인 두뇌를 가지고 있다는 것을 발견하게 된다. 그래서 자기 자신의 아이가 천재가 아닌가 하고 의심하게 된다. 사실 아이들은 대부분 천재다.

부모는 이 천재적인 자녀에게 많은 것을 가르치려고 노력한다. 결국 과도한 학습이 아이를 망치게 된다. 이 시기에는 많은 것을 가르치려고 하기 보다는 아이의 기본적인 좋은 특성을 갖도록 노력하는 것이 좋다. 공부보다는 호기심을 키워주고, 독서를 좋아하게 하고, 다양한 경험을 갖게 해주는 것이 더 중요하다. 부모는 황금계란을 낳는 암탉을 잡아먹는 우를 범하지 말아야 한다.

: 몰입능력을 키워준다

아이들은 자신이 하는 일에 몰입하는 경향이 있다. 특히 재밌고 스스로 잘할 수 있는 것에 더욱 몰입하게 된다. 아이들이 무언가에 몰입하고 집중할 때 엄마는 아이가 계속 집중할 수 있도록 기다려주어야 한다. 이런 습성을 키워주는 것이 매우 중요하다.

엄마는 아이가 몰입하는 습관을 갖도록 도와주어야 한다. 몰입하는 습관을 갖게 하면 아이는 공부에서도 훌륭한 성과를 가져오게 될 것이다. 천재는 바로 몰입을 잘하는 사람이다. 어려서부터 아이가 몰입하는 습성을 키워주면 공부에 대한 걱정은 할 필요가 없다. 어릴 때 아이의 본성대로 키우는 것이 아이를 잘 키우는 방법이다.

: 어른이 하는 것을 따라 하려는 습성이 있다

아이들은 어른들이 하는 것을 보고 따라 하려는 습성을 보인다. 그러므로 어른들은 아이가 어른들을 모방해서 행동하려는 습성을 이용하여 아이를 교육시키는 데 적용하면 된다. 모든 교육은 말이나 지시보다는 행동으로 보여주는 것이 가장 효과적이다.

아이들이 공부하게 하려면 엄마가 공부하는 모습을 보여주면 된다. 아이에게 독서습관을 갖도록 하려면 엄마가 책을 읽는 모습을 보여주면 된다. 아이가 사교적인 아이를 만들려면 엄마가 이웃과 친하게 지내는 모습을 보여준다.

아이가 열심히 노력하는 아이로 키우려면 엄마가 열심히 사는 모습을 보여주면 된다. 자녀 교육에서 중요한 것은 엄마가 자녀에게 어떤 모습을 보여주느냐에 달려 있다.

아이를 여유를 갖고 느긋하게 키워라

위에서도 언급했던 것처럼 아이는 스스로 성공할 인자를 가지고 태어난다. 아이가 다른 아이에 비해 발달 정도가 느릴 수 있다. 하지만 그러한 점은 크게 신경 쓸 필요가 없다. 내 아이가 다른 아이에 비해 발달이 늦어지거나 공부가 약간 뒤처진다고 해서 불안해 할 필요는 없다. 현재 발달이 남보다 늦어지고 있다고 해서 아이가 커서 좋은 대학에 가거나 성공하는 데 있어서 전혀 영향을 주지 않는다.

내 아이가 바보가 아닌 이상 나중에 다 남만큼 해낼 수 있다. 조바심을 느껴서 아이를 닦달하거나 채근해서는 안 된다. 그럴수록 아이를 믿고 계속해서 격려를 해주고 사랑을 듬뿍 주어야 한다. 아이에게 '너는 충분히 해낼 수 있다'고 말해주는 것이 가장 중요하다. 아이가 발전하지 않고 그대로 있다 하더라도 아이를 사랑한다는 마음을 지니는 것이 중요하다.

질투심과 경쟁심이 있다

아이들은 남이 하면 자신도 하고 싶어 한다. 바로 질투심이 있는 것이다. 부모는 아이의 질투심을 잘 이용하면 얼마든지 아이에게 좋은 방향을 유도할 수 있다. 아이에게 책을 읽어주기 전에 인형에게 책을 읽어준다. 그러면 아이는 자신에게도 책을 읽어달라고 요구하게 된다. 그리고 남보다 잘하려는 경쟁심이 있다.

아이들이 실수하는 것은 너무나 당연하다

아이들이 그저 연약하고 실수투성이기 때문에 부모는 옆에서 챙겨주고 대신 해주지 않으면 안 된다는 강박관념을 가지고 있다. 엄마는 아이가 스스로 해내지 못할까 봐 불안해한다. 물론 아이가 혼자 하기 어려운 일은 어른이 도와주는 것이 옳다. 하지만 아이가 혼자 해도 되는 일까지 도와줘서는 안 된다. 엄마는 아이가 혼자서 할 때까지 기다려주어야 한다. 처음에는 실수도 하겠지만 그러면서 아이는 혼자서 하는 법을 배우게 된다.

누구나 처음에는 실수한다. 실수해야만 그것을 완벽하게 배우는 것이다. 어른도 시행착오를 통해서 나중에 완벽하게 일을 수행하게 된다. 하물며 아이들은 더욱 그렇다. 그러므로 아이가 실수하는 것을 야단치기보다는 자연스러운 일로 받아들이면서 기다려주는 여유가 필요하다.

아이는 천천히 변한다

아이의 잘못된 버릇을 바로잡으려고 할 때, 엄마는 느긋하게 여유를 가지고 기다리는 자세를 가져야 한다. 아이의 잘못된 버릇을 어른들은 그 즉시 고치기를 바란다. 그러나 그것은 인간의 속성에 대한 무지에서 오는 것이다.

인간은 천천히 바뀐다. 엄마는 꾸준히 아이가 올바른 행동을 할 때까지 지속적으로 가르쳐주어야 한다. 절대 화를 내거나 야단쳐서는 안 된다. 아이가 잘못된 행동을 할 때마다 올바른 행동하는 방법을 계속 가르쳐주어야 한다.

빨리 아이가 변하지 않는다고 해서 짜증을 내거나 소리를 질러서는 안 된다. 몇 개월이 걸릴지라도 느긋하게 잘못된 행위를 바꾸도록 낮은 목소리로 이야기를 해준다. 이때 기분 나쁜 표정이나 화난 감정을 드러내서는 안 된다. 그리고 아이가 바른 행동을 했을 때마다 칭찬을 해준다.

부모가 말하는 내용을 그대로 믿는다

아이는 부모가 말한 내용을 그대로 믿는다. 그러므로 부모는 항상 아이에게 긍정적인 말, 좋은 말, 용기를 주는 말을 해주는 것이 매우 중요하다. 아이에게 "엄마는 네가 세상에서 제일 예뻐" "엄마는 너를 가장 사랑한다" "너는 할 수 있어" "너도 열심히 노력하면 나중에 훌륭한 사람이 될 수 있어" "실수해도 괜찮아. 다시 도전해보렴!" 등 긍정적인 이야기를 해주어야 한다. 아이에게 부정적인 이야기를 해서는 절대 안 된다.

아이와 항상 즐겁고 재미있는 시간을 보낸다

아이와 항상 즐거운 시간을 보내도록 한다. 우리는 즐겁게 사는 것을 회피하고 있다. 항상 뭔가 진중해야 하고 근엄한 집안 분위기를 유지해야 하는 것으로 무의식적으로 생각한다. 즐겁고 명랑한 집안 분위기를 터부시하고 오로지 진지하고 성실하게 공부하는 분위기로 몰아간다. 그러한 분위기에서 자란 아이들은 인생이란 무겁고 재미없는 것이라는 인상을 받게 된다.

그래서는 아이의 경쟁력이 떨어진다. 미래는 밝고 명랑하고 재미있고 즐겁게 인생을 살아가는 것이 가장 인기 있는 사람이 된다. 엄마는 아이와 즐거운 시간을 보내기 위해 매일 재미있었던 일을 아이에게 물어보고 서로 같이 웃는 시간을 가져야 한다. 그리하여 인생이란 재밌고 즐거운 것이라는 사실을 아이에게 깨닫게 해준다.

부모는 끝까지 아이를 믿어주어야 한다

아이는 부모가 믿어주는 만큼 자란다. 그러므로 아이가 반드시 잘 될 것이라고 믿어주어야 한다. "너는 틀림없이 성공할 거야!" "엄마는 네가 잘 될 거라고 믿는다"라고 말해준다. 그리고 실제로 그렇게 믿는다. 부모가 죽을 때까지 아이가 잘될 거라는 것을 사실을 철저하게 믿어야 한다. 그것이 아이에게 큰 힘이 되어 결국 부모의 믿음대로 아이는 성공하게 되는 것이다.

무엇이든지 스스로 하려는 습성이 있다

아이는 어려서부터 스스로 직접 해보고 싶은 본성이 있다. 남의 도움을 받지 않고 독립적으로 어떤 것을 해보려고 한다. 즉 독립성과 자율성을 가지고 아이는 태어난다. 이것을 부모는 가급적 꺾지 않고 키워주고 발달시켜주어야 한다. 그래야만 아이가 커서 독립적으로 훌륭하게 자기 인생을 개척하면서 살아갈 수 있게 된다. 그런데 부모들은 무엇이든지 대신 해주려고 한다. 아이의 독립성과 자율성을 침해한다. 부모는 반드시 경제적, 정신적으로 자녀가 홀로서기를 할 수 있도록 적극적으로 도와주어야 한다.

아이가 하고 싶은 것을 가급적이면 허용해야 한다

아이가 하고자 하는 것이 도덕적으로 인간이 해서는 안 되는 나쁜 것이 아니라면 부모는 아이가 하고자 하는 것을 허용하도록 한다. 더 나아가 아이가 하고 싶을 것을 마음껏 하도록 하는 것이 좋다. 어떤 것을 좋아하고 어떤 것을 하고 싶어 하는 마음이 바로 열정으로 연결된다. 무엇이든 금지하면 아이에게서 열정을 기대할 수 없다. 열정을 가진 아이가 사회에 나가서 성공한다. 무엇이든지 아이가 하고 싶어 하는 것을 열심히 하도록 권장하는 것이 바로 부모가 할 일이다. 항상 아이가 하는 것을 지지해주고 성원해주어야 한다. 이 세상은 열정을 가진 사람을 원한다.

아이는 칭찬을 받고 싶어 한다

아이는 칭찬을 받는 것을 좋아한다. 그러므로 부모는 특히 어릴 때 칭찬을 자주 해주어야 한다. 아이는 부모로부터 칭찬을 받으면 기분이 좋아지면서 다시 칭찬을 받고자 노력하게 된다. 부모는 칭찬을 이용해서 아이의 잘못된 버릇을 고칠 수 있다. 아이의 잘못을 꾸짖고 야단치기보다는 칭찬을 통해 아이의 잘못된 습관이나 행동을 바로 잡는 것이 바람직하다.

도전정신은 어릴 때 타고난다

아이들은 어려서부터 새로운 것에 두려움 없이 도전하려는 기질을 가지고 있다. 아이들은 두려움이 없다. 오히려 엄마가 아이에게 두려움을 학습시킨다. 엄마는 아이가 다칠까 지나치게 걱정을 하고 불안해한다. 아이는 원래 두려움이 없었는데 엄마를 보고 두려움을 배운다. 엄마가 항상 의연하게 대처하고 항상 안정된 정서를 가지고 아이를 대해 준다면, 아이도 정서적으로 안정되고 새로운 것에 두려움을 갖지 않고 도전하게 된다. 엄마는 아이에게 불안한 모습을 보이지 않아야 한다.

마음껏 친구들과 뛰어놀게 하라

아이들은 또래 친구와 노는 것을 좋아한다. 하지만 엄마는 아이가 노는 대신 공부를 시키려고 노력한다. 아이는 친구와 놀이를 통해서 사회성을 배우고, 대인관계 기술을 배우고 남에 대한 배려를 배우게 된다.

대부분 엄마들은 오로지 아이에게 공부만을 중요하게 생각한다. 한참 친구들과 뛰어놀면서 여러 가지 능력을 키워야 할 시기에 공부만 강요함으로써 아이가 커서 훌륭하게 사회생활을 할 수 있는 능력을 갖추지 못하도록 하고 있다. 결국 부모는 아이가 커서 성공할 수 없도록 아이의 성장을 방해한다. 성공하는 아이로 키우기 위해 부모는 아이가 친구들과 함께 마음껏 놀 수 있도록 환경을 조성해줄 필요가 있다.

아이는 어려움을 극복하는 능력이 있다

아이는 어떤 환경이든 거기에 적응할 수 있는 능력을 가지고 있다. 그러나 부모는 너무도 편안하고 안락한 환경만 제공하려고 노력한다. 하지만 아이에게 거친 환경에 노출시켜서 어려운 환경을 극복할 수 있는 능력을 갖게 해야 한다.

부모는 아이가 아무리 어려운 환경에 처해 있다 하더라도 이를 이겨낼 수 있는 능력을 키워주어야 한다. 아이에게 강한 정신력과 어려움을 극복하는 능력이 태어날 때부터 잠재되어 있다. 부모는 이러한 능력을 극대화시키기 위해 아이에게 어려서부터 좀 부족하고 힘든 환경을 제공할 필요가 있다. 이를 통해 아이는 강한 아이로 자라나게 된다. 나중에 아이는 어떤 어려움이 와도 이에 굴하지 않고 이를 극복하는 강한 사람으로 변하게 된다.

부모가 완벽하지 못하더라도 크게 신경 쓰지 않아도 된다. 어느 정도 부족한 환경이라 하더라도 아이는 크게 불만을 갖지 않는다. 부모가 좀 부족하다 하더라도 아이는 다 이해하고 받아들인다. 부모가 간혹 화를 내는 것도 이해한다. 부모는 남만큼 해주지 못한다고 해서 크게 아이에게 죄책감을 느낄 필요는 없다. 부모는 자신이 할 수 있는 한도에서 최선을 다하면 된다. 오히려 부족한 것이 아이에게는 큰 동기부여가 될 수 있다는 사실을 알아야 한다.

양보다 질이다

워킹맘의 경우 자녀와 함께 해주지 못해 죄책감을 갖고 생활하고 있다. 그 죄책감이 자녀 교육에 나쁜 영향을 미친다. 하지만 그렇게 죄책감을 가질 필요는 없다. 그 대신 하루에 10~20분 정도는 만사를 제쳐놓고 아이와 함께 신나게 노는 시간을 매일 가지면 된다. 아이와 놀 때는 엄마가 마지못해 억지로 놀아서는 안 된다. 아이와 놀 때는 모든 것을 잠시 잊어버리고 아이와 신나게 놀아주어야 한다. 아이와 노는 시간을 가질 때는 엄마는 오로지 아이와 놀이하는 것에만 집중해야 한다. 짧은 시간만이라도 엄마가 아이와 신나게 노는 시간을 갖는다면 이것은 종일 엄마와 함께 하는 효과를 갖게 된다.

아이에 대한 욕심과 불안감을 버려라

아이를 망치는 길은 부모가 아이에 대해 욕심을 갖는 것이다. 부모는 아이를 자신의 입맛대로 키우기 위해 사전에 목표를 세워 놓는다. 그리고 그 목표를 이루기 위해 아이를 몰아붙인다. 세계 최고의 음악가로 키우기 위해 아이를 어릴 때부터 조련한다. 아이가 어릴 때는 부모의 말에 따르지만 나중에 부모의 강요된 삶에 회의를 느끼고 괴로워하게 된다.

부모는 아이에 대해 불안감을 갖고 있다. 아이는 약하고 힘없는 존재라서 반드시 부모가 옆에서 돌봐주어야 한다고 생각한다. 그래서 아이가 상처받지 않도록 항상 옆에서 돌봐주고 신경 쓴다. 아이를 온실에서 화초를 키우듯이 양육한다.

자신의 아이가 남보다 뒤떨어지는 아이가 될까봐 걱정된다. 특히 공부에 뒤떨어져서 좋은 대학에 들어가지 못 할까봐 불안하다. 모든 것을 남과 비교하면서 항상 부모는 남과 경쟁의식을 갖고 불안에 떤다. 아이가 모든 것을 남과 같이 잘할 수는 없다. 중요한 것은 아이의 장점을 보고 이를 키워주면 된다. 모든 아이들은 자신만의 재능을 가지고 있다. 부모는 이를 잘 키워주는 것이 중요하다.

어느 정도 실패도 하고 실수도 하면서 아이는 강한 아이로 성장하고, 자신의 인생을 독립적으로 살아가는 법을 배우게 된다. 실수와 실패는 성공에 도달하기 위한 하나의 과정이므로 자연스러운 것이다. 부모의 과잉보호는 아이가 스스로 인생을 개척하는 힘을 갖게 하지 못하게 하고 결국 아이의 인생을 망가뜨리게 된다.

　부모는 아이가 하고자 하는 일을 적극적으로 밀어주고 지지해주면 된다. 그 대신 어릴 때 인성 교육을 철저히 시킬 필요가 있다. 부모가 아이에게 가장 중요하게 가르쳐야 하는 것은 인성 교육, 정서교육, 사회성 교육이다. 그 밖에 이 책에서 강조하는 것들을 잘 교육시키면 된다. 자녀 교육에서 가장 중요한 기본 교육을 어릴 때 철저하게 시킨다면, 아이는 누구나 인생을 성공적으로 행복하게 살아갈 수가 있다.

　아이들은 태어날 때 완벽한 상태로 태어나기 때문에 아이의 미래에 대해 불안해하거나 걱정을 할 필요가 없다. 아이가 가진 본성을 잘 발달시키고 키워주면 아이는 커서 자신의 인생을 훌륭하게 개척하면서 성공적으로 살아가게 된다. 아이에 대해 부모가 욕심을 가져서는 안 된다. 또한 아이의 미래에 대해 불안해하거나 걱정하지 말고 아이를 믿고 지켜보는 것이 가장 좋은 교육법이다. 그리고 엄마는 자신의 인생을 열심히 사는 모습을 아이에게 보여준다.

4

자녀와 부모

자녀 존재의 의미

- 자녀는 독립된 작은 인격체이다.

- 자녀는 부모의 소유물, 애완동물, 장난감이 아니다.

- 자녀는 부모의 종속물이 아니므로 부모의 생각을 강요해선 안 된다.

- 자녀를 부모와 동일시해서 부모 마음대로 이끌려고 해서는 안 된다.

- 자녀는 부모의 꿈을 실현시켜주기 위해 태어난 존재가 아니다.

- 자녀는 나와 다르다는 것을 인정해야 한다.

- 자녀는 부모가 잠시 맡아 기르다가 20살 때 사회로 내보내줘야 한다.

- 자녀는 때가 되면 부모 품을 떠나 자신의 인생을 스스로 살아가야 한다.

- 자녀 교육은 자식과 이별을 준비하는 과정이다.

- 자녀는 가장 가까운 남이다.

- 자녀는 아주 친한 친구, 가까운 이웃, 직장 동료, 군대 전우와 같은 존재이다.

- 그러므로 자녀와 부모는 어느 정도 거리를 두어야 한다.

- 자녀의 의사를 무시하고 부모의 지시에 따르도록 강요해서는 안 된다.

- 항상 자녀를 존중하는 태도를 가지고 대해야 한다.

자녀의 가치

- 자녀는 하느님이 우리에게 주신 지상 최고의 선물이다.
- 자녀는 이 세상에서 그 무엇과도 바꿀 수 없는 보물이다.
- 자녀는 돈으로 환산할 수 없는 무한한 가치를 가진다.
- 자녀는 인생을 살아가는 의미를 준다.
- 자녀는 역경을 극복할 힘을 준다.
- 자녀는 인생에서 가장 큰 행복과 기쁨을 준다.
- 자녀가 없으면 노후가 쓸쓸하다.
- 이 세상에서 가장 보람된 것은 바로 자녀를 갖고 기르는 것이다.
- 자녀와 더불어 인생이 성숙해지고 풍성해진다.
- 자녀는 인생의 동반자이자, 친구이다.
- 자녀만큼 그렇게 오랫동안 행복을 가져다주는 것은 이 세상에 거의 없다.
- 자녀는 많으면 많을수록 좋다.
- 자녀를 훌륭한 사람으로 키운다면, 이 세상을 더 나은 세계로 만드는 것이다.
- 훌륭한 자녀로 키웠다면, 나는 이 세상에서 나의 역할을 충실히 한 것이다.

결혼해서 아이를 기르는 것은 분명히 남는 장사다

인생을 살면서 가족과 함께하는 기쁨은 그 무엇과도 비할 수 없다. 이 세상의 그 무엇도 가족과 함께 지내고, 식사하고, 즐거운 시간을 갖는 것처럼 행복한 것은 없다. 가족이 있기 때문에 세상의 어떤 어려움도 극복할 수 있는 힘이 생기는 것이다.

결혼해서 아이를 키우는 것은 어느 정도 힘이 들지만 그 대신 아이는 무한대로 우리에게 기쁨과 안락함, 그리고 행복을 평생 제공한다. 또한 살아갈 수 있는 에너지를 끊임없이 공급해주고 삶의 의미를 제공한다. 안정적이고 행복한 삶을 원한다면 과감하게 결혼을 해야 한다. 그리고 아이를 가져야 한다. 그다음부터 아이들을 위해서 열심히 인생을 살아가라.

지금은 인구가 그 나라의 국력인 시대이다. 이와 마찬가지로 가정에서는 자녀가 나의 든든한 지원군들이다. 자녀들이 바로 나의 인생의 동반자들이다. 인생은 든든한 동반자가 있어야 행복하고 힘차게 살아갈 수 있다. 지금 당장 아이들을 기르는 것이 힘들어 보여도 인생은 그게 다가 아니다. 오히려 아이들이 있기 때문에 내 인생이 더욱 행복해지고 보람이 있다는 사실을 깨달아야만 한다.

직장 생활 때문에 양육을 너무 어려워하지 말라. 사회생활을 하면서도 아이를 잘 키울 수 있다. 아이를 잘 키우기 위해 직장 생활을 한다고 생각하면 된다. 아이의 양육을 위해서 직장 생활을 한다는 것을 아이에게 이야기해주면 아이도 충분히 나중에 이해한다. 너무 죄책감을 가질 필요가 없다. 직장 생활을 하면서도 아이를 잘 키울 수 있는 방법을 이 책에서 알려줄 것이다.

항상 인생을 살아가면서 어떤 문제에 직면했을 때 혼자서 고민하지 말고 관련된 책을 찾아 읽어라. 아니면 멘토를 찾아가서 상의해라. 또는 강의를 찾아 들어라. 이 세 가지는 젊은 사람들에게 꼭 당부하고 싶은 말이다. 혼자서 아무리 고민해봐야 답은 나오지 않는다. 인생의 해답은 쉽게 찾을 수 없기 때문이다. 자신의 고민을 혼자 속으로 끙끙 앓고 있어 봐야 변하는 것은 아무것도 없다.

인생을 길게 봐야 한다. 인간의 수명이 늘어나서 100년 이상을 살게 되는데 아이를 키우는 것은 약 20년이다. 그러나 내가 사는 기간은 앞으로 70~80년이다. 여기서 20년을 빼서 50~60년을 아이들 없이 쓸쓸하게 혼자 산다는 것을 생각해봐라. 자신을 돌봐줄 사람도 없고, 크게 행복을 주는 사람도 없기 때문에 인생에서 활력이 없어진다. 자녀 없이 그 긴 시간을 살아간다는 것은 너무나도 무기력한 삶이 될지도 모른다. 여러분이 경제적 문제로 혹은 양육의 어려움 때문에 결혼을 기피하고 자녀를 낳지 않는 것은 너무나도 근시안적인 것이며, 바람직한 결정이 아닌 것이다.

"세상에서 가장 허무한 고독을 느끼는 사람은 자녀 없이 인생을 마감하는 사람이다."

– 쇼펜하우어(독일의 철학자)

물론 현재 한국에서 아이를 키우는 일은 쉬운 일이 아니다. 그래도 아이를 낳아 길러야 한다. 힘들기 때문에 한 번 도전해 볼만 하지 않은가. 우리는 자신이 처한 상황에서 양육에 최선을 다하면 된다. 정부나 각계각층에서 자녀를 키우는 데 있어 어려움을 완화시키고자 많은 노력을 기울이고 있으므로, 앞으로 자녀를 키우는 환경이 나아질 전망이다.

자녀를 키우는 것이 얼마나 보람되는 일인지는 나중에 알게 된다. 사실 자녀를 키우는 것이 바로 행복이다. 자녀만큼 우리에게 오랫동안 행복을 주는 것은 거의 없다. 자녀는 우리에게 살아갈 힘을 끊임없이 준다. 자녀가 있기 때문에 사는 것이 행복하다. 자녀를 키우는 것이 힘들다고 느낄 수 있지만 자녀 때문에 고생하고 힘들었던 것이 행복이었다는 사실을 우리는 나중에 깨닫는다. 자녀를 가지지 않고 사는 사람들은 그 행복을 알지 못한다. 이 세상에서 가장 가치 있고 의미 있는 일 중의 하나가 결혼해서 자녀를 낳아 기르는 일이다.

"사랑하는 사람을 위해 고생한 것이 바로 나의 기쁨이었다."   - 김형석(철학자)

"아이를 키우는 것은 작품을 만드는 것보다 훨씬 어렵고, 그러면서도 즐거운 작
업이다."
                                                    - 시오노 나나미(작가)

부모의 특권과 의무

- 부모는 자녀를 기를 수 있는 특권을 부여받는다.

- 부모는 동시에 자녀를 잘 키울 의무도 있다.

- 부모는 자녀를 행복한 사람으로 키우는 방법에 대해 고민해야 한다.

- 부모는 자신의 성향대로 양육해서는 안 된다.

- 먼저 올바른 양육법을 공부하여 자녀를 올바르게 기르는 게 최선을
  다해야 한다.

  ※ 부모는 자녀를 교육할 의무와 권리 그리고 책임이 있다.

사전에 자녀 교육에 대한 공부의 중요성

- 부모가 자녀 교육에 무지하면 아이에게 상처를 준다.

- 아이를 가르치는 것은 연습이 없다.

- 아이의 가치관, 태도, 행동 양식은 대부분 유아기, 아동기에 형성된다.

- 그러므로 부모는 반드시 아기가 태어나기 전에 부모 자격 코스를 이
  수해야 한다.

부모의 존재 의미와 역할

- 부모로부터 인생을 배운다.

- 부모는 인생의 선배이자 롤 모델이며 스승이다.

- 부모로부터 선악의 기준을 배운다.

- 부모로부터 규칙과 도덕을 배운다.

- 부모로부터 가치관과 인생관을 배운다.

- 부모로부터 사랑하는 법을 배운다.

- 부모로부터 대인관계를 배운다.

- 부모로부터 사회를 배운다.

- 부모로부터 예절을 배운다.

- 부모로부터 부부 생활하는 법을 배운다.

- 부모가 자신감 있게 행동하면 아이도 자신감을 갖는다.

- 부모가 소심하면 아이도 소심하게 된다.

- 부모가 자신감이 없으면 아이도 자신감이 없는 아이가 된다.

- 부모가 참을성이 있으면 아이도 참을성이 있게 된다.

- 부모가 감정조절을 잘하면 아이도 감정조절을 잘하게 된다.

- 부모가 책임감이 있으면 아이도 책임감이 있는 사람이 된다.

- 부모가 당당하고 열심히 살면 아이도 그렇게 살게 된다.

- 부모가 행복하면 아이도 행복하다.

- 부모가 열심히 공부하면 아이도 열심히 공부한다.

- 부모가 잔소리 안 하고 믿어주면 아이는 훌륭하게 자란다.

- 부모가 자신의 인생을 살면 아이가 좋아한다.

- 자식으로부터 존경받는 부모가 가장 훌륭한 부모다.

  ※ 부모가 **훌륭**하게 말하고 행동하면 아이도 **훌륭**한 사람으로 변한다.

- 부모의 말, 행동, 사고방식, 습관, 성격, 태도 등이 자녀에게 영향을 미친다.

- 부모가 자녀를 억압하고 존중하지 않으면, 자녀의 성격이 비뚤어지고 공격성이 증가하며 분노를 키우게 된다.
- 부모의 양육 태도에 따라 아이의 성격이 형성된다.
- 부모는 아이의 인생에 엄청난 영향을 미치게 된다.
- 부모의 잘못된 양육 방식으로 인해 자녀는 험난한 인생을 살 가능성이 매우 농후하다.
- 아이의 인생을 망치는데 부모처럼 큰 영향을 주는 사람은 없다. 따라서 부모는 반드시 아이를 키우기 전에, 필수적으로 자녀 교육법을 필히 공부해야 한다.
- 자녀는 부모의 모든 것을 그대로 흡수하고 배운다.
- 부모의 말보다 부모의 행동을 보고 더 많이 배운다.
- 부모는 아이에게 말로 가르치기보다는 행동을 통해서 가르쳐야 한다.
- 자녀 교육에서 가장 중요한 것은 부모의 좋은 성격과 좋은 양육태도이다. 그러므로 부모는 먼저 좋은 인성을 가진 훌륭한 인간이 되도록 노력해야 한다.

잘못된 양육의 결과

- 부모가 잔소리를 많이 하면 나중에 자녀는 부모를 멀리 한다.
- 부모가 자녀를 무시하면 자녀도 나중에 부모를 무시하게 된다.
- 부모가 자녀에게 체벌하면 자녀가 다른 사람에게 폭력을 행사한다.
- 부모가 돈으로 자녀를 키우면 자녀는 부모를 돈으로 여긴다.
- 부모가 자신의 부모를 홀대하면 자녀 역시 부모를 홀대한다.
- 부모가 공부하라고 성화하면 자녀가 커서 공부와 담을 쌓게 된다.
- 부모가 자녀에게 멋대로 화내고 야단치면 나중에 부모를 멀리 한다.

- 부모가 자녀를 방치하거나 학대할 경우 자녀는 범죄자가 될 확률이 높다.
- 부부싸움을 많이 하는 경우 자녀도 커서 결혼생활을 원만하게 하지 못한다.
- 부모가 자녀를 억압하고 자신의 의사를 강요하면 나중에 자녀로부터 그대로 당한다.

자녀를 학대하거나 공부하라고 잔소리하면 자녀는 반드시 엇나가게 되어 있다. 자녀는 커서 자신이 어렸을 때 받은 부모로부터의 학대나 억압에 대해 보복하는 행동을 하게 된다. 보복하는 방법은 자신을 망가뜨리거나, 부모의 말을 듣지 않거나, 남에게 해를 입히거나, 사회에 나가 범죄를 저지르는 것이다. 사회에 범죄자가 많은 이유는 그만큼 나쁜 부모들이 많다는 이야기다. 그래서 부모는 반드시 부모가 되기 전에 부모 자격을 갖추도록 노력해야 한다.

특히 부모가 자녀를 힘으로 억압하거나, 일방적인 공부 강요, 잔소리, 지나친 엄격함, 학대, 방치를 하는 경우 자녀는 게임중독자가 되거나 각종 범죄를 저지르게 될 뿐만 아니라 또한 부모가 늙었을 때 자식과 관계가 좋지 않게 된다. 자녀가 부모를 거의 찾지 않기 때문에 부모는 대개 쓸쓸한 노후를 보내게 된다. 평소에 자식들로부터 존경받는 부모가 되기 위해 항상 자녀의 의견을 존중해주고 사랑으로 자녀를 양육하는 것이 무엇보다 중요하다. 자녀를 자기 마음대로 지시하고 따르도록 하는 권위주의적인 부모는 사라져야만 한다.

양육은 인간의 최대 기쁨이며 가장 보람된 일이다

우리가 인생을 살아가는 힘의 원천이 바로 아이 때문이다. 평생 행복하게 살기를 원한다면 아이를 낳아서 길러라.

- 양육은 인간을 사랑하는 마음이 없으면 제대로 이루어질 수 없다.
- 양육은 자신을 남을 위해 바치는 인간의 가장 위대한 사랑의 행위이다.
- 양육은 지상의 최고의 예술작품을 만드는 인간의 가장 아름다운 작업이다.
- 양육은 기쁜 마음으로 해야 한다.
- 부모는 아이를 키우기 위해서는 아이에 대한 이타적인 자세가 확립되어야 한다.
- 양육은 마지못해 해서는 안 된다.
- 양육이 절대 부담이 된다는 생각을 가져서는 안 된다.
- 양육은 부모로서 최고의 기쁨으로 여겨야 부모의 올바른 자세가 갖춰진 것이다.
- 양육을 부담으로 느끼고 기피하는 사람은 부모가 되어서는 절대 안 된다.
- 양육은 결혼의 꽃이며 이 세상의 일부를 창조하는 성스러운 작업이다.

이 세상을 좋은 세상으로 바꾸는 방법은 아이를 훌륭하게 키우는 것이다.

: 중년 이후 늦둥이를 낳은 부부들의 말

- "아이가 주는 만족감이 최고다."

- "그 어떤 어려움도 늦게 낳은 자식이 주는 행복감을 능가하지는 못한다."
- "지금 나의 존재 이유가 아이를 낳기 위해서였구나 싶을 만큼 아이가 주는 행복감은 크다."
- "아이가 말썽을 피우기는 해도 생활의 활력은 다른 것과 견줄 수 없다."

올바른 부모의 자세

부모가 되기에 앞서 먼저 어른이 되어야 한다. 어른은 자신의 행동에 책임을 지는 사람이다. 부모는 좋은 사람이 되어야 한다. 그러기 위해서 부모는 자기 성찰과 자기 수양이 필요하다.

- 아이가 부모를 좋아하도록 해야 한다.
- 사랑이 충만해야 한다.
- 아이들로부터 존경받는 부모가 되어야 한다.
- 일관성을 가져야 한다.
- 정서적으로 안정되어야 한다.
- 아이에게 가급적 화를 내선 안 된다.
- 아이에게 공부하라고 잔소리해서는 안 된다.
- 아이에게 싫어하는 것을 강요해서는 안 된다.
- 아이의 부족한 점을 있는 그대로 받아들인다.
- 아이에게 조급하게 몰아붙여서는 안 된다.
- 부드럽고 따뜻한 마음을 갖고 아이를 대해야 한다.
- 아이에게 독립성과 자율성을 길러주어야 한다.

- 항상 아이를 믿어주어야 한다.

- 칭찬과 격려를 아끼지 않는다.

- 잔소리를 하지 말아야 한다.

- 엄마는 항상 행복한 모습을 아이에게 보여주어야 한다.

- 엄마도 자신의 인생을 살아야 한다.

: 심리학자 갈란스키의 6가지 부모의 역할

보호, 양육, 훈육, 격려, 상담, 동반자

부모의 기본 역할

가르치기보다 사랑하기에 중점을 두어 부모 역할을 해야 한다. 아이가 좋아하는 것을 밀어준다. 아이에게 뭔가가 되기를 기대해서는 안 되며, 자녀에게 항상 변함없이 따뜻한 사랑을 주어야 한다.

: 나이별 부모 역할

- 0~12세: 코치, 놀 때는 친구

- 청소년기: 카운셀러

- 20세 이상: 친구, 동반자

자녀 양육에 부담 갖지 말자

부모가 전적으로 자녀의 전 인생을 책임지려 해서는 안 된다. 부모는 자녀가 20세 될 때까지 잘 길러주면 된다. 자녀를 나와 동일시해서 부모 입맛대로 따르도록 강요하면, 부모는 자녀의 전 인생을 책임져야 하는 사태가 벌어진다. 자녀가 커서 잘못되면 부모는 자신을 탓하게 되고, 자녀도 모든 결정을 대신해준 부모를 원망하게 된다. 자녀는 함께 더불어 살아가는 가까운 남이라는 것을 인식하고 일정한 거리를 두어야 한다.

이 세상의 어느 부모도 자녀를 대신해서 모든 것을 해줄 수 없다. 또한 부모는 자녀의 모든 욕구를 만족시켜 줄 수도 없다. 자녀 교육에는 항상 한계가 존재한다. 부모는 이러한 자녀 교육의 한계를 인식하고, 이러한 것을 자녀에게도 분명하게 알려주어야 한다. 자녀의 입맛에 맞춰 모든 것을 해줄 수 없다는 것을 부모나 자식 모두 빨리 깨달아야 한다.

남과 비교해서도 안 되고 남의 눈을 의식할 필요도 없다. 내 형편대로 당당하게 살아가는 모습을 부모는 자녀에게 보여주어야 한다. 부모가 당당하고 밝게 살아가는 모습을 자녀에게 보여주는 것이 훌륭한 자녀 교육이다. 세상의 이치 중의 하나는 모든 것들은 양면성을 가지고 있다는 점이다. 결핍은 바로 성공의 원동력이라는 사실을 명심해야 한다.

자녀 교육에 있어서 물질적인 것은 그리 중요한 것이 아니다. 중요한 것은 진실되고 따뜻하고 너그러운 마음을 가지고 자녀를 대하는 일이다. 부모는 항상 밝고 환한 미소를 자녀에게 보여주어야 한다. 자녀에게 가급적 화를 내서는 안 된다. 화는 자녀를 위축시키고 자신감을 잃게 만든다. 부모는 화를 내지 않기 위해 자신만의 힐링 시간을 갖는 것이 좋다.

자녀 교육에 관한 각종 부담감과 경제적인 비용을 너무 걱정할 필요도 없다. 오직 주어진 환경에서 최선을 다해 열심히 살면 되는 것이다. 자녀에 대한 욕심과 기대를 내려놓으면, 자녀를 기르는 것만큼 인간에게 기쁨을 주는 것은 이 세상에 없다. 자녀를 기르는 것이 부담되는 이유는 자녀에 대한 부모의 과도한 기대 때문이다.

완벽한 부모가 되려고 노력하지 말라. 이 세상에 완벽한 부모는 없다. 자신이 저지른 잘못에 대해 너무 죄책감을 가질 필요는 없다. 그것을 통해서 자신을 성숙한 사람으로 만드는 계기로 삼자. 늘 자신을 돌아다보고 성찰하자. 그리고 서서히 자신을 좋은 사람, 좋은 부모로 만들어가자.

자녀가 다쳐서 운다고 엄마가 속으로 괴로워하거나 슬퍼할 필요는 없다. 아이는 울고 싶어서 우는 것이다. 아이가 스스로 울음을 그칠 때까지 기다려라. 아이가 마음껏 자신의 감정을 표출하게 하라. 그리고 아이의 감정을 그대로 받아주고 공감해주면 된다. 아이가 원하는 모든 것을 다 해줄 수 있는 엄마는 이 세상에 없다. 자신의 처지에서 최선을 다했으면, 그것으로 100점짜리 엄마인 것이다.

자녀는 가까운 남이다

자녀는 인생을 함께 살아가는 동반자이며 가까운 남이다. 그러므로 자녀를 독립적인 인격체로 존중해주어야 한다. 남만큼 해주지 못한다고 해서 크게 미안해 할 필요가 없다. 죄책감도 느낄 필요가 없다. 그 대신 자녀와 더불어 행복하게 살아가는 것이 가장 중요하다. 부모가 열심히 사는 모습을 보여주고, 서로 아껴주고 사랑해주면 아이는 그것으로 충분하다.

가족도 남이므로 가족에게 특히 예의를 잘 지켜야 한다. 그 이유는 가족은 나와 평생 더불어 살아가야 하는 가장 친한 친구이자 이웃이기 때문이다. 우리는 자녀를 나와 동일시하는 경향이 심하다. 자녀가 나의 일부라는 생각이 뿌리 깊이 박혀있다. 하지만 그것은 잘못된 생각이다. 자녀는 나와는 별개의 인격체이다. 부모라고 해서 자녀의 인생을 좌지우지하려고 해서는 안 된다.

부모가 아이의 모든 것을 대신해 주거나, 아이의 전 인생을 책임지려는 생각은 갖지 않는 것이 좋다. 어릴 때부터 자율성과 독립성을 키워주어 자녀의 인생은 자녀가 스스로 개척해서 살아나가도록 유도해야 한다. 부모는 단지 20세까지 아이가 잘 자라도록 돌봐주고, 사회로 내보내는 역할을 하는 것이다. 부모가 자식의 인생에 올인해서는 안 된다.

부모는 자녀를 있는 그대로 받아들이고 사랑해주어야 한다. 자녀를 늘 격려해주고 밝은 미소와 포근한 사랑을 주어야 한다. 자녀에게 공부를 비롯해서 그 어떤 것도 부담을 주고 기대를 해선 안 된다. 오로지 주어진 환경 속에서 자녀와 함께 밝고 행복하게 사는 것이 바로 최고의 자녀 교육법이다.

부모는 인생을 사는 것이 즐거운 것이며, 인생은 살만한 것이라는 점을 아이에게 인식시켜 주어야 한다. 다른 사람과 즐겁게 잘 지내도록 보살펴주고, 내가 행복하기 위해서는 주위 사람들과 잘 지내고 남을 배려해야 한다는 점을 가르친다.

모든 부모는 자녀 교육법을 필히 공부해아 한다. 자녀 교육은 바로 나 자신을 성숙시키는 것이며, 인생에 대해 생각하는 것이며, 진정한 행복이 무엇인가를 생각하게 하는 것이다. 특히 경제적으로 여유가 없는 부모라면, 더욱더 자녀 교육에 관한 공부를 필히 해야 한다. 그 이유는 부모가 경제적인 문제로 자녀 교육에서 위축되어서는 안 되기 때문이다.

5

부모의 유형

부모의 4가지 유형

윌리엄 마스턴 박사 (미국 콜롬비아 대학 심리학과 교수)

① 주도형(Dominance) 부모

- 아이들에게 자신의 원칙에 따르도록 한다.

- 아이에 대한 기대치가 높다.

- 원칙에 위배될 경우 제재를 가한다.

- 아이가 반발할 경우 강압적으로 나간다.

② 사교형(Influence) 부도

- 애정표현을 잘한다.

- 아이가 원하는 것은 무엇이든 해주려고 한다.

- 여행, 외식을 자주 한다.

- 용돈을 잘 주고 아이들과 여행 등을 잘 다닌다.

- 잘못된 아이의 행동에 대해 일관성 있는 훈육을 하지 못한다.

③ 안정형(Steadiness) 부모

- 조용하고 편안한 관계로 아이에게 심리적 안정을 준다.

- 아이에게 세심한 주의를 기울인다.

- 성실하고 봉사하며 희생한다.

- 화를 잘 내지 않는다.

- 아이가 의존형이 된다.

④ 신중형(Conscientiousness) 부모

- 아이를 바르고 남에게 칭찬받는 완벽한 아이로 키우려고 노력한다.

- 아이에게 칭찬이나 감정 표현을 잘하지 못한다.

- 요구사항을 꼼꼼하게 설명하고, 나중에 이를 제대로 했는지 확인한다.

- 아이나 자신에게 스트레스를 준다.

부모의 양육 방식에 따른 3가지 분류

미국 심리학자 바움린드 박사(Dr. Baumrind)

① 독재적인 부모(Authoritarian Parents)

- 자녀의 생각이나 의견 자체를 용납하지 않는다.

- 복종과 존경을 자녀에게 요구한다.

- 기분에 따라 협박이나 처벌을 가한다.

- 규칙을 정하고 정해진 규칙에 따를 것을 요구한다.

- 질서와 전통을 고수한다.

- 부모의 지침이 최선이라고 믿게 한다.

　※ 부모의 일방적인 지시만 받고 자란 아이는 지시하지 않으면 스스로 하지 않는다. 따라서 강압적이고 일방적인 지시는 바람직한 양육 태도는 아니다.

② 관용적인 부모(Permissive Parents)

- 자녀의 자율성과 독립성을 중요시한다.

- 무관심에 가까운 관용으로 훈육에는 약하다.

- 아이가 모든 것을 스스로 하도록 유도한다.

- 부모의 권위를 내세우지 않는다.

- 아이에게 모든 의사결정을 맡긴다.

- 아이와 상의하는 일은 별로 없다.

  ※ 부모가 지나치게 관용적이면 아이가 방종하기 쉽다

③ 권위적인 부모(Authoritative Parents)

- 아이의 의견을 경청한다.

- 상황에 따라 적절하게 통제한다.

- 유연한 양육 방식을 취한다.

- 확고한 표준을 설정해서 지키도록 요구하나 그 전에 충분한 설명을
  해준다.

- 아이에게 자유를 허용하지만, 부모가 확실한 지식과 통찰을 지닌 부
  분은 엄하게 통제한다.

- 열린 의사소통과 자율성과 독립성을 유도하나 훈육도 적절하게 펼
  친다.

- 확고하면서 아이에게 상냥하게 대한다.

- 아이의 생활에 관여하되 사랑을 기반으로 상냥하게 대한다.

- 아이의 인격을 존중한다.

- 아이를 감독하고 지도한다.

- 되는 것과 안 되는 것을 분명하게 구분해준다.

  ※ 권위적인 부모 양육 방식이 가장 바람직한 형태이다.

부모의 양육 방식에 따라 아이의 성격이 좌우된다.

자녀에게 좋지 않은 영향을 주는 부모 유형

① 엄격한 부모(권위주의적인 부모)

자녀를 쥐 잡듯이 한다. 자녀에게 공포감을 주어 자녀가 기를 펴지 못한다. 자녀를 매우 엄격하게 키운다. 어른에 대한 공포증으로 학교 선생님을 어려워한다. 사회에 나가서는 상사를 두려워한다. 조직생활에 잘 적응하지 못한다.

부모는 수시로 야단치고 폭력을 행사한다. 자녀는 창의성이 떨어지고 소극적인 사람이 된다. 커서 부모에게 반항하고 대립한다. 또한 부모의 권위에 도전하고 억눌렸던 감정을 폭발하게 된다. 강압적인 부모 밑에서 자란 아이는 남을 잘 도와주지 않고 소극적인 사람이 된다.

② 가련형 부모

항상 남에게 한탄하는 소리를 한다. 죽는 소리나 부정적인 이야기를 하여, 상대방의 동정심을 유발시킨다. 주위 사람들이 항상 자신을 신경 쓰도록 유도한다.

③ 방관자형 부모

방관자형 부모는 어릴 때 부모로부터 사랑을 받지 못해 에너지가 고갈된 상태이다. 자녀에게 사랑과 관심을 쏟을 에너지가 전혀 없다. 남에게 사랑을 주거나 관심을 전혀 주지 못하고, 하루 종일 잠만 자는 게 특징이다. 자녀의 일에는 일체 관여하지 않는다.

④ 심문자형 부모

아이의 조그만 잘못에 일일이 따라 다니며 끊임없이 잔소리를 한다. 본인이 제일 똑똑하다고 자부한다. 논리적으로 정연해서 자녀가 대항할 엄두가 나지 않는다. 잔소리에 시달린 자녀는 나중에 한쪽 귀로 흘려버린다. 자녀는 잔소리에 위축되고 자신감을 상실한다. 자녀가 무기력한 증상을 나타내는 것이 특징이다.

⑤ 오냐오냐형 부모

자식을 어릴 때부터 귀하게 여기고 자식이 해달라는 것은 무엇이든지 다 해주는 스타일이다. 아이 버릇이 나빠질 가능성이 있다. 자녀는 뭐든지 원하면 부모가 다해주기 때문에 어떤 것을 노력해서 성취하는 경험을 갖지 못하게 된다. 스스로 도전해서 성취하는 경험을 갖지 못하기 때문에 사회에 나가서 잘 적응하지 못한다. 조그만 어려움이나 역경에 쉽게 좌절하거나 굴복하는 것이 특징이다. 자녀가 독립성이 떨어지고 질투하는 사람으로 변한다.

※ 결핍은 성공의 원동력이다.

⑥ 과보호형 부모

모든 것을 부모가 다 결정해준다. 학원 선택, 학교 선택, 친구 관계, 진로, 취업, 배우자 선택, 결혼, 집 등 모든 자녀의 생활에 간섭하고 부모가 다 결정을 해주는 것이 특징이다. 자녀는 자신의 진정한 인생을 살아가지 못한다. 아이는 부모의 입맛에 맞춰 인생을 살다가 자신을 완전히 잃어버린다. 아이는 자립능력이 약하며, 외부의 작은 자극에도 불안해진다. 부모의 고마움을 모르고 불만만 커지게 된다. 나중에 부모와 자녀 사이가 좋지 않게 된다.

※ 잔디깎이 맘: 자녀의 성공에 장애물을 다 제거해주는 엄마

에너지를 고갈시키는 부모의 유형은 자녀가 어른이 되면 무기력한 부모가 될 확률이 높다.

부모가 자녀에게 죄책감을 느끼게 하는 것은 바람직하지 않다. 부모는 "내가 너를 위해 희생하니, 너는 거기에 부응해야 한다."고 자녀에게 말한다. 자녀에게 압박과 부담을 주는 것은 자녀에게 죄책감을 유도하는 것이다.

부모의 지나친 사랑은 아이에게 독이 되며, 아이의 인생을 망치는 원인이 된다. 자녀에게 집착하는 부모는 노후에 자녀에게 효도를 받기 어려우며, 아이와 부모의 인생에 불행을 가져오게 된다. 그러므로 부모는 아이에게 지나친 간섭을 하거나 지나친 사랑을 주는 것을 피해야 한다.

부모가 자신의 인생을 희생하면서, 자녀에게 올인 하는 것은 좋지 않다. 부모의 사랑은 너무 지나쳐도 안 되고 너무 부족해도 안 된다. 아이가 원하는 만큼 부모의 사랑을 주는 것이 가장 바람직하다. 그리고 부모는 자신의 삶을 살아가는 모습을 보여주어야 한다. 부모가 자신의 인생의 주인임을 보여주는 것이 아이에게 좋은 교육이 된다.

바람직한 부모 형태

신뢰할 수 있는 부모, 격려해주는 부모, 자녀를 있는 그대로 받아주는 부모, 너그러운 부모, 믿음직한 부모, 친구 같은 부모, 내 편인 부모, 민주적인 부모, 관심을 주는 부모, 올바른 사랑을 주는 부모, 자녀의 의사를 존중해주는 부모, 잠재 능력을 개발해주는 부모, 솔선수범하는 부모, 항상 자녀를 믿어주는 부모, 잘못된 행동을 바로잡아주는 부모, 잔소리를 하지 않고 기다려주는 부모, 아이들로부터 존경받는 부모, 함께 놀아주

는 부모, 소통이 되는 부모, 자립심을 키워주는 부모

바람직하지 않은 부모 형태

일관성이 없는 부모, 무책임한 부모, 부모의 의사를 강요하는 억압적인 부모, 야심적인 부모, 말이 앞서는 부모, 감상적인 부모, 완벽한 부모, 자녀를 완벽하게 키우려는 부모

※ 완벽한 부모의 경우 아이가 부모를 뛰어넘을 수 없기 때문에 좌절하게 된다. 부모가 실수
도 하고 좀 모자란 데가 있어야 아이에게 좋다.

아이를 잘 파악하는 부모 유형

- 감정 조절을 잘하는 부모

- 남의 아이도 소중하게 여기는 부모

- 자기 자신의 문제를 잘 파악하는 부모

아이를 잘 파악하지 못하는 부모 유형

- 어릴 때 사랑을 제대로 받지 못하고 자란 부모

- 콤플렉스나 우월감이 지나친 부모

- 극단적인 생각, 신념, 믿음을 가진 부모

- 자존감이 없거나 정서적으로 불안정한 부모

신뢰할 수 없는 부모 유형

- 일관성이 없는 부모

- 예측하기 힘든 부모

- 거짓말을 하는 부모

- 정서적으로 불안한 부모

- 원칙이 없는 부모

6 | 아이의 유형

아이의 4가지 유형

윌리엄 마스턴 박사(미국 콜롬비아 대학 심리학과 교수)

① **주도형**(Dominance) **아이**

- 자신감이 넘치고 남을 이끄는 지도자 스타일이다.

- 공부를 자발적으로 한다.

- 집중력이 강하다.

- 목표와 임무를 완수하는 것을 좋아한다.

- 도전적인 과제를 좋아한다.

- 고집이 세고, 주관이 뚜렷하다.

- 경쟁심, 승부욕이 강하다.

- 직설적이고 저돌적이며 행동에 주저함이 없다.

  ※ 직업: 기업 간부, 고급엔지니어, 생산 매니저, 지도자

② **사교형**(Influence) **아이**

- 명랑하고 밝은 성격으로 매사에 적극적이다.

- 사교성이 좋아 친구를 잘 사귄다.

- 감정 표현이 풍부하고, 자신의 의사를 잘 표현한다.

- 말이 많고 활동적이다.

- 인생의 행복과 즐거움을 삶의 목표로 삼는다.

- 튀는 행동을 자주 한다.

- 인정 욕구가 강하다.

- 체계적이지 못하고, 논리성과 분석력이 약하다.

- 충동적인 구매를 한다.

- 대충하는 경향이 있다.

- 침착하지 못하다.

　※ 직업: 영업사원, MC, 강사, 배우, 여행 가이드, 방송인, 배우 등

③ 안정형(Steadiness) 아이

- 일을 성실하게 잘한다.

- 일을 무리하게 하지도 않으며 대충하지도 않는다.

- 예의가 바르고 편안한 인상을 준다.

- 자기주장이 뚜렷하지 못하다.

- 남의 부탁을 거절하지 못한다.

- 우유부단한 성격이다.

- 위험 부담이 있는 것은 회피한다.

- 봉사를 잘하며, 도와주는 역할을 주로 한다.

- 일을 빨리 하지는 못하나, 꾸준히 하여 한 가지 일을 성취한다.

　※ 직업: 사무직, 비서, 상담원, 중재원, 번역가

④ 신중형(Conscientiousness) 아이

- 자기절제를 잘한다.

- 완벽을 추구한다.

- 자신과 타인에게 높은 기대를 한다.

- 매사에 신중하고 예의가 바르다.

- 직관력이 뛰어나다.

- 논리적이고 분석적이다.

- 친구를 신중하게 사귀고 낯을 가리는 등 사회성이 떨어진다.

- 올바른 사고와 행동을 하는 경향을 보인다.

- 은근히 자기 고집이 있다.

- 비관적이고 소극적이며 의기소침하다.

- 남과 자신에게 스트레스를 주는 스타일이다.

 ※ 직업: 의사, 변호사, 회계사

아이의 기질에 따른 유형

- 기질: 생물학적인 특성, 유전적인 기질, 태어날 때 보이는 특성, 타고난 성격, 개인의 정서적 반응, 개인의 안정되고 일관된 특성
- 성격: 기질과 환경이 만나 형성된다.

부모는 자신의 아이가 어떤 기질을 가진 아이인지 파악해서 아이의 기질에 맞춰 양육해야 한다. 아이의 기질을 무시하여 아이에게 상처를 줘서는 안 된다. 모든 기질은 장단점을 다 가지고 있기 때문에 아이의 단점에 신경을 쓰기보다는 장점을 키워주는 것이 좋다. 따라서 남의 성격과 기질을 부러워할 필요가 전혀 없다.

아이의 기질에 따른 분류

① 순한 아이

- 긍정적이고 적응력이 탁월하며, 유별나지 않고 고집도 부리지 않는다.

- 밝고, 명랑하고 순하며, 일상생활이 규칙적이다.

- 혼자서 잘 놀고 낯선 사람에게 미소로 반응한다.

- 자기 욕구보다는 타인, 부모의 욕구에 따르는 경향을 보인다.

- 부모의 말을 잘 따르기 때문에 키우기에 수월하다.

- 새로운 음식을 잘 받아들인다.

- 예의 바르고 어른 말에 잘 순종한다.

- 새로운 환경 변화에 잘 적응한다.

- 남이 괴롭히면 제대로 대처하지 못한다.

- 싫어도 크게 내색하지 않는다.

- 남의 뜻에 맞춰 인생을 살아가는 사람으로 될 우려 있다.

- 부모의 말을 강요하지 말아야 한다.

- 약 40% 정도의 아이들이 순한 아이에 속한다.

아이가 엄마의 말을 잘 듣도록 유도하는 것은 아이의 주도성을 꺾을 수 있다. 엄마가 아이에게 민감하게 반응해줘야 한다. 아이의 의견을 무시하면 아이는 자신의 의사를 표현하지 않게 된다. 나중에 남의 의견만 맞추려는 아이로 자란다. 엄마는 항상 아이의 마음을 읽어주고 파악하는데 세심하게 노력해야 한다. 아이의 표정을 유심히 살피고 아이의 마음을 자주 물어봐야 한다.

눈을 맞추고 말을 걸고 스킨십을 통해 아이의 정서적 충족감을 얻도록 한다. 직접 체험시키고 몸을 움직이고 노래도 부르며 자신의 감정을 발산하는 경험을 갖도록 한다.

3세 때 자기주장을 강하게 할 시기에, 엄마 말에 잘 따르는 것은 아이의 자율성에 문제가 발생할 수 있다. 항상 아이의 의견을 무시하거나 일축해서는 안 된다. 그러면 아이는 자기주장을 하지 않게 된다.

- 순한 아이에게는 자극을 준다.

- 다양한 자극을 경험하도록 한다.

- 부모가 앞서 행동하지 않는다.

- 아이가 스스로 할 때까지 인내심을 가지고 기다려준다.

② 까다로운 아이

- 순한 아이와 정반대로 성격이 매우 예민하다.

- 좋고 싫은 것이 분명하다.

- 심하게 울고, 우는 시간이 매우 길다.

- 고집이 세고 성격이 강하며, 때로는 적대적이다.

- 수면과 식사 시간이 불규칙적이다.

- 원하는 대로 되지 않으면 화를 낸다.

- 새로운 환경에 쉽게 적응하지 못한다.

- 부모와의 관계가 좋지 않다.

- 약 10% 정도가 까다로운 아이로 나타난다.

엄마가 아이를 키우는 것이 매우 힘들다. 부모가 처음에 잘 받아주다가 나중에 지쳐서 강압적으로 나가게 되면, 아이는 더 비뚤어진다. 까다로운 아이는 모든 것에 예민하게 반응한다. 아이가 약간만 불편해도 짜증을 낼 경우 이를 이해하고 도와야 한다. 아이의 감정을 무시하면 관계가 나빠진다.

먼저 아이의 까다로운 성격을 충분히 이해해주고 난 후, 현실을 설명해준다. 그리고 대안들을 제시해서 선택하도록 유도한다. 부모는 짜증을 내는 대신에, 좋은 말로 자신의 불쾌함을 상대방에게 조용하게 말을 하는 습관을 가르친다. 까다로운 아이를 자꾸 혼내면 자존감이 저하된다.

③ 예민한 아이 양육

- 아이의 예민함을 충분히 이해해주고 대화를 통해 안정감을 주도록
한다.
- 쉽게 불안해하는 특성을 이해하고, 스킨십을 해주고 아이의 불안한
마음을 읽어준다.
- 일관성 있는 규칙을 유지한다.
- 생활 패턴이 불규칙한 아이는 일과를 규칙적인 시간에 맞춰서 실시
한다.
- 마음껏 놀게 하거나, 재미를 통해 예민함을 완화시킨다.
- 성취 경험을 통해서 완화시킨다.
- 실패 시 재도전을 유도해서 성공을 유도한다.
- 아이에게 수시로 불편한 것이 없는지 물어본다.
- 부정적인 경향, 작은 변화에도 매우 민감하고 낯선 것에 위축된다.
- 새로운 사람이나 상황에 적응하는 데 많은 시간이 걸린다.
- 오감이 민감하여 사소한 것에서도 불편함을 느낀다.
- 의사 표현 대신 짜증을 잘 내고 잘 운다.
- 욕구가 충족될 때까지 끊임없이 요구한다.

④ 느린 아이

- 신중한 편이고 변화 적응에 시간이 걸린다.
- 낯선 상황에 위축되고 부정적인 반응을 나타낸다.
- 기분이 상해도 즉각 표현하지 않고, 주위 상황을 파악한 후 느리게
반응한다.
- 활동성이 떨어지고 환경 반응에 대한 반응 수준이 낮다.
- 새로운 상황에 적응하는 데 오래 걸린다.

- 성격이 까다로운 아이와 유사하나 공격적이지는 않다.

- 새로운 도전에 주저하는 것 때문에 남으로부터 무시당할 수 있다.

- 부모는 느린 아이에게 화를 내서는 안 된다.

느린 아이에게 대답을 재촉하거나 빨리 말하라고 해서는 안 된다. 다그치면 자신감과 자존감이 떨어진다. 즉 과도한 자극을 주면 아이는 스트레스를 받는다. 그러므로 천천히 생각해서 말하도록 기다려준다. 아이에게 적응할 시간을 충분히 주면 잘 적응하게 된다.

자녀의 입장에서 생각과 감정을 있는 그대로 읽어준다. 아이의 감정을 잘 수용해주면 아이는 자신감이 생기게 된다. 느린 아이들은 긍정적이고 즐거운 감정이 많다. 그러나 표현이 느리며 새로운 것에 적응하는게 시간이 많이 걸린다.

한 사례로 평소 엄마가 성격이 급하여 아이에게 이야기할 틈을 주지 않고, 아이가 말하기도 전에 아이가 말하려고 하는 것을 엄마가 앞서 말하곤 하였다. 그래서 아이는 늘 충분히 말할 기회를 갖지 못하게 되었다. 아이는 자라서 남보다 언어능력이 현저하게 떨어지게 되어, 사회생활을 원만하게 할 수 없게 되었다.

⑤ **활동적인 아이**

- 덜 자고, 움직임이 크다.

- 사물에 대한 관심이 많고 탐색을 즐긴다.

대처법은 활동적인 아이에게는 충분한 휴식을 주고, 조용한 분위기에서 편하게 쉬도록 한다. 그리고 잠자기 전에 조용한 음악을 틀어주거나 마사지를 해주는 것이 좋다.

외부 자극에 대한 반응에 따른 기질 분류

로버트 클로닝거 박사(미국정신과 의사, 성격 연구 분야 권위자)

: 위험 회피 기질

내성적이고 신중한 기질을 가지기 때문에 수줍음을 많이 탄다. 낯선 곳에 가거나 사람을 사귀는데 시간이 걸리며 쉽게 피곤해진다. 새로운 것을 시도하기보다 안전하고 익숙한 방법을 선택한다. 위험한 상황에서도 규칙을 잘 지키고 조심성이 많다. 단조로운 일도 꾸준히 한다.

: 새로움 추구 기질

새로운 것에 도전하기를 좋아한다. 새로운 사람과 적극적으로 부딪치며 사귀는 것을 좋아한다. 호기심이 많고 리더십이 있다. 그러나 반복적 일을 하거나, 규칙에 얽매이는 것을 싫어한다. 단점으로는 산만하고 인내심이 부족하다는 점이다.

: 보상 의존 기질

주변으로부터 칭찬과 인정을 받기를 좋아한다. 다른 사람들의 기분을 잘 파악해서 잘 대처한다. 따라서 대인관계 능력이 아주 좋다. 단점으로는 남의 눈치를 과도하게 보며, 이로 인해 솔직하게 행동하지 못해 마음속으로 스트레스를 받는다.

: 지속성 기질

인내심과 집중력이 강하다. 한번 맡은 일은 끝까지 마무리한다. 끈기가 있으며 미래의 보상을 위해 현재의 불편을 참고 인내하는 힘이 강하다. 완벽주의 성향을 보이면서 만족할 줄 모른다. 융통성이 전혀 없는 것이 단점이다.

(조선일보, 2016. 6. 29. <심리 이야기>에서 인용)

결론

기질은 타고나는 것이기 때문에 부모는 이를 있는 그대로 받아들여야 한다. 부모가 자녀의 기질을 무시하고 부모의 생각대로 자녀를 대하면 좋지 않다. 자녀가 어떤 기질의 아이인지를 잘 파악하고 여기에 맞춰 양육해야 한다. 어떤 기질이든지 그것의 장점을 주시해야 한다.

아이의 타고난 기질을 인정하고 아이의 개성과 무궁무진한 잠재력이 발달하도록 노력해야 한다. 부정적인 측면을 보지 말고 긍정적인 측견을 보고 이를 잘 살려주는 것이 바람직하다. 부모는 자녀에 대해 비난이나 비평하지 말고, 대신에 자녀의 행동이 미치는 영향을 구체적으로 말해준다. 아이의 장점을 살려주고 단점을 보완하는 노력을 하는 것이 바람직하다.

그리고 부모가 좋아하는 것과 싫어하는 느낌을 분명하게 아이에게 말해주어야 한다. 그러면 아이는 부모가 좋아하는 것과 싫어하는 것을 알게 된다. 그리고 아이에게 자주 칭찬을 해줌으로써 아이가 자신감을 갖도록 해야 한다.

부모가 할 일

평소 아이가 자신의 감정을 솔직하게 표현하도록 유도한다. 자기표현은 스스로 원하는 것이 무엇인지를 인식할 때 가능하다. 평소 부모는 아이의 감정을 읽고, 그 감정에 대해 달을 해준다. 이렇게 하면 아이는 자신의 감정이 어떤 것인지를 알게 된다. 이를 통해 아이는 자신의 감정에 대해 배우고, 자신의 감정을 성숙한 방법으로 표현할 수 있게 된다. 엄마는 늘 아이의 감정에 관심을 갖고, 감정에 대해서 대화를 나누어야 한다.

또한 책을 읽을 때 역할 연기를 해서 아이가 자기 마음을 표현하는 법을 연습하도록 한다. 어려울 때 도움을 요청하고, 싫을 때는 거절하도록 가르친다. 아이가 짜증내면 엄마가 화를 내기보다는 아이의 마음을 그대로 읽어주어서 아이가 감정을 해소하도록 유도한다.

아이의 기질에 대해 부모가 이해를 해주지 않으면 아이에게 큰 상처를 주게 된다. 아이가 부모의 기질과 잘 맞지 않더라도, 충분히 이해하고 여유를 갖고 넘어가는 자세가 필요하다.

너무 생물학적인 남녀의 특성을 강조하기보다는 아이의 기질을 중요하게 생각하면서 아이를 양육해야 한다.

참고사항

① 산만한 아이

기본적으로 아이들은 산만한 것이 특징이다. 산만한 아이들은 집중력이 현저히 떨어진다. 이런 아이들은 에너지가 넘치고 건강하며 창의력이 뛰어나다. 하지만 지나치게 산만한 아이들은 문제가 될 수 있다. 지나치게 산만한 아이의 원인은 다음 두 가지이다.

- 흥미를 못 느끼는 경우: 과도한 사교육으로 어떤 것에도 집중하지 못하는 경우
- 모든 일에 욕심을 느낄 때: 동시에 여러 가지에 흥미를 느껴 한 가지 일에 집중하지 못하는 경우

: 산만한 아이의 특징

- 화장실에 자주 가거나 물을 마시러 자주 간다.
- 다른 사람의 일에 끼어든다.
- 감정 기복이 심하고 충동적이다.
- 아이를 과보호할 경우 이기적으로 되거나 자기 멋대로 하려고 한다.
- 유아기에 아이의 분노를 다스리지 못하는 것을 받아주어서는 안 된다.

: 산만한 아이 교정법

- 에너지가 넘치는 아이는 야외에서 마음껏 놀게 한다.

- 끈기를 길러주기 위해 한 가지를 끝내는 경험을 하게 한다.

- 동시에 여러 가지 일을 하지 않도록 한다.

② 낯선 환경에 잘 적응하지 못하는 아이

- 새로운 환경을 불필요하게 만들지 않는다.

- 억지로 낯선 사람을 만나게 하거나 친숙하지 않은 물건은 피한다.

③ 아이의 성격, 습관, 버릇

- 성품(성격): 유전적 기질과 주변 환경의 영향으로 형성된다. 유전적 기
  질과 환경 영향은 각각 50%씩 결정된다고 한다. 기질은 변연계인 편
  도체에 의해서 결정되고, 성품은 느리게 발달하는 전두엽에 의해 정
  해진다. 따라서 성품은 양육 환경에 따라 얼마든지 변할 수 있다.

- 버릇과 습관: 태어나면서부터 부모의 말, 표정, 몸짓, 행동을 보고 자
  라기 때문에 습관과 버릇도 이때부터 자연스럽게 형성된다.

- 아이의 습관이나 버릇은 신생아 때부터 형성된다. 3세 이전의 잘못된
  생활습관은 부모의 잘못된 육아 태도 때문에 생긴다. 3세 이후 나타
  나는 고집, 반항 등은 부모의 지나친 관용, 허용, 과잉보호 대문에 생
  긴다. 그러므로 늦어도 15~18개월 될 무렵 올바른 육아 태도를 확립
  해야 한다.

- 아이를 다룰 때는 정확한 판단력을 가지고 일관적인 태도를 취해야
  한다. 아이에게 좋은 생활 습곤을 심어주기에 앞서, 부모 역할을 올바
  르게 수행하고 있는지부터 되짚어봐야 한다.

매일 마주하는 부모의 행동을 무의식적으로 따라하며 생기는 것이 습관이다. 아이의 버릇은 하루아침에 만들어진 것이 아니기 때문에 쉽게 고쳐지지 않는다. 그러므로 부모는 인내심을 갖고 꾸준히 바로 잡아 나가야 한다.

④ 애착

: 아기의 애착 형성

자신의 욕구에 잘 반응해주고 만족시켜 주는 사람과 애착이 형성된다.
피부 접촉을 통해 그리고 따뜻함과 부드러움을 통해 애착이 형성된다.

: 애착이 잘 된 경우

낯선 상황이나 잠시 엄마와 분리되어도 과도한 불안을 보이지 않는다.
또래 친구에게 애정과 관심을 더 많이 보이고 놀이에서 주도권을 갖는다.
자아존중감이 높고 자신에 대해 긍정적인 인식을 갖는다.
사회에 잘 적응하고 친구가 많은 것이 특징이다.

부모가 자녀에게 주어야 할 것들

사랑

자녀 교육에서 가장 중요한 것은 자녀에게 아낌없이 사랑을 듬뿍 주는 것이다. 부모는 자녀에게 조건 없는 사랑을 주어야 한다. 아이는 부모로부터 사랑을 받아야만 올바르게 자랄 수 있다. 사랑을 많이 받은 아이는 정서적, 신체적 발달이 잘 된다.

- 부모의 사랑을 듬뿍 받고 자란 아이는 공부를 잘한다.
- 부모의 사랑을 듬뿍 받고 자란 아이는 사회에 나가 성공한다.
- 부모의 사랑을 듬뿍 받고 자란 아이는 자신감이 있다.
- 부모의 사랑을 듬뿍 받고 자란 아이는 정신적으로 건강하다.
- 부모의 사랑을 듬뿍 받고 자란 아이는 육체적으로 건강하다.
- 부모의 사랑을 듬뿍 받고 자란 아이는 새로운 것에 도전을 잘한다.
- 부모의 사랑을 듬뿍 받고 자란 아이는 역경을 잘 극복한다.
- 부모의 사랑을 듬뿍 받고 자란 아이는 정서적으로 안정적이다.
- 부모의 사랑을 듬뿍 받고 자란 아이는 자존감이 높다.
- 부모의 사랑을 듬뿍 받고 자란 아이는 대인관계가 원만하다.
- 부모의 사랑을 듬뿍 받고 자란 아이는 훌륭한 사람이 된다.
- 부모의 사랑은 자녀 교육에 있어서 시작이자 끝이다.

중요한 것은 부모가 올바른 사랑을 주어야 한다는 사실이다. 많은 부모들은 잘못된 사랑을 쏟아붓고 있다. 많은 부모들이 올바른 사랑이 무엇인지 잘 모른다. 그러므로 부모는 올바른 사랑이 무엇인지에 대해 열심히 공부해야 한다.

- 아이를 걱정하는 것은 사랑이 아니다.
- 아이가 잠들 때 사랑한다고 이야기해주고 축복해주면, 무의식 세계에서 가장 큰 영향을 미친다.
- 영아기에 사랑을 무의식 속에 심어주는 것이 중요하다.
- 자녀에게 충고 및 조언을 하거나 가르치려 하지 말고 대신 사랑을 주어라.
- 사랑을 받으면 사는 게 신난다.
- 아이를 믿어주고 '사랑한다'고 매일 말해줘야 한다.
- 남의 아이에게도 사랑을 표현해준다.
- 아이를 사랑하는 부모는 많지만, 사랑을 느끼는 아이는 많지 않다.
- 중요한 것은 아이가 부모의 사랑을 느껴야 한다.
- 아이들이 신뢰할 수 있는 부모가 되어야 한다.
- 부모는 먼저 '아이들을 진심으로 사랑한다'는 감정을 가져야 한다.
- 사랑은 접촉이다.

: 아이가 사랑을 느낄 때

- 안아줄 때
- 환한 미소를 보여주고 함께 놀아주고 시간을 보낼 때
- 책을 읽어줄 때
- 원하는 것을 사줄 때

- 칭찬해 줄 때
- 내 이야기를 들어줄 때

: 부모가 사랑을 느낄 때

- 아이가 잘 때
- 아이가 말을 잘 들을 때

스킨십

다정하게 안아주고, 비벼주고, 만져주고, 꼭 껴안아 준다. 아이가 학교에서 집으로 돌아왔을 때 환한 미소를 지으며 꼭 껴안아 주자. 그리고 따뜻하고 부드러운 눈길로 아이와 눈을 맞추자. 수시로 아이와 스킨십을 즐기자. 스킨십을 통해서 아기는 애착이 형성된다. 아이는 부드럽고 따뜻한 느낌으로부터 안전하다고 느끼고 동시에 행복을 느끼게 된다.

: 칭찬 및 격려

아이들은 부모로부터 칭찬에 고무된다. 아이는 칭찬을 먹고 자란다. 칭찬을 받으면 더 잘하려고 노력하게 된다. 단점을 지적하기보다는 장점에 초점을 맞춰 칭찬을 수시로 해 준다. 결과보다는 과정을 칭찬허준다. 특히 어릴 때는 아이에게 칭찬을 많이 해주는 것이 필요하다. 그리고 자녀가 실수하거나 어려움에 빠졌을 때, 격려를 해주고 다시 도전할 수 있도록 용기를 불어넣어 준다.

: 아이와 대화를 많이 하기

아이와 대화하는 많은 시간을 가져야 한다. 아이는 대화를 통해서 존중받는 느낌을 받는다. 대화를 통해서 엄마의 사랑을 느끼고, 자신의 가치를 느낀다. 엄마와의 대화를 통해 공감을 받고 언어능력과 표현력을 키우게 된다. 대화를 통해서 엄마와 자녀 간의 믿음과 신뢰가 형성된다. 엄마와 자녀는 평소 많은 대화를 통해서 밀접한 관계를 유지해야 한다.

: 질문에 정성껏 대답해주기

아이의 질문에 정성껏 대답해주는 엄마가 되어야 한다. 엄마가 그 질문에 대한 답을 모를 경우에는 솔직하게 잘 모른다고 대답하고, 책이나 인터넷 등을 통해 답을 찾아 정성껏 대답해준다. 아이가 질문을 잘하는 아이로 키우는 일은 매우 중요하다. 항상 부모는 아이의 질문을 귀찮아하지 않고 성심성의껏 답변해주어야 한다.

: 들어주고 공감해주기

엄마는 아이가 하는 이야기를 잘 들어주어야 한다. 엄마는 아이가 말을 할 때 하던 일을 중지하고 아이의 말에 집중하면서 들어준다. 그리고 아이의 마음에 공감을 해주는 것이 중요하다. 아이는 부모로부터 공감을 받으면 아이의 감정이 해소된다. 부모로부터 공감을 받고 자란 아이가 커서 다른 사람의 감정에 공감해 줄 수 있다. 공감은 마음을 헤아려주고 배려하고 연민하는 마음이다. 공감은 영유아기 때부터 시작한다.

관심

아이가 하는 모든 일에 관심을 갖고 지켜보면서, 적절하게 격려와 조언을 해준다. 아이는 항상 부모의 관심을 받고자 노력한다. 아이가 하는 일에 적극적으로 지지해준다. 아이에 대한 관심을 갖는 것이 바로 사랑의 표시이다.

: 자율성과 독립성

어릴 때부터 부모는 아이가 자율적으로 행동하도록 장려해야 한다. 사소한 일부터 아이가 스스로 결정하고 행동하도록 한다. 실수를 너그럽게 받아들이고 실수를 통해 무언가를 배우도록 유도한다. 아이가 자율성을 갖고 자신의 일을 혼자서 해결할 수 있도록 한다.

: 기다리기

아이는 천천히 변한다. 단번에 어떤 것을 고치기를 기대하지 말고 여유를 갖고 느긋하게 기다려준다. 꾸준히 장기적으로 가르치다 보면 결국 아이는 변하게 된다. 부모는 장기적인 관점에서 아이가 잘 될 것이라고 생각하고, 아이가 잘못을 저지를 때마다 잘못을 고치도록 인내심을 갖고 노력을 하면, 언젠가는 아이의 잘못된 행동을 교정시킬 수 있게 된다.

: 끝까지 믿어주기

아이가 잘 될 것이라는 것을 죽을 때까지 믿어준다. 아이가 하는 것을 지지해주고, 성공할 수 있다고 격려해준다. 아이는 부모가 믿어주는 만큼 자라고 성장한다. 아이의 잠재력을 믿고 꾸준히 지켜봐 준다.

: 자녀에게 하기 좋은 말

"괜찮아" "사랑한다" "너는 소중한 사람이다" "기운 내" "넌 할 수 있어" "너는 예뻐" "네가 태어나서 얼마나 기쁜지 모른다" "실수해도 괜찮아, 다시 시도해 보렴."

: 아이에게 안정감을 주기

부모는 아이에게 안정감을 주어야 한다. 그러므로 아이 앞에서 심하게 화를 내거나 너무 심한 감정을 표현하는 것은 삼가야 한다. 부모는 아이

앞에서 가급적 희로애락을 강하게 표현하지 않도록 노력한다. 갑작스런 환경의 변화 역시 좋지 않다. 그러므로 이사나 잦은 변화는 피하고, 가급적 한 유치원에 오래 다니는 것이 아이에게 좋은 영향을 주게 된다.

대니얼 휴즈의 부모가 지녀야 할 4가지

- 명랑함(Playfulness): 아이에게 항상 밝고 명랑하게 대한다.
- 수용(Acceptance): 아이의 마음과 감정을 수용한다.
- 호기심(Curiosity): 아이의 행동에 대해 항상 호기심을 갖고 관찰한다.
- 공감(Empathy): 아이의 감정에 무조건 공감한다.

8 부모가 자녀에게 해서는 안 될 것들

잔소리

사랑의 반대가 잔소리다. 부모의 잔소리, 윽박지르기가 자녀를 병들게 만든다. 잔소리는 아이에게 자신감을 잃게 만들고, 아이의 잠재력을 죽이는 행위다. 부모는 잔소리를 줄이도록 노력해야 한다. 지시, 명령 대신에 부탁조로 말한다. 불가피하게 잔소리를 해야 할 경우 딱 한 번만 이야기한다. 있는 사실만 말한다. 잔소리를 줄이기 위해 규칙을 만든다.

화내기 및 소리 지르기

아이에게 가급적 화를 내선 안 된다. 부모가 화를 낸다고 해서 아이는 달라지지 않는다. 죄책감만 더 커진다. 화를 내는 대신 먼저 준비하고 적용할 좋은 방법이 없는지 생각해본다. 어떻게 말하는 것이 더 효과적인가를 심사숙고한 후에 자녀에게 말을 하도록 한다. 화를 내지 않고도 얼마든지 아이를 훈육할 수 있다.

비교하기

형제, 부모, 친척, 남과 비교를 해서는 안 된다. 자녀가 가장 싫어하는 것이 비교다. 공부로 아이를 획일적으로 비교해선 안 된다. 아이는 저마다 잘하는 것이 다르다. 내 아이만의 장점을 살려서 키워준다.

편애

형제 중에서 한 아이에게 사랑을 많이 주고 다른 아이에게는 사랑을 적게 주면, 바람직하지 못한 결과를 가져오게 된다. 사랑을 덜 받은 아이는 나중에 우울증을 겪을 수 있으며, 평생 상처를 안고 살아가게 된다. 모든 아이가 부모로부터 사랑을 충분히 받고 있다고 느끼도록 해야 한다.

한숨 쉬기

자녀는 부모가 한숨 쉬는 모습을 보면서 절망감을 느낀다. 자녀는 자신을 쓸모없는 존재로 여기고 삶의 의욕을 상실한다. 자녀 앞에서 절대 한숨을 쉬는 행동을 해서는 안 된다.

위협, 폭언, 체벌

아이에게 겁을 주거나 폭언, 비난, 체벌해서는 안 된다. 아이는 겁이 많기 때문에 아이에게 겁을 주는 것을 피해야 한다. 겁을 주면 복종을 하겠지만 아이의 마음속에서 분노와 원망이 생긴다. 또한 우울해지고 무기력한 현상을 보이기도 한다. 위협과 체벌은 아이에게 증오심과 반항심을 불러일으킨다.

기대하기, 공부 부담 주기

자녀에게 가장 많은 스트레스를 주는 것들을 조사한 바에 따르면 1위 '부모의 기대', 2위 '공부', 3위 '친구 관계'로 나타난다. 부모의 각종 기대는 아이에게 심한 스트레스를 준다. 그러므로 부모는 자녀에게 기대감을 표시해서는 안 된다. 단지 열심히 하도록 격려하는 것이 중요하다. 공부만 강요할 경우 아이는 자신감을 잃거나 위축되고 또한 친구 관계가 서툴러진다.

부부 싸움하기

자녀 앞에서 부부 싸움을 해서는 안 된다. 자녀는 부부 싸움을 보면서 불안에 떤다. 부부 싸움은 아이에게는 전쟁과 같은 악몽이다. 자녀가 우울증에 걸리는 원인이 된다. 한 번 받은 상처는 영원히 치유되지 않는다. 부부관계와 조부모와의 관계가 좋아야 아이 교육에도 좋은 영향을 미친다. 갓 태어난 아기에게도 부부 싸움은 악영향을 준다. 어떠한 경우라도 아이들 앞에서 부부 싸움을 하지 않는 것이 바람직하다.

※ 아이에게 최고의 선물은 좋은 부부관계를 보여주는 것이다.

아이 앞에서 배우자를 무시하기

부부가 아이가 보는 앞에서 상대방을 무시하는 행동을 보이면, 아이도 이를 학습해서 똑같이 부모를 무시하게 되고, 사회에 나가서 타인을 무시하는 행동을 하게 된다.

방치, 무관심, 무시하기

아이는 부모의 사랑과 관심을 먹고 자란다. 사랑과 관심이 없으견 자녀가 정상적으로 자라나지 못한다. 자녀의 요구가 계속적으로 무시당하면, 자녀는 요구 자체를 하지 않게 된다. 나중에 자녀가 컸을 때 자녀는 자신이 무엇을 원하는지를 알지 못하는 사람이 된다.

수치심 주기

자신의 잘못된 것에 대해서 반성에 도움이 되는 것이 죄책감이다. 그러므로 아이가 죄책감을 느끼는 것은 좋지만, 부모가 아이에게 수치심을 주지 말아야 한다. "무슨 일이 있어도 너를 사랑한다. 그러나 너의 잘못된 행동까지 사랑하는 것은 아니다"라고 말해준다. 수치심은 자기 존재에 대한 부정적인 느낌이다.

명령, 강요하기

말 잘 듣고 말썽 안 부리는 아이를 좋은 아이로 생각하는 부모는 아이를 망친다. 훌륭한 인물들의 상당수가 어릴 때 개구쟁이였고, 말썽을 피웠다는 사실을 기억해야 한다. 말썽을 부리는 것은 아이의 자연스러운 특성이라고 보면 된다. 부모의 일방적인 강요와 지시는 아이가 스스로 노력하는 특성과 분별력을 기르지 못하게 한다. 강요하면 마음속에서 저항감이 생긴다. 또한 아이는 반항적인 행동을 하게 되며 무기력해진다.

설교, 충고하기

훈계와 설교는 아이에게 마음의 상처를 줄 수 있다. 아이가 받아들일 마음의 준비가 안 된 상태에서 하면 분하고 억울한 심정으로 가득 차게 된다. 훈계와 설교를 하려면 아이의 마음이 안정되었을 때 간단하게 하는 것이 좋다. 좋지 않은 설교, 훈계, 충고는 아이에게 자괴감, 좌절감, 죄책감을 주게 된다. 아이는 부모의 말에 눌려 무엇을 하든 의욕이 저하된다.

논리적으로 따지기

부모가 논리적으로 말하면 아이는 열등감과 무력감을 가진다. 그리고 부모의 말에 귀를 막는다.

분석하기

아이의 마음을 넘겨짚는 행위를 하지 말아야 한다. 아이는 부모의 말에 궁지에 몰리고 불안해진다.

비난하기

아이를 비난하면 아이는 있는 그대로 받아들인다. 스스로 쓸모없는 사람으로 여기게 된다. 아이는 자신을 무능하고 어리석은 사람으로 여기게 되어 자신감을 상실한다.

캐묻기

부모가 심문하듯이 질문하면 아이는 겁먹고 기가 죽는다. 사실대로 말하면 호통을 치기 때문이다. 아이는 기가 죽기 때문에 당당한 아이로 자라나지 못한다. 부모는 보통 질문을 통해서 아이를 야단치려고 하기 때문에 아이는 겁을 먹게 된다.

아이 방 몰래 뒤지기

아이의 사생활을 존중해줘야 한다.

아이가 말할 틈을 안 주고 대신 다 말하기

말이 많고 성질이 급한 엄마는 차분하게 아이의 말을 들어주지 않고, 아이의 말을 가로채며 대신 말한다. 일단 아이가 말을 하려고 하면 말이 끝날 때까지 아이의 말을 경청해주어야 한다. 아이가 자신의 감정이나 의견을 충분히 표현할 수 있도록 기다려주는 것이 필요하다. 그렇지 않을 경우 아이의 언어발달을 막는 결과가 초래된다.

잘못된 조기 교육

신생아시기에 과도한 자극이 주의력결핍과잉행동장애(ADHD)를 유발한다. 한참 뛰어놀아야 할 시기에 과도한 선행학습은 아이에게 스트레스를 주며, 기억을 담당하는 해마에 악영향을 준다. 또한 조기 교육은 애착 장애, 우울증, 성격장애를 일으키게 된다. 아이의 발달 시기에 맞춘 적기 교육을 시키는 것이 바람직하다.

부모의 심한 통제

지나친 통제는 아이에게 무력감과 수치심이 들게 한다. 특별히 나쁜 것을 제외하고는 아이가 하려는 것을 놔두는 것이 좋다. 아이가 주위 환경을 탐색하고 경험하게 하여 자율성과 성취감을 갖도록 하는 것이 좋다.

- 부모의 통제를 심하게 받은 경우 관계적 공격성을 초래한다.
- 심한 통제를 받는 학생은 대인관계에서 타인을 직간접으로 괴롭힌다.
- 좋은 보살핌을 받는 자녀들은 동료들 관계에서 공격성을 보이지 않는다.

  ※ 관계적 공격성(relational aggression): 가까운 사람을 공격하려는 경향
  - 미국 버먼트 대학교 연구팀(심리학과 조교수 제이미 어베이드)

아이는 부모의 잘못된 훈육으로 인해 자신감을 상실하고 방어적으로 변한다. 부모로부터 이해받지 못한다고 느끼고, 부모가 자신을 불신하고 있다고 생각한다. 결국 아이는 좌절감과 분노를 키우게 된다.

부모가 절대 해서는 안 되는 일

페터 파울리히(독길 교육학자)

- 아이를 떠나는 일
- 아이에게 책임을 지우는 일
- 아이를 때리는 일
- 아이의 물음에 대답하지 않는 일
- 아이에게 굴욕을 주는 일
- 아이를 조롱하고 멸시하는 일
- 아이에게 잘못을 찾는 일
- 아이를 이해하지 않는 일
- 아이를 궁지에 몰아넣는 일

자녀는 부모의 따뜻한 사랑과 관심 속에서 자라나야 한다. 자기 자식이라고 해서 부모 멋대로 지시하고 야단치고 잔소리해서는 안 된다. 항상 자녀를 독립된 인격체로서 존중해줘야 한다.

부모가 자녀를 학대하는 유형

굶기기, 구타, 사랑의 매질, 회초리 질, 큰소리 지르기, 폭언, 비난, 비교, 경멸, 모욕, 방치, 겁주기, 공부를 가르치며 야단치거나 화내기, 선행학습시키기, 억지로 공부가르치기, 놀게 하지 않고 공부만 시키기, 아이의 친구를 비난하기, 캐묻기, 학원 돌리기, 집에서 쉬지 못하게 하기, 사회와

차단시키기, 설교, 훈계 등

잘못된 부모의 언행

① 아이의 친구를 비난하는 말

아이의 친구를 비난하는 것은 자기 자식에게 침을 뱉는 것과 같다. 아이는 모멸감을 느낀다.

② "엄마 시키는 대로 해라"

마마보이로 만든다. 자녀는 스스로 노력하는 것을 포기하고 분별력을 키우지 못한다.

③ "너는 엄마의 희망이다"

배우자에 대한 불만족을 아이에게 투사해서는 안 된다. 아이에게 심적 부담이 된다. 아이에게 최대 선물은 자신의 배우자를 사랑하는 것이다.

④ "세상은 믿을 게 못 된다"

부정적인 세계관을 아이에게 주게 된다. 세상을 내가 가꾸고 변화시키도록 아이에게 긍정적인 세계관을 심어준다. 세상을 긍정적으로 보고 아이가 미래를 꿈꿀 수 있도록 해야 한다.

⑤ "돈이 최고다"

아이가 돈의 노예가 된다.

⑥ "공부만 열심히 해라"

자녀를 망친다. 공부 이외에도 더 소중한 가치가 있다는 것을 가르쳐야 한다. 인성의 중요성을 간과해서는 안 된다.

⑦ "넌 동생을 아껴줘야 한다"

사춘기 이전의 아이에게 상처를 주거나 경쟁의식을 부추길 수 있다. 큰 아이도 아직 어린데 이를 무시하는 말이다. 동생을 짐처럼 생각하게 된다. 서로 동등한 관계로 즐겁게 놀 수 있도록 배려한다.

⑧ 동생에게 "네가 양보해라"

동생은 더욱 형을 누르고 싶어지고 경쟁자로 인식하게 된다. 형제간에 함께 뛰어 노는 친구 같은 존재로 여기게 해야 한다.

⑨ 형제간에 비교하는 말

"엄마는 널 더 사랑해", "넌 형보다 이것을 잘하는구나"라는 말을 해서는 안 된다. 형제간에 비교하지 않고 각자 개성을 살려주면서 양육을 해야 한다.

⑩ "동생을 너도 사랑하지?"

그렇지 않은 아이에게 죄책감을 주는 말이다. 형제간에는 원래 경쟁하는 관계이다.

⑪ 남을 비난하거나 무시하는 말

아이가 보는 앞에서 남을 비난하거나 무시하거나 욕을 하면, 아이도 똑같이 행동하여 남에게 상처를 주게 된다.

제2장

자녀의 인성, 정서, 학습 교육 방법

인성 교육

인성이란?

인간의 도리, 공동체의 구성원으로서 갖추어야 할 필수 요소, 인간의 마음을 다스리는 것, 인간이 갖춰야 할 품성.

인성이란 내적 욕구를 적절하게 조절하여, 개인과 환경 간에 안정적이고 호혜적인 관계를 유지하고자 하는 것을 말한다. 즉 원만한 사회생활과 성공적인 삶을 살아가기 위해서 가장 중요한 것은 자녀에게 올바른 인성을 지니게 하는 것이다.

인성의 구체적인 내용

- 남을 배려하고 감정을 조절하는 능력
- 자신을 통제하고 관리하는 능력
- 다른 사람을 존중하고 소통하는 능력
- 정서를 조절하고 안정시키는 능력
- 다른 사람으로부터 신뢰를 얻도록 하는 능력
- 사회생활을 하는 데 있어서 올바른 태도를 견지하는 능력
- 성숙한 인간의 삶을 살아가기 위해 필요한 올바른 행동, 성격, 사고방식 및 태도

인성의 중요성

인생 성공의 필수 요소, 행복한 사람의 필수 요소, 성숙한 삶의 필수 요소이다. 앞으로는 인성이 경쟁력이 되는 시대가 된다.

"경영학 석사학위(MBA)보다는 호감 가는 성격이 더 중요하다."

– 스티븐 슈워츠먼(세계 최대 사모펀드 블랙스톤의 CEO)

"기업들이 가장 눈여겨 보는 것은 단체생활능력, 문제해결력, 리더십이 다. 심지어 최고 수준의 교육도 좋은 태도의 대체물이 되지 않는다."

– 밥 펑크(미국 인력채용 대행기업 익스프레스 임플로이 먼트의 CEO)

"학점과 실적과 장기적인 연관성은 적어도 구글에는 없다."　– 구글의 인사담당자

인성의 의의

- 인성은 부모가 해줄 수 있는 최대의 유산이다.
- 인성은 부모가 본보기가 되어야 한다.
- 인성교육은 장기적인 관점에서 가정에서 부모가 진행해야 한다.
- 부모가 먼저 변해야 한다.

올바른 인성 교육을 받지 못한 경우

자기중심적, 공격적, 외양에만 신경 씀, 질투, 타인의 잘못을 비판, 규칙을 지키지 않음, 게임 중독, 우울증, 학교폭력, 대인관계가 원만하지 못함, 조직생활 부적응, 인생낙오자, 각종 범죄 유발, 성폭행, 자살

: 인성 교육의 시기

- 0~3세까지는 안정적인 애착이 중요하다.

- 아이의 말에 잘 반응해준다.

- 충분한 사랑을 아이에게 준다.

- 인성 교육은 만 3세가 되면서 본격적으로 시킨다.

: 인성이 좋은 아이

- 좋은 것과 싫은 것을 분명히 말한다.

- 편안하게 자기 자신의 의사를 표현한다.

: 인성교육

- 도덕성: 사회구성원으로서 마땅히 지켜야 할 행동준칙 및 규범, 각자 내면적인 원리로서 인간 상호 관계, 본능과 충동을 조절하고 하고 싶지 않은 일도 할 수 있도록 하는 것

- 책임감: 자녀가 스스로 선택하고 결정하고 책임질 수 있도록 하기

- 성실성: 다른 사람이 보든 안보든 항상 성실하게 행동하기

- 준법성: 규칙이나 법을 잘 준수하기

- 정직성: 남에게 거짓말하지 않고 진실 되게 행동하기

  ※ 나눔과 배려: 인내심을 가지고 다른 사람을 배려하기, 부모는 아이의 말을 잘 경청해야 한다. 아이가 말할 때 집중해서 들어주기, 3세 이전부터 남을 배려하는 태도를 길러준다.

- 존중: 부모에게 대접받은 아이가 다른 사람들을 존중할 줄 안다. 다른 사람의 이야기를 잘 듣고, 다른 사람의 감정에 공감해주는 아이로 만들려면, 부모가 먼저 그렇게 해야 한다.

- 겸손: 남을 존중하고 자신을 내세우지 않는 태도. 먼저 자신을 잘 알고 남의 주장이 나와 다를 수 있다는 것을 인정하고, 이를 존중하는 태도를 갖는다.

- 인내력: 참고 기다리게 하는 능력을 키워준다. 참는 것을 반복 훈련

시켜 아이에게 참을성을 길러준다.

- 절제력: 절제력이 뛰어난 아이는 스트레스를 잘 견디고 책임감이 강하다. 아이에게 한계를 분명히 정해주고 이를 지키도록 한다. 각종 규칙과 공중도덕을 잘 지키도록 한다. 바른 자세와 몸가짐을 유지하도록 훈련시킨다. 자녀 교육의 중요한 목적이 바로 절제력을 키워주는 것이다.
- 협동심: 다른 사람을 잘 배려하고 존경해야 협동심이 생겨난다.
- 약속 지키기: 부모가 아이에게 한 약속은 반드시 지킨다.
- 약자를 배려하기: 힘이 부족하고 능력이 부족한 사람을 도와주고 돌봐주고 배려한다.

좋은 성격을 가진 아이로 만들기

아이에게 항상 밝고 건강한 모습 보여준다.
부모는 늘 안정된 모습을 보여준다.

도덕적인 아이로 키우기

자신의 충동을 억제하고 주어진 규칙을 따른다. 남을 배려하고 도덕성이 높은 아이가 성공할 확률이 높다. 부모가 먼저 이러한 것들에 대해 모범을 보인다. 아이에게 관심을 보이고 칭찬을 해준다. 아이의 자율성과 의사를 존중해준다.

배려하는 아이로 키우기

- 친절하고 너그러운 사람으로 키우는 것이다.

- 부모가 남의 아이에게 사랑을 준다.

- 부모가 먼저 남에게 배려하고 친절한 사람이 되어야 한다.

- 자선과 기부하는 모습을 부모가 먼저 보여준다.

아이의 사회성 키우기

- 사회기준에 맞춰 행동하고, 남과 잘 지내고, 집단 활동을 즐기는 것을 말한다.

- 사회성은 애착, 자기 조절 능력, 도덕성, 자존감 등이 잘 갖춰야 한다.

- 남을 존중하고, 배려하며, 공감할 수 있는 능력이 중요하다.

- 규칙을 잘 지키고 가진 것을 나누고 양보하는 능력을 키워야 한다.

- 친구에게 감사의 표현과 사과하는 표현을 할 수 있도록 지도한다.

좋은 품성 기르기

남을 무시하거나 비난하지 않도록 한다. 부모의 언행을 보고 아이가 그대로 배우기 때문에 부모는 늘 언행을 아이 앞에서 조심해야 한다. 무심코 남을 비난하거나 욕하는 말을 해서는 결코 안 된다. 사람의 말투는 그 사람의 품성을 의미한다는 것을 명심해야 한다.

이웃과 관계 교육

- 자녀의 친구 관계에 신경 쓴다.

- 이웃과 교류하며 친하게 지낸다.

- 공공시설을 내 것처럼 아껴준다.

- 공공시설 이용 후 뒷사람을 생각해서 깨끗하게 해 놓는다.

- 사람의 생각이 나와 다르다는 것을 인정한다.

낙천적인 아이로 키우기

- 부모가 낙천적이어야 한다.
- 항상 안 좋아도 긍정적인 면을 본다.
- 나쁜 일이 있어도 긍정적인 부분을 찾아내는 노력을 보여준다.

위험에 신중하게 대처하는 아이로 키우기

- 다른 사람의 말을 잘 듣지 않고 성급하게 결정하는 사람이 되지 않도록 키운다.

감사하는 아이로 키우기

- 부모가 먼저 일상에서 감사하는 모습을 행동으로 보여준다.

아이의 판단력 기르기

- 많은 경험을 통해 올바른 판단력을 길러야 한다.

포용력 있는 아이

- 따뜻하고 정이 많은 아이로 키운다. 다른 사람의 말을 들을 줄 아는 사람으로 키운다.

용서하는 아이로 키우기

- 용서는 자신을 위해서 하는 것이다.

다른 사람의 심리를 파악할 줄 아는 아이로 키우기

• 남에게 속지 않으려면 사람의 말을 믿지 말고 행동을 믿어야 한다.

아이의 열등감 극복하기

• 모든 사람들이 열등감 가지고 있다. 열등감을 극복하는 사람만이 성공할 수 있다.

낯가림 극복하기

새로운 환경에 불안해하고 다른 아이들과 잘 어울리지 않는 소극적인 성격을 갖지 않도록 한다. 일단 불안해하는 아이의 말을 우선 잘 들어주고 공감을 해주어야 한다. 아이의 말에 공감하고 수용해주면서 아이가 새로운 환경에 잘 적응할 수 있도록 방법을 찾는다.

공감하는 아이로 키우기

대인관계의 시작은 공감으로부터 시작된다. 공감은 의사소통의 핵심이다. 평소 부모로부터 공감을 받고 자란 아이는 다른 사람을 존중하고 공감할 줄 아는 아이가 된다.

: 아이의 공감능력 발달시키기

• 부모가 다른 사람의 입장과 감정을 이해하고 공감해주는 태도를 자주 보여준다.
• 어떤 상황에 대해 아이에게 감정이 어떤지 물어본다.
• 아이에게 경청하는 법을 가르쳐 다른 사람의 감정을 잘 파악하도록 한다.

- 아이들끼리 싸울 때 아이들끼리 서로 갈등을 해결할 수 있도록 지켜 본다.
- 아이가 해서는 안 되는 행동을 할 때는 개입하여 잘못을 바로잡아 준다.

아이의 처세술 키우기

- 사람을 대하는 법, 사람을 관리하는 법, 그리고 사람을 사귀는 법을 가르친다.
- 사람과 좋은 관계를 맺는 방법을 집중적으로 지도한다.
- 다른 사람과 좋은 관계를 오래오래 유지하도록 한다.
- 다른 사람에게 싫은 소리나 불평을 늘어놓지 말고, 상대방의 단점을 지적하지 않는다.
- 남을 고자질하거나 모함하지 않는다.
- 항상 남에게 잘해주려고 노력한다.
- 기브 앤 테이크 정신을 철저히 지킨다.
- 가급적 식사를 사는 사람이 되는 것이 좋다.

다른 사람의 의욕과 호감을 이끌어내는 방법

- 남을 칭찬하라.
- 남을 웃겨라.
- 남을 인정해줘라.
- 남에게 미소를 보여줘라.
- 예의 바르고 규칙을 잘 지켜라.
- 성실하고 남을 배려하라.

부모에게 효도하기

- 부모가 먼저 모범을 보인다.

예절교육

- 이웃 어른을 만나면 인사하도록 지도한다.

자기 조절능력 키우기

- 생후 12개월부터 24개월 사이가 자기 조절 능력을 키우기 시작하는 적기다.
- 자아를 의식하면서 떼쓰기가 시작되는데, 이때 엄마가 일관성 있게 대처한다.
- 분명히 한계를 정해두고 이를 위반하는 경우 단호하게 금지를 명해야 한다.
- 친구들과 같이 놀게 한다.

자기 성찰력 키우기

- 지나간 한 주간을 돌아보면서 서로 반성하는 시간을 가족끼리 갖는다.

기타

- 만족지연능력, 몰입력, 인간친화력, 긍정적인 태도 등을 길러준다.

부모의 자격 조건

- 긍정적, 포용적, 인내심, 낙천적인 성격의 소유자

- 사랑이 충만하고, 근면하고, 인간적인 사람
- 자녀를 존중해주고 자녀의 말을 잘 경청해주는 사람

감정 조절

- 감정: 어떤 현상에 대해 자기도 모르게 마음에서 일어나는 느낌
- 친밀감: 좋은 감정의 거리, 친하고 가까운 느낌

사람은 감정의 동물이다

- 감정을 잘 표현해야 상대와 동감이 가능하다.
- 감정을 있는 그대로 인정하고 잘 돌봐야 한다.
- 감정을 억제하면 암의 원인이 된다.

: 감정 관리의 중요성

- 부정적인 감정을 잘 조절할 줄 알아야 대인관계가 원만하게 유지된다.
- 감정을 조절하지 못하면 성숙한 인간으로 대접받지 못한다.
- 감정을 조절하지 못하면 사회에서 성공하지 못한다.
- 자신의 감정을 잘 조절하는 법을 반드시 배워야 한다.

감정에 대한 부모의 역할

- 감정은 말로 표현하도록 유도한다.
- 부모는 아이의 감정을 그대로 인정하고 수용해줘야 한다.
- 분노를 조절하는 능력을 키우는 것이 중요하다.
- 가정에서 감정 조절을 시작한다.

- 다정한 부모는 모든 고통의 울타리다.

- 심리적 탄력성을 길러준다.

- 부모가 본보기가 되어야 한다.

- 부모는 가급적 화를 내는 모습을 보여주어서 안 된다.

- 화는 절제 있고 부드럽게 짧게 한다.

- 상대방의 인격을 무시하거나 상처주지 않도록 해야 한다.

심리적 탄력성(psychological resilience)

- 위기나 역경을 극복하고 행복이나 긍정적인 상태로 돌아가는 능력

- 좌절을 겪을 때 도와줄 만한 친구들이나 사회적 지원을 찾는 시도

- 좌절을 견디면 이후에는 좌절을 견디는 탄력성이 발달함

: 심리적 탄력성 키워주기

- 아이의 말을 잘 경청해준다.

- 아이를 적극적으로 지지해준다.

- 아이를 믿어준다.

: 감정에 대처하는 부모의 4가지 유형(가족 치료 전문가 가트맨 박사)

- 축소 전환형: 아이의 감정을 별것 아닌 것으로 말함

- 억압형: 아이의 감정을 억압함

- 방임형: 아이의 감정을 받아주기만 할 뿐 행동의 한계를 정해주지 못함

- 감정 코치형: 아이의 감정을 받아주고 공감해 준 후, 적절한 행동 방향을 유도해줌

: 감정 표현의 중요성

• 감정을 잘 표현하지 못하면 상대방과 공감을 할 수가 없다.

• 감정을 잘 표현하는 아이가 마사에 의욕적이다.

• 감정 표현은 동기유발에 매우 중요하다.

• 감정을 잘 표현하는 훈련을 어릴 때부터 시켜야 한다.

: 부모가 할 일

• 감정 종류에 대해 가르친다.

• 감정 자체는 나쁜 것이 아니다.

• 옳고 그름을 따지지 말고 공감해준다.

: 상대방에게 감정을 표현하는 법

• 말로 표현한다(솔직하게 품위 있는 언어로 표현).

• 낮은 목소리로 감정을 빼고 브드럽게 표현한다.

• 상대방의 감정을 상하지 않게 배려하며 말을 해야 한다.

: 감정의 특성

• 감정은 나의 생명에 직접 관여하지 않는다.

• 감정을 객관화시킨다.

• 감정은 시간이 지나면 없어진다.

• 이러한 사실을 알 떠 감정이 조절된다.

: 아이의 감정 교육

• 아이의 감정조절은 취학 전까지 가르친다.

• 만 2~3살까지는 엄마의 도움으로 분노 감정 조절을 한다.

• 그 이후에는 스스로 할 수 있도록 한다.

: 감정 조절법

- 감정을 파악한다.
- 감정을 언어화해서 표현한다.
- 감정을 객관화시킨다.

감정 코치하기

"인생에서 가장 소중한 사람은 조언이나 해결책을 제시해주는 사람이 아니라, 고통을 함께 나누고 따뜻한 손길로 상처를 어루만져 주는 사람이다." - 헨리 나우엔

감정코치는 아이를 행복하게 하고, 회복력과 순응력이 강한 사람으로 키워준다. 부모는 반드시 부정적인 감정들을 조절하는 법을 알려주어야 한다. 그러기 위해 고통을 다스리는 법을 가르쳐야 한다.

: 감정코치 순서

- 아이의 감정을 수용해준다.
- 아이의 감정을 있는 그대로 읽어준다.
- 아이의 감정에 공감해준다.
- 해결책을 제시해준다.
  ※ 평소에 감정에 관한 단어를 공부해서 아이에게 가르친다.

: 화를 잘 내는 공격적인 아이

자라면서 누군가에게 인정을 받아본 경험이 거의 없다. 이런 아이들의 경우 이야기를 들어주는 것만으로도 아이의 화를 누그러뜨릴 수 있다. 이때 아이의 잘못을 중간에 지적해선 안 된다. 설사 아이의 말이 거짓말이라 하더라도 끝까지 다 들어준다. 그리고 나중에 아이가 상처받지 않도록 부드럽게 아이의 잘못을 바로 잡아준다.

: 아이가 화를 내고 감정이 격해 있을 때

화가 난 이유를 들어주고 공감해준다. 화를 가라앉히는 방법에 관해 얘기해 본다.

: 자주 다른 아이들과 싸우고 화를 낼 때

아이가 대인관계와 자기표현에 미숙하기 때문이다. 우선 부모는 아이가 자신의 감정을 절제하면서 자신의 감정을 말로 표현할 수 있는 능력을 키워준다. 이를 위해 평소 부모의 감정을 드러내고 기분에 따라 아이를 대하는 것이 다르지 않도록 해야 한다.

아이와 빈번하게 대화를 갖는 것이 좋다. 대화를 할 때는 상대의 눈을 응시하고, 상대의 말을 끝까지 들어주면서 미소를 지어주도록 지도한다. 남의 의견이 나와 의견과 다를 수도 있다는 것도 인식시키는 등 사회적 기술을 가르쳐준다.

: 나쁜 행동 대처법

욕을 하거나 폭력을 행사하거나 물건을 던지는 행동은 나쁜 행동이라고 지적하고, 이를 하지 말도록 말해준다. '화가 나는 마음은 나쁜 것이 아니지만, 그렇다고 나쁜 행동을 해서는 안 된다'고 가르친다.

가치관[1]을 코칭하기

: 가치관 교육

• 무엇이 중요하고 가치 있는 일인지, 그리고 하찮은 일은 무엇인지 가

---

1 어떤 일정한 방식으로 행동하게 하는 원리나 신념, 어떤 대상에 대해 갖는 근본적인 태도나 관점

르친다.

- 어떻게 하는 것이 옳은 것이고, 어떻게 하는 것이 잘못된 일인지를 가르친다.
- 잘못된 가치관을 바로 잡아주고, 생명의 소중함과 다른 사람을 존중하는 자세를 가르쳐준다.
- 다른 사람도 나만큼 소중하다는 점을 가르친다.

: 참고사항

- 내적 동기: 어떤 일을 하면서 얻는 정신적인 즐거움(만족, 보람, 성취감)
- 외적 동기: 일의 결과에 따른 물질적인 보상(돈, 명예, 권력, 지위)

  ※ 외적 동기보다는 내적 동기 방식이 바람직한 인간으로 성장할 수 있다.

  ※ 공부든 일이든 그 자체에서 즐거움을 찾는 사람이 행복하다.

정서 지능

정서 지능이란?

- 자신을 알고 남을 이해하는 능력, 타인과의 관계를 이해하고 연결하는 능력

- 불안함과 초조함 속에서도 마음을 침착하게 유지하는 능력

- 좌절을 극복하고 좋은 능력을 얻기 위해 계속 노력하는 능력

- 분노를 잘 조절하고 부적절한 언행을 피하고 차분하게 대응하는 능력(자기 이해, 타인 이해, 적응력, 스트레스 관리능력, 감정 조절능력, 관계관리 능력)

: 정서 지능의 중요성

장기간 직업적인 성공, 건강, 인간관계, 삶의 질, 행복 등에 중요한 역할

: 정서 지능이 높은 사람의 뛰어난 점(대니얼 골먼 박사)

① 자기 성찰: 자기를 잘 알고 결정을 내릴 때 직관, 직감을 잘 활용함

② 자기 관리: 자신의 감정, 행동을 잘 관리(감정 조절, 스트레스 관리)

③ 상황 파악: 자기 주변 사람의 감정, 갈등을 잘 파악함

④ 관계 관리능력: 갈등을 현명하게 관리, 타인에게 좋은 영향과 영감을 줌

: 정서 지능이 높은 경우

- 남이 기쁠 때 같이 기뻐해 주고, 남이 슬플 때 같이 슬퍼해 준다.
- 상대의 감정을 잘 읽고 공감을 잘해준다.
- 상대의 욕구를 잘 알고 거기에 잘 대처한다.
- 남에게 기분 나쁘지 않게 자신의 의사를 전달한다.
- 이해력이 높아 공부를 잘한다.
- 각종 유혹을 뿌리치고 학업에 몰두한다.
- 좌절을 극복하고 해야 할 일을 계속한다.
- 친구를 잘 사귀고 그룹 내에서 활동적이다.
- 자기감정을 잘 조절함으로써 토론을 잘한다.
- 직장이나 조직에서 리더가 된다.
- 어려움을 인내하는 능력이 탁월하다.
- 만족 지연 능력이 높다.
- 목표를 달성하고 성공한 인생을 살게 된다.
- 정서전환능력이 탁월하다.
- 집중력이 탁월하다.
- 스트레스를 잘 다스린다.

: 정서 지능이 높은 사람의 특징

- 위기의 순간에도 즐겁고 행복한 감정을 찾아내 기회로 전환시킨다.
- 우울하거나 의욕이 떨어졌을 때 영화 관람, 운동 등으로 기분을 전환 시킬 줄 안다.

: 정서 지능의 낮은 사람의 특징

- 위기를 극복하기 어렵다.

- 우울한 정서에 빠져서 괴로워하거나 술집으로 향한다.

스트레스 해소법

- 부모가 먼저 스트레스 해소 방법을 갖고 있어야 한다.
- 아이들은 신나게 놀면 스트레스가 풀린다.
- 아이가 원하고 좋아하는 것을 하도록 하면 스트레스를 풀 수 있다.
- 대화를 나누면 스트레스를 풀 수 있다.
- 몸이 건강하면 스트레스에 강한 아이로 키울 수 있다.
- 운동을 통해서 스트레스를 풀 수 있다.
- 스트레스를 푸는 방법을 터득하면 성인이 되어서도 이를 극복할 수 있다.

"어린아이는 스트레스에 취약하다. 어릴 때 스트레스를 많이 받은 경우, 작은 스트레스에도 지나치게 힘들어하고 화를 내며 살게 된다."

- 마고 선더랜드(미국 아동심리치료사)

: 스트레스에 강한 아이로 키우기

- 어릴 때부터 아이의 감정을 그대로 수용해준다.
- 아이에게 잔소리를 하지 않는다.
- 잘못을 해도 부드럽게 타이르고, 작은 잘못은 대범하게 넘어간다.
- 아이가 하고 싶은 일을 하도록 허용해준다.
- 자녀를 항상 믿고 존중해준다.
- 어릴 때부터 스트레스를 받지 않도록 신경써준다.
- 스스로 감정을 잘 처리하도록 도와준다.
- 평소 운동이나 취미생활을 통해 스트레스를 풀도록 한다.

: 윤대현의 분노 조절법

- 분노는 그때그때 해결한다.
- 분노를 즉시 표출하지 않고 하루 정도 지켜본다.
- 분노는 상대방과 나를 공격하는 것이다.
- 화내는 것은 성숙한 행동은 아니다.
- 하루가 지나도 분노가 계속되면 화낼 가치가 있는지 살펴본다.
- 화낼 가치가 없는 사람이면 그 사람과 관계를 멀리한다.
- 관계 유지가 계속해야 하는 사람에게는 구체적으로 어떤 것이 나를 속상하게 했는지 차분하게 말해준다.
- 내가 정확히 무엇을 원하는지 상대에게 말해준다.

(조선일보 2016. 8. 1. <윤대현의 마음 읽기>에서 인용)

나를 알아야 상대방을 이해하게 된다. 내 입장을 모르면 남의 입장을 이해하기 어렵다. 반대로 상대에게 깊이 공감하지 못하거나 상대를 잘 이해하지 못하면 자신도 잘 이해하지 못한다.

정서적 안정은 엄마의 부드럽고 따뜻한 감촉과 스킨십을 자주해주면, 분노가 조절되면서 정서적 안정을 가져온다. 정서 지능이 높은 사람은 감정을 잘 조절하고, 도전적 문제를 해결하고, 환경 상황에 능동적으로 대처한다.

정서 지능을 높이기 위한 방법

- 엄마가 잘 반응해준다.
- 아이에게 감정에 대해 가르친다.
- 아이의 감정표현을 적극적으로 하도록 유도한다.

- 감정에 대해 대화를 나눈다.
- 부모가 먼저 안정적이고 올바르게 살아가는 모습을 보여준다.
- 감정조절, 긍정적인 마인드, 원활한 대인관계 등을 아이에게 보여준다.
- 아이와 함께 하는 시간을 많이 갖는다.
- 아이의 일에 항상 관심을 갖는다.
- 아이의 정서적 안정을 위해 아이와 스킨십을 많이 한다.
- 아이에게 항상 따뜻한 미소를 주고, 다정한 대화를 나눈다.
- 아이가 항상 엄마를 신뢰할 수 있는 태도를 유지한다.

인간의 뇌의 구성과 특성

① 파충류의 뇌(1층): 생명유지의 뇌, 생명유지에 필요한 호흡, 심장박동, 혈압조절에 관여

② 포유류의 뇌(2층): 감정의 뇌, 중간 역할, 흥분, 공포, 사랑, 미움 등을 표현

③ 인간의 뇌(3층): 이성의 뇌, 기억, 학습에 관여하는 고도의 정신 기능과 창조 기능

- 영아기: 생명 유지에 필요한 생명유지의 뇌가 발달
- 유아기: 감정을 나타내는 감정의 뇌가 발달, 이 시기에 엄마는 감정에 대해 자녀에게 알려 주어야 한다. 감정적인 만족감을 바탕으로 이성의 뇌도 발달하기 시작한다.

감정 조절, 인성, 기질, 정서 지능의 발달은 엄마가 동화책을 아이와 함께 읽으면서 지도할 수 있다. 아이에게 동화책을 읽어주면서, 주인공의 행

동 및 태도 등에서 인성 및 정서 등을 하나하나 가르쳐 준다.

: 애착 관계의 중요성

정서 지능은 애착 관계에서 출발한다. 아이의 요구에 적절하게 반응해 주면, 엄마와의 애착 관계가 잘 형성되면서 아이는 자신의 감정을 다스리게 된다.

: 안정적인 애착의 효과

자신감이 있고, 힘들 때 적극적으로 도움을 요청한다. 규율을 잘 따르고 수업시간에 집중을 잘한다. 부모로부터 안정적 애착이 형성된 아이는 건강하고 독립적이며 성취 지향적인 아이로 자라나게 된다.

: 안정적 애착을 형성하기

- 아이가 원하는 것에 민감하게 반응해준다.
- 아이에게 따뜻한 언행을 보여준다.
- 부모는 아이가 반응 예측이 가능하도록 안정적인 모습을 보여준다.
- 아이와 같이 시간을 보낼 때 아이에게만 오로지 관심을 쏟는다.

3 노는 것이 중요하다

- 어릴 때는 잘 노는 것이 매우 중요하다.

- 열 살까지 신나게 놀게 해야 한다.

- 게임 중독에서 헤어나는 유일한 길은 신나게 놀게 하는 것이다.

- 아이들은 놀이를 통해 즐거움을 추구한다.

- 장난감 등을 함부로 사주면 안 된다.

- 어릴 때 충분히 놀지 못하면, 아이가 정상적으로 발달하지 못한다.

- 아이는 놀면서 지능을 발달시키고 판단력, 남과 협동하고 배려하는 능력을 기른다.

- 아이에게 노는 것은 다양한 능력을 계발시키고 훌륭한 인재로 자라는 근본이다.

- 잘 노는 아이가 나중에 공부도 더 잘한다.

- 잘 노는 아이가 스트레스를 잘 받지 않는다.

- 잘 노는 아이가 정신적으로, 신체적으로 건강하게 잘 자란다.

- 미래는 잘 놀 줄 아는 사람이 성공하는 시대가 된다.

- 잘 노는 아이가 행복한 삶을 살게 된다.

- 부모는 아이가 잘 놀 수 있는 환경을 제공해야 한다.

놀이의 효과

- 신체·인지적 역량, 창의성, 자존감을 향상시킨다.
- 놀이가 최고의 조기 교육이다.
- 읽기도 늦게 배운 아이가 성적이 더 높다.
- 놀아봐야 내가 잘하는 것, 재미있는 것, 행복한 것을 파악할 수 있다.

전문가들의 놀이에 대한 견해

① 심리학자 데이비드 화이트 브레드

"놀이는 발달에 필수적이다. 아이는 놀이를 통해 끈기와 주의집중, 그리고 감정을 통제하는 법을 배운다."

② 이기숙 교수

"영·유아기에는 부모와의 교류, 애착 관계 형성, 또래 친구들과의 놀이와 접촉이 발달에 큰 영향을 미친다."

③ 소아정신과학회 곽영숙 회장

"놀이학원 등 구조화된 환경에서 정해진 매뉴얼대로 놀이를 가르쳐주는 것은, 진정한 의미의 놀이가 아니다. 자유로운 환경에서 아이가 혼자 상상력을 발휘하며 놀아야 창의력과 독립심이 발달한다."

위험한 놀이터의 필요성

- 적당한 수준의 위험한 놀이터가 좋다.
- 아이들을 위험에 노출시키지 않을 경우 불안 및 공포장애의 증가로 이어질 수 있다.

- 위험한 느낌을 주는 놀이는 아이의 도전 욕구를 자극시킨다.

- 위험한 놀이터를 통해 아이들은 한계에 도전하길 원하다.

- 자신의 신체적 능력에 자신감을 갖게 해준다.

"나무를 기어오른 경험이 없는 아이들은 고소공포증에 걸릴 가능성이 높다."

- 노르웨이 심리학회

"아이들이 위험한 놀이를 통해 대처기술을 개발하게 되면, 그러한 우 험에 대한 신경 및 공포장애를 막을 수 있다. 지나치게 안전을 추구하게 되면 아이들의 발달을 저해할 수 있다. 팔다리가 부러지거나 금이 가는 것을 심각한 부상이라고 생각해서는 안 된다."

- 엘렌 샌드 세터(퀸도드대학 교수)

연령별 교육

자녀 발달 전반기(0-12세)

신생아기(0~4주) 영아기(4주~3세) 유아기(3세~7세) 아동기(7세~12세)

: 0~3세(애착 시기)

- 부모, 가족들과 좋은 애착 관계를 맺는 중요한 시기다.

- 자신감과 호기심이 생기는 시기다.

- 생후 2년간 엄마를 통해 정서적 뿌리를 내린다.

- 3세까지 안정적인 애착이 건강한 뇌 발달에 매우 중요하다.

- 이 시기에 양육자가 바뀌거나 엄마와 떨어져 있으면 애착에 손상을 입게 된다.

엄마와 신뢰 관계가 중요한데 엄마가 산후우울증 등으로 부정적 반응을 보이면 반사회적 인격 장애, 우울증, 불안증, ADHD(주의력결핍과잉행동장애) 등 다양한 부작용이 발생하게 된다.

※ 애착: 부모가 아기를 잘 응대하고 사랑을 해주면 아기에게 애착이 잘 형성된다.

: 0~3세(천재를 만드는 시기)

- IQ 180~300까지 형성이 가능하다(스티븐 호킹 IQ 160, 김웅용 IQ 210).

- 천재 만들기(오감 자극, 풍부한 대화, 많은 사람과 접촉)

- 쓰지 않으면 가지치기(Pruning) 현상이 발생한다.

- TV 시청 금지

: 3~18개월(공생기)

- 엄마가 자주 안아주고 스킨십을 많이 해줘야 한다(신뢰감과 사랑을 느낌).

- 엄마의 감정상태가 그대로 전달된다.

- 엄마의 마음이 평화롭고 안정되어야 한다.

: 18~36개월(분리, 개별 시기)

- 아이에게 공감을 해준다.

- 자신의 감정을 배운다.

- 아이가 어지르는 것을 허용한다.

- 말하고 혼자 돌아다닌다.

  ※ 청각-시각-촉각 순으로 발달

청각

- 태교 때부터 발달한다(5개월부터).

- 아빠 소리에 더 잘 발달된다.

- 태교 때 엄마가 태담을 해주는 것이 필요하다.

- 자연의 소리를 많이 들려주고, 풍부한 어휘를 사용하여 아기에게 설명한다.

- 시끄러운 소리도 들려줄 필요가 있다.

- 모차르트, 베토벤 음악을 들려준다.

- 조용한 분위기보다는 다양한 소리를 많이 들려주도록 노력한다.

시각 발달

- 출생 시: 시력 0.01

- 3개월: 시력 0.3, 3원색 구별

- 1세: 시력 1.0

- 초점 맞추기 중요, 모빌 거리 1미터 이내 설치한다.

- 처음에 흑백, 그다음 3원색으로 바꿔준다.

- 다양한 시각 자극을 줄 필요 있다.

- 시각 발달을 위해 엄마는 옷을 자주 갈아입는다.

감각 발달

- 뇌 발달은 손과 연관되어 있다.

- 손 발달을 위해 쥐고, 펴고, 만지고, 잡는 경험을 하도록 유도한다.

- 벽에 다양한 것을 붙여주면 두뇌 자극에 좋다.

아이의 행동 발달

- 0~4개월: 옹알이 시기

- 4~6개월: 뒤집기 시기

- 6~8개월: 앉고, 기고, 분리불안 시기

- 8~10개월: 기고, 서는 시기

: 유아기

• 2~6세 사이에 각인현상(경험한 것을 기억한다)이 발생한다.

• '천재'라 함은 몰입을 잘하는 사람이다.

• 극성맞은 아이가 미래가 있는 아이이며, 바람직한 아이라고 말할 수 있다.

• 만 2세 때 걷기 시작하며, 호기심이 폭발한다.

• 엄마를 타인으로 인식, 분리불안이 발생한다.

• 3세 때 제1 반항기가 시작된다(자아 형성, 정상적인 현상).

- 3세 때 인성 교육을 실시한다(교육 시기 3~10세).

- 인성 교육을 통제 자신의 내적 욕구를 통제하고 조절하는 법을 가르친다.

- 인성 교육을 통해 인내력과 절제력을 길러주는 것이 매우 중요하다.

- 어렸을 때 바른 인사법, 성인예절을 가르친다(어른을 공경함).

- 어릴 때는 공부보다는 많이 늘고 엄마와 많이 대화하면서 보내는 것이 바람직하다.

- 식사예절: TV 보며 식사하지 않기, 돌아다니면서 식사하지 않기, 소리 내면서 식사하지 않기, 어른에게 먼저 권하기

: 바른 습관, 바른 예절은 아이에게 올바른 인성을 심어준다

- 3~6세: 나쁜 버릇을 바로잡는 시기다. 다른 사람을 물기, 손톱 물어뜯기, 자위행위, 거짓말 등 나쁜 행동은 굳어지기 전에 3세부터 지도한다. 이런 행동은 한번 습관이 들면 반복적으로 나타난다.

- 4세: 언어발달 시기다. 4세 때부터 존댓말을 부모가 먼저 사용해서 존댓말을 가르친다. 아이가 반말하면 존댓말로 반복해서 교정시킨다. 아이가 존댓말을 쓸 때만 반응해주는 것도 한 방법이다. 아이가 존댓말을 모를 경우, 엄마가 존댓말을 가르친다.

- 5세: 엄마의 말을 잘 듣지 않는다. 이때 아버지가 자녀를 인겨 받아 밖에서 공부시킨다. 아이가 몰입하는 것을 방해하지 않는다. 전두엽이 발달하게 해야 한다(감정 자제). 전두엽 발달의 중요 요소는 '운동 및 독서'다.

- 6세: 도덕성 교육은 6세부터 시작한다. 크면 나아질 것이라고 안이하게 대처해선 안 된다(사회에서 도덕성 매우 중요함).

: 물활론

- 4~6세: 모든 사물이 살아있다.
- 8~9세: 움직이는 것은 모두 살아있다.
- 8~12세: 스스로 움직이는 것은 살아있다.
- 11~12세: 생물만 살아있다.

자신감과 자율성 발달시키기(2세 이후)

- 아기가 적극적으로 혼자서 탐색하는 기회를 많이 부여한다.
- 반복해서 연습할 기회를 제공하여 스킬이 발달하도록 유도한다.
- 부모는 아이가 스스로 할 수 있다는 자신감을 갖도록 지도한다.
- 탐색의 기회를 제한하거나 박탈하면 수치심과 자신에 대한 의심을 갖게 된다.
- 스스로 어떤 결정을 내릴 기회를 갖지 못하면 역시 수치심과 자신에 대한 의심을 갖게 된다(예: 혼자 옷 입기, 혼자 밥 먹기, 혼자 장난감 정리하기).

언어발달

아기 때 옹알이를 제대로 잘 하고 소리를 잘 내는 것이 좋다(0~4개월). 이때 엄마는 아기에게 말을 정확하게 구사해서 아기에게 말을 걸어준다. 9개월 쯤 되면 "맘마" "빠빠" 등의 소리를 낸다. 12개월 정도부터 의미 있는 말을 알아듣기 시작한다.

12개월에서 15개월 사이에는 쉬운 단어를 발음하고 간단한 말을 알아듣는다. 12개월부터 아이가 하는 말에 대해 칭찬을 하면 아이가 말하는 데 자신감이 생긴다. 18개월에서 2살 사이에는 50개 정도 단어를 사용하고, 간단한 문장을 만들어 사용한다. 2살부터 3살까지는 언어가 폭발적으로 발달하게 된다.

　말 잘하는 아이가 정서적, 사회적 인지 발달이 빠르다. 부모가 사용하는 어휘력이 아이의 어휘력을 좌우한다. 아기도 엄마의 말을 따라 한다. 언어발달은 아이의 지능과 인성 발달에 큰 영향을 미친다.

: 적기 교육

- 만 0~3세: 다양한 자극과 오감을 통한 즐거움, 스킨십이 중요함

- 만 3~6세: 감정 교육, 도덕성 교육, 도구 놀이, 사회적 놀이

- 만 6세~ : 언어, 수학, 기타 다양한 교육
　※ 유아기에는 공부보다는 정서적 안정, 사회성 그리고 인성교육에 중점을 두어야 한다.

: 일상생활

- 3세에는 숟가락을 사용하고, 대소변 훈련을 시작한다.

- 야단보다는 칭찬을 통해 교육한다.

- 4~5세에 혼자서 옷 입고 벗기, 단추 채우기 훈련을 한다.

: 사회적 발달

3~4세 또래와 접촉 증가, 사회적 관계 형성, 사회적 기술과 역할 습득, 성 역할 이해

: 정서 발달

- 5~6세: 여러 가지 감정을 다루고 적절한 방식으로 표현, 충동이나 사회적 요구 간에 균형유지 방법 습득
　※ 분노: 하고자 하는 일을 못 하게 하거나 어떤 일을 강요 시, 혹은 부모의 관심을 주지 않을 경우 분노 유발

- 호기심: 끊임없이 질문함, 호기심을 제지하면 죄책감 형성

- 애정: 부모와 접촉을 통해 생성된다. 애정을 많이 받은 아이가 정서

적 육체적 발육이 빠름

- 질투: 애정 욕구가 충족되지 않을 경우에 발생, 애정을 구하기 위해 퇴행적 행동을 함(3~4세 때 심하게 나타남)

: 성 역할

- 3세: 자신을 남자, 여자로 인식
- 4~5세: 남녀 간 신체 차이 인식, 자신의 성에 적합한 행동과 사회적 관계에 관심, 동성친구들과 어울림, 성안정성 형성
- 5~7세: 사람의 겉모습이 달라지더라도 성은 변하지 않는다는 것 인식 (성 항상성)

: 아동기(7~12세)

- 친구들과 열심히 잘 놀아야 한다.
- 이 시기에 학원 중심의 생활을 하게 되면, 에너지가 소진되므로 발달이 안 된다.
- 단지 숙제, 복습, 놀기를 중심으로 한다.
- 초등학교 때 '한자'를 가르치면 많은 도움이 된다.
- 초등학교 때 수학에 관한 책을 읽도록 하면 수학에 재미를 붙일 수 있다.
- 아이에 따라서 또래에 비해 발달이 늦는 경우가 있으나 크게 걱정할 필요는 없다.

: 자녀 교육의 전반기는 자녀 교육에서 가장 중요한 핵심기간이다

이 시기에 부모는 자녀에게 모든 것을 전수해 줄 수 있는 아주 중요한 시기이다. 이 시기에 제대로 아이의 틀을 잡아주지 않으면 아이를 바꾸는 것은 어렵다. 이 시기는 부모가 자녀에게 교육시킬 수 있는 황금 같은

기회이며, 부모가 자녀에게 어떻게 하느냐에 따라 자녀의 인생이 좌우될 수 있는 매우 중요한 시기이다.

- 아이들을 마음껏 놀게 한다.
- 무리한 선행학습은 시키지 않는다.
- 공부보다는 정서에 초점을 맞춰 아이를 마음껏 놀게 한다.
- 운동을 시킨다.
- 취미로 음악, 악기연주를 시킨다.
- 하고 싶은 것을 하게 한다.
- 훈육을 엄격하게 한다.
- 해야 할 일과 해서는 안 되는 일을 규칙으로 정한다.
- 초등학교 때까지 규칙을 정해 엄격하게 지키게 한다.
- 안 되는 일은 절대 허용해서는 안 된다.
- 부모는 독서습관, 공부습관, 자기주도성, 독립성 등 좋은 습관을 자녀 교육 전반기에 형성되도록 해야 한다.
- 자녀 교육 전반기는 부모가 아이를 원하는 대로 훈육할 수 있는 유일한 기간이다.

: 자녀 발달의 후반기(13~19세)

- 중~고등학생 시기, 청개구리 시기
- 부모와 갈등, 부모의 권위에 도전한다.
- 사춘기 반항은 자연스러운 현상이다.
- 자아정체성, 성에 관심을 갖는다.
- 12세 이후에는 잔소리를 하지 않는다.
- 모든 것을 자율적으로 하도록 하고, 독립심을 중점적으로 키워준다.

- 가급적 간섭을 하지 않는다.
- 자녀와 부모는 대등하고 수평적 관계를 유지하며, 자녀의 인격을 존중해준다.
- 그러나 자녀가 하는 일에 늘 관심을 둔다.
- 필요하면 조언과 상담을 해준다.
- 자녀가 하는 일이 나쁜 일이 아니면, 늘 지지하고 격려해준다.
- 엄마도 자신의 인생을 찾아 살아간다.

참고 사항

- 0~12세: 부모는 권위를 가지고 코치 역할
- 13세~19세: 조언자 역할
- 20세 이상: 친구 및 동반자 역할

유아기는 아이의 자존감, 자신감, 공부, 성격, 기질, 적극성 등이 부모가 어떻게 양육하느냐에 따라 결정되는 만큼 유아기의 교육이 매우 중요하다는 점을 인식해야 한다.

- 자녀의 말을 잘 들어준다.
- 공부건 놀이건 즐기는 법을 가르쳐야 한다.
- 초등학교 때까지 많이 놀게 하는 것이 필요하다.
- 초등학교 시기까지 원칙을 가르친다.
- 원칙에는 타협이나 협상을 하지 않는다.
- 연령에 따라 필요한 교육을 적당하게 아이에 맞춰 시키는 것도 중요하다.
- 아동 발달에 있어 최적의 시기, 결정적 시기가 존재하므로 이를 유의해야 한다.

: 뇌 발달 순서

생명유지의 뇌 → 감정의 뇌 → 이성의 뇌

태아~영아기

- 생명유지의 뇌가 발달한다.

- 좋은 영양분을 공급하고, 엄마가 심리적 안정을 가지고 아기의 욕구
  를 잘 충족해주면 발달한다.

유아기

- 감정의 뇌가 발달한다.

- 감정과 본능이 가장 예민한 시기이다.

- 감정적이고 본능적인 충족이 필요한 시기이다.

- 수많은 탐색과 시도, 실패와 재도전을 통해 감정적 충족감을 채운다.

- 심리적 충족감이 잘 채워져야 탐색하고 배우는 데 관심을 가진다.

- 심리적 충족감이 잘 채워지면 이성의 뇌도 발달하게 된다.

- 정서발달이 안정적으로 잘 되어야 이성의 뇌도 발달하게 된다.

- 나이에 맞지 않게 부모가 무리한 공부를 강요했을 때, 정서적으로 불
  안 증세를 나타나면서 이성의 뇌 발달을 저해한다.

: 용어정리

• 시냅스(synapse): 신경세포를 연결해주는 부분, 정보를 전달해주는 통로

• 뉴런(neuron): 신경세포

• 가지치기(pruning): 뇌에서 필요 없는 것을 없애는 작업, 4~5세부터 시
  냅스가 줄어들기 시작하여 16세에 절반으로 준다.

• 각인(imprinting): 특정 연령 때 경험한 것을 민감하게 반응하고 학습하
  는 현상

5 적기 교육

아이의 정신적, 육체적 발달에 맞춰 거기에 적절하게 교육을 실시해야 한다. 적기 교육이란 아이의 심리적 특성이 그 시기에 반드시 이루어지도록 교육하는 것을 말한다. 이러한 결정적 시기를 놓치게 되면 아이의 정상적인 발달에 많은 장애가 발생한다.

즉 아이에게는 특정한 발달 과업을 성취해야 하는 결정적 시기가 존재한다는 것이다. 유아기에는 신뢰감, 자율성, 주도성 등을 키워주는 결정적 시기이다. 유아기와 아동기에는 인성을 키우는 것이 매우 중요한 시기라는 것을 인식해야 한다.

아이의 발달 시기에 맞춰 특정한 과업을 성취하도록 부모가 이끌어줌과 동시에 나이에 맞는 인지 교육도 함께 적절하게 하는 것이 바람직하다. 그러나 연령에 맞지 않게 지나친 학습이나 선행학습을 시켜서는 안 된다. 아이가 싫증을 내는 기색을 보이면 즉시 학습을 중단해야 한다.

학습은 반드시 아이가 즐거운 가운데 해야 한다. 그 이유는 학습은 인생을 살아가는 동안 평생 해야 하기 때문이다. 만약 아이가 학습하는데 스트레스를 받는다면 평생 학습을 멀리할 것이다. 교육은 반드시 장기적인 관점에서 길게 보면서 서서히 여유를 갖고 해야 한다. 절대 아무리 좋은 교육이라 하더라도 아이가 즐거움을 느끼지 못한다면, 오히려 역효과가 난다는 사실을 명심해야 한다.

시기별 적기 교육

: 애착교육

0세부터 3세까지는 부모와 안정적인 애착 관계를 맺는 것이 중요하다.
엄마와 아빠 등과 관계를 맺고 함께하는 시간을 통해 애착이 형성된다.
엄마가 아기의 마음을 알아주고 이를 해소해주는 것이 중요하다.
엄마와 즐거운 시간을 갖고, 엄마가 아기를 잘 돌봐줄 때 애착이 형성
된다.
부모와 안정적인 애착관계가 형성은 세상을 살아가는 기본이 된다.

: 감정과 정서교육

0세부터 3세까지 감정의 뇌가 발달한다. 이 시기에는 어른보다 더 강력
한 감각 능력을 가지며, 아기에게 정서와 오감을 통한 자극이 충분히 주
어져야 한다. 아기는 감각을 통해 세상을 배운다. 부모는 아기가 만지고,
맛보고, 보고, 듣고, 느끼게 해주어야 한다. 안정된 정서와 감정을 발달하
도록 부모는 노력해야 한다.

: 공감 교육

- 12개월: 기쁨, 슬픔, 두려움, 분노 기본적 정서를 갖게 됨
- 12개월 이후: 다른 사람의 고통에 반응함
- 24개월: 다른 사람을 위로하고 도와줌, 감정적 반응(공감)

: 공감 능력 키우기

- 자주 '공감'을 경험하는 것이 필요(거울 뉴런 발달시키기)
- 어릴 때 감정코칭을 해주는 것이 필요
  ※ 거울 뉴런: 다른 사람의 느낌을 재빨리 인식하고 따라하는 신경세포

: 감정 코칭 하는 법

- 아이가 감정을 잘 표현하도록 유도한다.
- 아이의 감정을 잘 살펴서 관찰한다.
- 아이의 감정을 수시로 물어본다.
- 아이의 감정을 말로 표현해준다.
- 아이의 감정을 수용해준다.
- 아이에게 공감해 준다.

: 공감에 역행하는 행위들

- "야! 뭐 그런 일로 화를 내고 그러니?"
- "남자가 왜 그렇게 울음이 많니?"
- "뭐가 그렇게 힘들어?"
- "왜 그렇게 참을성이 없니?"
- "뭐가 그렇게 무서워?"
- "아무것도 아닌 일로 왜 그렇게 기분 나빠하니?"

청소년기에 아이들은 부모와 아예 대화를 거부하기 시작한다. 그 이유는 어렸을 때부터 아이의 감정을 무시하고 공감을 안 해줬기 때문이다. 항상 아이의 사소한 감정이라도 수용해주고 공감해주는 엄마가 되어야 한다.

평소 자녀와 엄마가 감정 코칭을 통해 교감을 쌓는다. 그러면 자녀는 엄마와 자신의 감정에 대해 스스럼없이 대화하게 된다. 어려서부터 엄마의 공감을 많이 받고 자란 아이가 커서도 공감을 잘하는 사람으로 자라게 된다.

: 자아 생성(3~5세)

- 자신이 좋아하는 옷을 입겠다고 떼를 쓴다.
- "싫어"라는 말을 자주 사용한다.
- 자신이 독립된 존재라고 주장한다.
- 아이가 스스로 선택하도록 유도한다.
- 아이가 선택한 것에 대해 대화를 나눈다.

: 아이의 자존감과 자존심 높이기(유아기, 아동기)

- 아이의 인격을 존중해준다.
- 아이의 자존심을 지켜준다.
- 아이의 자존감을 높여준다
- 아이가 스스로 하도록 놔둔다.
- 아이를 있는 그대로 인정한다.

: 배려하는 아이로 키우기(유아기, 아동기)

- 부모가 남을 배려하는 모습을 아이에게 보여준다.
- 아이가 남을 배려하는 행동을 할 때 칭찬해준다.
- 부모가 약자를 배려하는 모습을 보인다.

: 몰입과 집중력을 키워주기

- 유아기부터 꾸준히 아이가 몰입과 집중력을 키워준다.
- 아이를 천재로 키워주고 싶다면, 몰입을 잘하는 아이로 키워야 한다.
- 아이가 뭔가에 집중할 때 끝날 때까지 기다려준다.

: 한글 가르치기(5~6세)

기본적인 한글을 가르친다.

: 기본적인 생활 습관 태도 가르치기(유아기부터 초등학교 입학 전까지)

　초등학교 입학 전까지 인사하기, 혼자 화장실 가기, 정리정돈, 어른에게 존댓말 하기, 사회성 등을 가르친다. 가급적 혼자서 스스로 할 수 있도록 훈련시킨다. 선생님에게 자신의 의사를 표현하는 법을 가르친다. 남의 말을 끝까지 경청하는 법을 가르친다.

: 사회성 길러주기(유아기)

- 부모는 아이가 많은 친구를 사귀도록 환경을 조성해준다.
- 친구를 잘 사귀기 위해서 부모는 사회성을 길러주어야 한다.
- 상대방을 먼저 배려하고 친구들의 이야기를 잘 듣도록 한다.
- 놀이를 통해서 친구들과 갈등을 해소하는 법을 배우도록 한다.
- 공감능력을 키우도록 한다.
- 긍정적이 마인드와 자존감 그리고 자신감을 키워준다.
- 자기 주도성을 키워준다.
- 부모는 칭찬을 해주고, 모범을 보여주는 것을 통해서 아이의 사회성을 키워준다.

: 친구한테 인기 있는 아이

- 정서적으로 안정된 아이
- 항상 밝은 아이
- 유머 있고 잘 웃는 아이
- 자신감이 있고 리더십이 있는 아이

: 메타인지 능력[2] 키우기(초등학교 3학년 시기)

- 메타인지 능력은 자기성찰능력을 말한다.
- 자신이 스스로 계획을 세우고, 실천하고, 평가하도록 유도한다.
- 학습계획을 세우고, 실천하고, 평가하도록 한다.

: 초등학교에 시기 부모와 여행 체험시키기

- 여행은 그 자체가 지혜이고 학습이다.
- 초등학교 이전에는 아이가 너무 어리기 때문에 여행을 통해 큰 의미를 얻을 수 없다.
- 아이가 초등학교 시절 이후부터 여행을 통해 많은 경험을 갖도록 한다.
- 국내외 여행을 통해서 아이에게 세상을 볼 기회를 많이 준다.

: 자녀 교육은 0세부터 초등학교까지가 가장 중요하다

출생부터 유아기, 아동기에 이르기까지 아이에게 필요한 적기 교육을 반드시 해야 한다. 아이의 연령에 맞춰 꼭 필요한 것을 가르치는 것을 게을리 해서는 안 된다. 이 시기에 아이가 인생을 살아가는 데 도움이 되는 평생 습관, 태도, 성격, 예절, 도덕성, 사회성, 인성, 정서 지능, 감정조절, 좋은 습관, 건강 습관, 공부 습관, 독서 습관, 대인관계능력 등 인간이 살아가는 데 필요한 인성교육과 성공 습관의 대부분을 가르치도록 해야 한다.

자녀에게 예절, 좋은 습관, 올바른 태도, 배려, 사회성 등 자녀 교육의 대부분은 초등학교 때까지 마쳐야만 한다. 자녀 교육의 90%를 이 시기에 가르쳐야 한다. 부모들은 어릴 때 자녀에게 적기 교육하는 것을 중요하게

---

2 스스로 자기를 평가하고 자기를 조절하는 능력

생각하지 않고 시기를 늦추는 경향이 있다. 중학교, 고등학교 시기에 가르쳐도 된다는 생각하는데 이것은 잘못된 생각이다.

아이가 어릴 때는 귀엽고 예뻐서 아이가 잘못된 행동을 하더라도 크게 신경 쓰지 않고 대충 넘어간다. 그러나 이것은 큰 실수를 하는 것이다. 다시 말해 호미로 막을 것을 가래로 막는 사태가 오게 된다. '세 살 버릇 여든까지 간다'는 말이 있다. 어릴 때 잡아주는 것이 그만큼 중요하다는 말이다. 유아기와 아동기에 걸쳐 옳고 그름을 포함하여 모든 습관, 그리고 자녀 교육에 대부분을 확실하게 가르쳐야 한다.

아동기까지 자녀에게 적기 교육을 엄정하게 실시해야 한다. 그리고 중학교 시기부터는 가급적 모든 것을 스스로 판단해서 하도록 유도할 필요가 있다. 중학교 이후 시기에는 아이에게 조언이나 충고를 통해서 간접적으로 부모의 의사를 표현하는 것이 바람직하다.

아동기까지 모든 생활 습관이나 규칙을 엄격하게 따르도록 하는 것이 중요하다. 태어나서부터 아동기에 이르기까지가 자녀 교육의 적기라고 보면 된다. 그 이유는 이 시기가 부모가 자녀에게 무리 없이 가르칠 수 있고, 자녀가 이를 잘 받아들일 수 있는 시기이기 때문이다.

중학교로 올라가면서 부모의 말을 순순히 따르지 않게 된다. 아이는 자기주장이 강해지며, 부모의 말에 거역하기도 하고, 반항하기 시작한다. 또한 이미 오랫동안 습관과 사고방식이 굳어져서 새로운 습관이나 태도를 받아들이기가 쉽지 않다. 아이와 관계가 좋지 않을 경우 아이들은 부모의 가르침이나 말을 듣지 않게 된다. 따라서 아동기와는 다른 양상을 보이며 부모의 영향력이 현저하게 감소하게 된다.

: 과도한 선행학습의 문제점

- 초등학교에서 공부에 흥미를 잃게 된다.

- 아이에게 맞지 않는 지나친 공부는 두뇌에 과부하가 걸린다.

- 과도한 선행학습으로 아이가 자신감을 상실한다.

- 과도한 선행학습으로 정서발달의 기회를 상실하고 우울증에 걸린다.

- 집중력저하, 학업 스트레스, 문제해결능력이 저하된다.

- 신경질, 퇴행 행동, 공격성이 나타난다.

- 공부가 즐겁지가 않다.

- 너무 이른 나이에 공부에 지쳐 나중에 공부와 담을 쌓게 된다.

- 천재의 잠재력을 죽여서 평범한 아이로 만든다.

- 장기적으로 아이의 발전을 저해한다.

- 지나친 사교육은 호기심을 잃게 만든다.

- 자기 주도 학습을 하지 못한다.

- 나중에 부모를 원망하면서 부모와 갈등을 일으킨다.

- 고등학교 때는 큰 차이가 없게 된다.

- 결과적으로 아이에게 공부 스트레스만 주고 돈만 낭비하게 된다.

- 선행학습으로 인한 폐해는 고등학교 때 아이를 다시 사교육에 의존하게 만든다.

6

에릭슨의 심리 사회적 발달 이론

에릭 에릭슨(Erik H. Erikson)은 1902년 독일 프랑크푸르트에서 덴마크인 부모로부터 출생했다. 안나 프로이트와 아동 정신분석을 연구했으며, 1933년 미국으로 이주하여 하버드 대학에서 교수로 재직했다. 의식 세계, 자아를 연구하여 정신분석적 자아심리학을 발달시켰다.

프로이트는 심리 성적(psychosexual) 발달 단계를 제시한데 반해, 에릭슨은 아동의 사회적 관계에 중점을 둔 8단계의 심리 발달 이론을 제시하여 전 생애의 심리 발달을 다루었다.

신뢰 대 불신단계(0~12개월)

- 신뢰감 형성: 양육자의 따뜻한 보살핌을 통해 형성. 아이의 욕구에 즉각적인 반응을 해주고 일관성 있는 반응을 해주면 신뢰감이 형성된다.
- 불신감 형성: 아기의 욕구에 제대로 반응을 해주지 않거나, 일관성이 없이 대해 준 경우, 그리고 아이의 욕구가 거부된 경우 불신감이 형성된다.

신뢰감을 발달시키는 것이 매우 중요하다. 그리고 약간의 불신감을 경험하는 것도 필요하다.

아이의 행동에 즉각적인 반응을 해주면 신뢰를 쌓게 된다. 그리고 엄마의 따뜻한 사랑이 중요하다. 지나친 신뢰는 아이가 순진한 사람이 된다. 어느 정도 불신감을 경험하는 것도 필요하다. 신뢰감은 자신에 대한 믿음과 통제력을 발달시키며, 미래를 낙관적으로 보게 된다.

신뢰감을 형성하기 위해 아이가 원하는 욕구를 즉각적으로 허소해준다. 또한 정해진 시간에 수유를 하는 등 아기가 예측이 가능하도록 하는 것이 양육자에 대한 신뢰를 갖게 된다.

자율성 대 수치, 회의 단계(1~3세)

- 자율성: 부모가 아이의 의사를 묵살하지 않고 사회적으로 기대되는 행동을 배우게 하면, 자율성이 형성되며 사회적 규제에 잘 적응하게 된다.
- 수치심: 부모가 아이의 의사를 자주 묵살하고 제지하면, 아이는 무력감으로 수치심과 회의를 갖게 된다.

세상에 대한 호기심으로 스스로 외부 세계를 탐색하면서 자율성을 획득한다. 말하고 걷고 주위 환경을 통제하는 것이 가능해진다. 아이가 무언가를 스스로 배우려는 시기이다. 아이의 자율적인 행동을 제지할 경우 뇌 발달과 학습의욕을 저하시킨다. 배변 활동에 있어 주변의 기대에 못 미쳤을 경우 수치심을 느낀다. 자율성과 회의감을 적절하게 경험하여 해결하면 아이는 의지를 발달시킨다. 이 시기는 부모의 분별력 있는 감독이 요구된다. 아이의 자율적인 행동을 가급적 장려하고 격려해주어야 한다.

애착이 잘 발달된 아이는 자아에 대한 상을 잘 발달시켜서, 스스로에 대해 인지하게 된다. 부모와 별개의 존재라고 인식하지만, 자아개념이 약하여 다른 사람의 행동에 영향을 받는다. 애착이 잘 형성된 아이는 3살에 자신과 다른 사람의 기대하는 자아상 모델을 발달시킨다.

주도성 대 죄책감 단계(3~6세)

- 주도성: 유아의 놀이를 통해 완전한 인간이 되어야 한다는 목적을 깨닫는 시기, 책임감을 갖고 주도적으로 이끌어가려고 하는 태도, 무엇을 만들어내는 행동, 목표를 형성하고 수행하고 경쟁하는 행동 양식, 세상으로 활동을 넓혀가는 시기, 에너지가 왕성한 시기, 끊임없는 질문을 하고 물건을 분해해본다. 이러한 활동을 장려할 경우 주도성이 발달된다.

- 죄책감: 자신의 계획과 희망이 불가능하다는 것, 어떤 행동에 사회적 금기가 있고, 생각보다 위험하다는 사실을 알게 되면 죄의식을 느끼게 된다.

가급적 아이가 작은 일이라도 스스로 끝까지 할 수 있는 기회를 주어야 한다. 성취 경험을 많이 갖도록 유도하고, 실수했을 때 격려해준다. 실수하고 잘못했더라도 잘하려고 노력한 점, 또 아이가 잘한 점을 찾아 아이를 격려해준다.

잘못하고 실수했다고 자꾸 야단치면 부정적인 영향을 주게 된다. 부모가 아이에게 야단을 많이 치면 죄의식에 사로잡힌다. 이것은 결국 초자아로 내면화하여 자기 억제 기능을 발달시키게 된다. 부모의 말을 잘 듣는 아이는 문제아일 가능성이 있다.

근면성 대 열등감 단계(6~12세)

- 근면성: 또래와 협동하고 어울리는 능력, 연역적 추리, 자기통제능력 발휘, 일을 성취하기 위해 열정적으로 참여하고 완수하게 될 경우 발달한다. 또한 사회성, 인지, 언어, 신체, 정서가 발달한다.

- 열등감: 자신의 능력이 또래에 비해 부족하다고 느끼는 경우 학습추

구에 대한 용기를 상실하게 된다.

지적활동, 사회적 활동, 취미 생활 등에서 성공적인 경험을 하면 근면성을 획득하게 된다. 반면 경험이 실패하면 자신의 부족함을 느끼면서 열등감이 생기게 된다. 부모는 인지적 기술, 사회적 기술을 가르치고 자신을 스스로 통제하는 능력을 키워주어야 한다. 자아 발달의 결정적 시기이며, 칭찬이 매우 중요하다.

정체성 대 역할 혼미 단계(12~20세)

- 정체성: 자신에 대한 근본적인 물음을 던지는 시기, 내가 누구이고 사회에서 어떤 위치를 가지고 있는가. 자아정체성을 찾기 위해 노력하는 시기, 인생의 장기 계획과 목표를 수립하는 시기
- 역할 혼미: 자신의 정체성과 인생의 장기 계획과 목표를 정하지 못하면 계속적으로 방황을 하게 된다.

12세 전후 친구의 영향력이 커지는 시기이며, 참을성이 없고 화를 잘 낸다. 자신을 시험해보기 위해 다양한 모임이나 클럽에 가입해서 활동한다. 14세 이후 부모나 친구로부터 분리하여 자신만의 독립성을 가지고 새로운 삶을 살고자 노력한다. 이때 부모가 이를 도와주는 것이 좋다. 그러나 위험 대처능력이 떨어지기 때문에 적절한 부모의 관심이 필요하다.

친밀감 대 고립감 단계(청년기~40세 전후)

- 친밀감: 자신의 정체성이 잘 확립된 사람은 다른 사람과 친밀감을 형성, 다른 사람에게 자신이 가지고 있는 소중한 것을 주는 것이 친밀감의 표시임

- 고립감: 정체성을 형성하지 못한 사람은 자신감 부족으로 친밀감을 형성하지 못함, 정체성이 없는 경우 자신의 자아가 없기 때문에 남에게 줄 자아가 없음, 자신에게 몰두함

직장에서 동료와 사귀고, 배우자를 사귀는데 친밀감이 매우 중요하다. 다른 사람과 친밀한 관계를 유지하기 위해 타인을 이해하고 공감하는 능력이 필요하다.

생산성 대 침체기 단계(중년기~65세)

- 생산성: 회사에서 업적을 내는 시기, 창조와 생산이 왕성해지고 다음 세대를 구축하는데 관심이 있다.
- 침체기: 생산성을 이루지 못하면 침체감이 형성되며 관대함이 결여되고 자신의 욕구에 치중하게 된다.

관심이 부부에서 다른 사람으로 이행하며, 사회 각 분야에서 왕성한 생산성을 발휘한다. 가정에서 자녀를 양육하고, 사회에서 다음 세대를 교육하고, 사회봉사를 통해 생산성을 발달시킨다.

자아통합 대 절망감 단계(노년기)

- 자아통합: 자신의 생애를 회고하면서 가치 있고 의미 있는 것으로 받아들임, 자신의 삶에 긍지와 자부심을 가지고 죽음을 자연스럽게 받아들임
- 절망감: 자신의 인생이 무의미하고 떳떳하지 못했다고 느낌, 인생에 허무감을 느끼고 다시 살아볼 수 없다는 점에서 절망감을 느낌

그러나 자신의 인생이 그럴 수밖에 없었다는 생각을 하고, 과거를 있는

그대로 받아들이면서 절강감을 극복하게 된다. 에릭 에릭슨은 어느 정도 절망감은 피할 수 없는 것으로 보았다.

7

피아제의 인지 발달 이론 및 기타

피아제(Piaget, 1896~1980)는 스위스의 심리학자이자 논리학자다. 제네바 대학에서 교수로 재직했으며, 지적활동에 대한 심리학적 이론에서 많은 공헌을 하였다. 아동심리에 대해 특히 깊은 조예를 가지고 있다.

인지 발달 이론의 개요

피아제는 사람의 인지 발달은 환경과 상호작용에서 이루어지며 도식, 동화, 조절, 평형의 4가지 단계를 통해서 발전한다고 주장한다.

: 기초 개념

- 도식(schema): 세상을 이해하는 틀, 혹은 생각의 조직된 패턴
- 동화(assimilation): 새로운 경험을 기존 이해의 틀로 해석함
- 조절(accommodation): 새로운 경험을 기존의 이해에서 변화를 추구함, 새로운 것을 이해하기 위해 새로운 도식을 창출하거나, 도식을 바꾸는 것
- 평형(equilibrium): 새로운 상황에서 일관성과 안정성을 이루려는 것, 동화와 조절의 반복을 통해 정신적 활동과 환경의 균형을 맞춤
- 조작(operation): 논리적 사고

: 인지 능력의 발달 4단계

① 감각 운동기(출생~2세, sensorimotor period)

감각 동작 도식 발달이 체계적으로 이루어진다. 언어와 인지 도식 발달보다 먼저 이루어진다. 언어가 없으며 모든 사물을 자기중심적으로 판단한다. 손을 내밀거나 빠는 것과 같이 감각 운동적 표상에 중점을 둔다. 감각 운동기는 다시 6단계로 나누어진다. 단순 반사기능에서 복잡한 감각기능으로 발달해 간단한 문제 해결이 가능해진다. 주변을 모방하고 목표 지향적 사고를 하게 된다.

- 1단계(생후 1개월까지): **반사작용** 빠는 도식을 가지고 있다가 찾기 조절을 통해 빤다. 시야에 물건이 없으면 관심이 없어진다.
- 2단계(1개월~4개월): **내부 순환반응** 행동을 반복하고 시행착오를 통해 협응을 이끌어낸다. 아이의 내부에서 일어나는 반응이다. 자기 신체를 대상으로 반복한다. 자기 엄지손가락 빠는 행동을 보이기도 한다.
- 3단계(4개월~10개월): **외부 순환반응** 외부에서 흥미로운 사건을 반복한다. 물건이 움직이면 따라간다. 대상 영속성 개념이 형성되고 발달한다.
- 4단계(10개월~12개월): **도식의 협응** 어떤 목적을 이루기 위해 도식을 사용한다. 아이가 다른 사람을 모방한다. 신호를 이해하여 미리 사태를 파악하고 예견한다. 물건을 가려도 가린 물건을 제거하는 도식을 사용하여 물건을 찾아낸다. 도식의 순서를 파악한다.
- 5단계(12개월~18개월): **순환반응** 유사한 행동으로 각기 다른 반응을 유도한다. 다른 결과를 관찰하기 위해 동일한 행동을 다르게 시도한다. 행동의 결과를 이해하기 시작한다. 보이지 않는 곳에서 이동은 생각하지 않는다.

- **6단계**(18개월~24개월): **사고의 시작** 실체가 존재하지 않더라도 스스로 상징을 만들어서 그것에 대해 생각한다. 보지 않고도 기억해서 행동을 모방할 수 있다.

② 전조작기(2~6세, preoperational period)

급속한 언어 발달로 감각운동에서 새로운 언어 대치를 하게 된다. 모든 사물이 살아있고 자기 의지에 따라 움직인다고 생각한다. 논리와 지각이 대립한 경우, 지각이 우위에 있다고 판단한다. 기초적 인과성과 물리적 현실에 대한 개념을 형성한다. 자기중심적인 사고를 가진다. 다른 사람도 자기와 같을 것이라는 생각을 갖는다. 현실과 공상을 구분하지 못해 위험한 행동을 따라 할 수도 있다.

- 특징: 상징 놀이, 지각과 직관에 의존함, 비논리적 사고, 물활론, 중심화[3], 변환론적 사고, 인지적 조작은 불가능

③ 구체적 조작기(6세~12세, concrete operational period)

구체적인 사물이나 이벤트에 대해서 개념을 형성하고, 논리적이고 구체적인 사고가 가능하게 된다. 자기중심적 사고에서 벗어나 다양한 방면으로 사고가 가능하다. 가역적 사고가 가능하며, 또한 보존 개념도 생겨난다. 실제로 일어난 일을 머릿속에서 파악하고 좀 더 융통성 있는 정신적 조작이 가능하다. 아이의 관점은 사물의 구체적인 부분에 머물러 있다. 간단한 산술 문제를 이해한다.

- 특징: 보존개념, 동일성, 가역성, 유목화, 서열화, 탈 중심화, 사물에

---

3 상대방도 내가 생각하는 것을 생각한다고 믿는다. 예를 들면 어른에게 자신이 좋아하는 장난감을 준다든가, 자신의 얼굴을 천으로 가리고 상대방도 자신을 못 본다고 생각하는 경우 등을 말한다.

대한 논리적 조작 가능, 꿈과 현실을 구분하기 시작, 암산 가능, 신체 활동을 사고 활동으로 가능

④ 형식적 조작기(12세 이후, formal operational period)

형식적 사고란 구체적으로 존재하지 않는 자료에 대해 사고가 가능하다. 가설적인 상황에 대해 사고가 가능한 것을 의미한다. 추상적인 사물에 대해 논리적인 사고가 가능하다. 성인처럼 가설을 세우고 도출하여 논리적 결론을 내릴 수 있다. 다양한 조건들을 조합하여 체계적인 사고를 하며, 복잡한 추리와 과학적 사고가 가능하다. 결과보다는 과정이나 동기를 중시한다. 메타인지 능력이 발달한다.

- 특징: 추상적 사고[4], 자신의 미래 생각, 복잡한 추리, 가설[5]을 세우고 검증함, 논리적 사고, 과학적 사고 가능

: 용어 해설

- 인지: 여러 가지 방법을 통해 기억에 저장한 후 이를 인출하는 정신 과정

- 표상: 지각의 의지, 외부의 자극, 무의식의 떠오름에 의해 발상되는 의식의 표면적 현상

- 대상 영속성: 눈앞에서 사라져도 그 대상이 어딘가에 존재한다는 것을 아는 것

- 상징적 사고: 언어나 그림으로 사물에 대한 가지고 있는 내적 이미지 표현

- 상징 놀이: 물체에 어떤 것의 상징을 부여하여 논다(베개를 아기로 간주,

---

4 실제로 관찰할 수 없는 것을 오직 논리성에 근거함

5 실제와 다른 상황을 가정하는 것을 말함

막대기칼).

- 자아 중심성: 자신의 입장에서만 세상을 봄. 다른 사람의 관점을 이해하지 못함
- 탈 중심성: 다른 사람의 입장, 감정, 인지 등을 추론하고 이해하는 능력
- 보존개념: 외형이 변해도 그 물리적 특성은 변하지 않는다는 것을 인식(동일성, 역조작, 보상)
- 동일성: 물건에 더하거나 빼지 않았으므로 양이 동일하다.
- 역조작: 이전의 컵에 다시 부으면 이전과 같다.
- 보상: 한 컵은 길지만 한 컵은 넓기 때문에 양은 동일하다.
- 도덕론: 의도보다 결과를 중시한다.
- 중심화: 통합적으로 고려하지 못하고 가장 주목되는 특성에만 주의를 기울인다.
- 물활론: 무생물에도 생명이 있다고 생각한다.
- 변환론적 추론: 서로 관련 없는 두 개의 사건에 관련이 있다고 생각
- 비가역성: 어떤 변화가 일어났을 때 그 이전의 상태로 되돌려 생각하지 못함
- 유목화: 일정한 특징에 따라 같은 종류끼리 분류 가능(색상, 무늬, 형태 등)
- 서열화: 사물의 차이를 인식하고 그 차이에 따라 사물을 순서대로 배열하는 능력
- 실재론: 꿈과 현실을 구분 못함(꿈의 실재론), 의도와 관계없이 결과로만 판단(도덕적 실재론)

프로이트의 이론

지그문드 프로이트(Sigmund Freud, 1856~1939)는 오스트리아에서 출생했다. 빈 대학에서 의학 수업을 들었으며, 신경학자, 정신의학자로서 정신분석학의 창시자다. 인류학, 교육학, 범죄학, 사회학 등 각 분야에 영향을 미쳤다. 본능과 무의식 세계를 연구하고 『꿈의 해석』 『정신분석입문』 등을 저술했다. 또한 정신분석 이론을 체계화 시켰다.

프로이트는 인간의 모든 행동, 사고, 감정이 심리적 원인에서 결정된다고 생각했다. 개인의 모든 행동 방식 및 사고는 내부의 정신적 월인에서 기인한 것이라고 보았다(심리결정론).

: 용어 설명

- 정신적 결정론: 인간의 정신적 활동이 이전의 행동과 사건에 의해 결정
- 무의식의 중요성: 인간의 행동은 무의식에서 유발
- 리비도(libido): 원초 자아가 갖고 있는 생물학적인 본능 에너지(성적 본능의 에너지)
- 원초 자아(id): 본능적인 욕구를 충족시키기 위해 현실이나 도덕을 고려하지 않음
- 자아(ego): 원초 자아와 초자아와의 갈등을 조절하고, 합리적인 방식으로 요구를 충족함
- 초자아(super ego): 무엇이 옳고 그른지 판단, 어떤 것을 해야 하는지 말아야 하는지 판단, 잘못된 행동을 했을 때 수치심과 죄책감을 느끼는 것
- 의식: 개인이 현재 각성하고 있는 모든 경험, 감각

- 전의식: 현재는 의식되고 있지 않지만 조금만 노력하면 의식 속으로 떠올릴 수 있는 기억(기억, 저장된 지식)
- 무의식: 자신의 힘으로 끌어올리기 어려운 심적 내용, 개인의 행동을 이해하는 단서(동기, 각종 욕망, 충동, 두려움, 수치스러운 경험)

: 프로이트의 성격 이론

성적 에너지가 신체의 어느 부위에 집중되는가에 따라 5개의 발달 단계에 이름을 붙였다. 프로이트는 구강기, 항문기, 남근기를 성격 형성의 중요한 시기로 보았다. 단계별로 성적 쾌감이 충족되지 못하거나 과도한 경우 다음 단계로 발달이 힘들다고 말한다.

- 구강기(0~1세 Oral stage): 아기가 태어나서 처음으로 성적 쾌감을 느끼는 곳이 구강이다. 엄마의 젖가슴을 빠는 것에서 성적 욕구를 충족시킨다. 수유가 제대로 충족되지 않으면 불신이 형성된다.
- 항문기(1~3세, Anal stage): 배설하는 데서 쾌감을 느낀다. 배변 훈련을 통해 사회적 제지를 당한다. 배변훈련에서 지나치게 엄격할 경우 인색하고 완고한 성격이 된다고 말한다.
- 남근기(3~6세 Phallic stage): 아동의 성기로 리비도가 집중된다. 이성의 부모에게 성적 애착을 느낀다(오이디푸스 콤플렉스, 엘렉트라 콤플렉스). 이 시기에는 경솔 또는 과장이 발생한다.
- 잠복기(6~12세 Latent period): 리비도의 신체적 부위가 특정 부위로 한정되지 않는다. 에너지는 신체의 발육과 성장, 지적활동, 친구와 우정에 집중된다.
- 생식기(13세 이후, Genital period): 이성에 대한 관심이 일어나는 시기이며, 성적 에너지가 직접적으로 표현된다. 어느 한 단계에서 불충분하거나 과도하면 그 단계에서 고착(fixation)된다.

매슬로우의 욕구 5단계 이론

아브라함 H. 매슬로우(Abraham Harold Maslow, 1908~1970)는 미국의 산업 심리학자다. 동기부여(Motivation)에 대한 이론으로 사람의 다양한 욕구를 5단계로 설명했다.

① 생리적 욕구(Physiological needs): 기초적인 욕구로서 숨을 쉬고, 먹고, 자는 것에 대한 욕구를 말한다. 즉 의식주, 성적 욕구, 종족 번식 본능 등을 의미한다.

② 안전에 대한 욕구(Safety needs): 신체적, 감정적, 경제적인 위험으로부터 안전하고 싶은 욕구이다. 자기 보전에 관한 것이다.

③ 소속 및 애정 욕구(Belonging and love needs): 사랑하고 싶고 단체에 소속하고 싶은 욕구이다. 친구를 사귀고 가족을 이루고 싶은 욕구를 말한다.

④ 존경받고 싶은 욕구(Self-esteem needs): 남으로부터 존경받고 싶은 것으로 명예, 권력을 추구한다. 지위, 존경, 인정, 위신, 자존심에 대한 욕구이다.

⑤ 자아실현 욕구(Needs for self-actualization): 최고 수준의 욕구로서 자신의 잠재 가능성을 실현하려는 욕구이다. 자신의 잠재력을 극대화하는 단계이다.

매슬로우는 낮은 차원의 욕구가 채워지면, 더 높은 욕구로 단계적으로 이동한다고 주장한다. 이 이론은 '사람의 동기를 부여할 때 사용한다'고 해서 '동기부여 이론'으로도 불린다. 경영학에서 사람에 대한 동기를 부여하고, 마케팅에서 소비자의 욕구를 충족하기 위하여 매슬로우의 이론을 사용한다.

윌리엄 글래서(William Glasser)의 인간의 5가지 욕구

인간은 5가지 욕구를 가지고 태어난다. 모든 행동은 이 5가지 욕구를 충족하기 위함이다. 욕구의 강도는 사람마다 다르다.

① 생존 욕구: 생존하려는 욕구로서 식욕, 성욕, 건강, 수면, 위험 회피, 안전, 보수성, 상식을 추구한다.

② 소속, 사랑 욕구: 소속의 욕구는 인간의 기본적 욕구이다. 서로 협력하고, 다른 사람과 좋은 관계를 유지하고, 사랑을 나누려는 것이 인생의 활력소가 된다.

③ 힘과 성취 욕구: 남과 경쟁하고 어떤 것을 성취하려는 욕구이다. 이 욕구로 인해 서로 갈등 관계를 형성하곤 한다.

④ 자유 욕구: 자기 삶의 방식을 스스로 결정하고, 자신의 의사를 자유롭게 표현하고 싶어 하는 욕구이다.

⑤ 즐거움 욕구: 새로운 것을 배우고 즐기려는 욕구이다.

어떤 욕구가 강한지를 파악하고 거기에 맞춰 양육한다면, 아이는 건강하게 잘 자랄 것이다.

8

독서 교육법

독서의 중요성

- 지식의 보고, 상상력의 원천, 엄청난 두뇌 활동, 공부를 잘하는 지름길

- 지적 정서적 자양분 섭취, 리더십, 논리적 사고, 창의력의 원천

- 언어 및 사회성 발달, 학문 발달의 초석, 인생 성공과 행복의 지름길

- 미래의 인공지능과 경쟁 시 다양한 독서가 필수

- 선진국은 독서가 생활 습관이다.

독서의 효과

- 수능점수가 높다(10~20점 향상).

- 개인 경쟁력 향상으로 좋은 일자리 잡을 확률이 높다(20% 높음).

- 다양한 뇌 부위가 활성화된다.

- 머리가 좋아진다.

- 생각하는 힘을 키워준다.

- 기억력, 독해력, 추론 능력, 통찰력, 사고력, 창의력이 좋아진다.

- 감성 지능이 높아진다.

- 독서를 통해 나를 알고 사회를 알 수 있다.

- 독서는 부모님의 학력, 소득의 격차를 간단하게 뛰어넘을 수 있는 하
  나의 방법이다.

- 부모가 책을 읽어주면 아이와 유대가 강화된다.
- 책을 많이 읽어줄수록 아이의 상상력과 창의력이 늘어난다.
- 어려서부터 독서를 많이 하면 공부는 자연히 잘하게 된다.

독서를 안 했을 때

- 학업을 중단하거나 실패한다.
- 이해 추론 능력이 저하된다.
- 남을 공감하고 이해하는 능력이 떨어진다.

성공한 사람은 모두 독서광

- 석지영 하버드 법대 종신 교수(한국 최초 여성)
- 빌 게이츠 "하버드 졸업장보다 독서 습관이 더 소중하다."
- 오프라 윈프리 "독서가 오늘의 나를 만들었다."
- 워렌 버핏 "부자가 된 이유는 독서다."
- 신용호 "책 속에 길이 있다."
- 장안 농장 류근모 사장(유기농 채소 재배 회사)
- 조인 한재권 회장(국내 1위 계란 유통회사)
- 아모레퍼시픽 그룹 서경배 회장
- 강윤선 준오헤어 대표의 독서경영
- 차홍 아르더 원장
- 오승은 박사(MIT 공대 박사)

독서에 대한 전문가들의 견해

- 짐 트랠리즈(『하루 15분 책 읽어주기의 힘』 저자) "태어나자마자 책을 읽어줘라."
- 김형석(철학자) "우리나라가 선진국이 되기 위해서는 우리 모두 독서를 해야 한다."
- 임어당(중국 작가) "평생 독서하지 않는 사람은 시간적, 공간적으로 자기만의 세상에 감금당한다."
- 유발 하라리(사피엔스 저자) "학교 공부보다 책을 읽는 것이 낫다."
- 미국소아과학회 "갓난아기에도 책을 읽어주어야 한다."
- 심영면(책 읽어주기 운등본부 이사장) "초등학생 때까지 책을 많이 접하지 못하면, 어휘력이 달려 책을 더 멀리한다."
- 미국 대학 연구팀 발표 "일주일에 30분 정도 책을 더 읽어주면 연봉이 5천 달러 높아진다."
- 조정래(소설가) "손자들이 초등학교 입학하기 전까지 책 1,000권을 읽게 했다."
- 김준희(능률 대표) "사고육하지 않고 어릴 때 책을 많이 읽게 유도했다." "책을 읽으면 용돈을 줬다."
- 키케로(고대 로마 철학자, 정치가, 웅변가) "책 없는 방은 영혼 없는 육체와 같다."

독서환경 구축

- 저녁 8시 이후, TV 시청을 자제하고 책을 읽어줄 것
- 서점, 도서관에 다니기
- 독서를 최우선 순위로 할 것

- 일정한 시간 책 읽기
- 책상 입구 쪽 배치, 스탠드 사용

독서 습관 유도하기

- 어른이 모범을 보인다.
- 특히 엄마가 책과 신문을 읽는 모습을 늘 보여준다.
- 아이의 질투심과 모방하는 성질을 이용한다.
- 책 읽을 때 칭찬을 해준다.
- 독서를 즐거운 놀이로 유도한다.
- 부모와 함께 책 읽기를 한다.

독서 요령

- 책 읽어줄 때 엄마의 생각이나 느낌, 상황을 아이에게 설명해준다.
- 양보다 질이 중요하다.
- 무리하게 독서를 강요하지 않는다.
- 다양한 책을 읽도록 한다.
- 독서는 천천히 여유를 갖고 읽어준다.
- 아이가 글자를 깨닫기 전부터 아이에게 책을 읽어준다.
- 글자 중심보다 그림을 통해 아이가 마음껏 상상력을 펼치도록 유도한다.
- 아이가 독서의 즐거움을 알게 하기 위해 다양한 장르와 다양한 수준의 책을 읽어준다.
- 그래서 아이가 즐거움을 느끼는 책을 만나게 해준다.

- 독서를 통해서 즐거움을 경험한 아이는 평생 독서 습관을 갖게 된다.

- 아빠가 책을 읽어주면 아이가 더 똑똑해진다.

- 책을 읽어주기는 영 유아기부터 14세까지 실시한다.

연령별 독서법

- 0~3세: 책 갖고 놀기, 그림책, 소리 중심의 책을 읽어준다. 운율로 된 전래동요나 동시를 읽어준다.

- 3~4세: 낱말 3~4개 포함된 그림책, 그림 동화책을 매일 부모가 일정한 시간에 책을 읽어준다. 아이는 부모가 읽어주는 소리를 듣고 상상의 날개를 펴게 된다. 엄마가 책을 읽어주면 아이는 행복한 경험을 하게 된다. 부모가 책을 읽어줌으로써 친밀한 관계를 맺게 된다. 친구 관계, 권선징악, 간단한 숫자세기, 모험적인 내용의 책을 읽어준다.

- 4~7세: 언어 능력이 급격히 발달, 독서교육의 틀을 잡는 시기. 다양한 주제와 일러스트 그림책, 한글 뗀 후 혼자 읽기와 엄마가 읽어주기 병행, 독서 후 간단한 질문, 원활한 의사소통 가능할 때는 생각을 깊게 하는 질문을 한다.

: 참고 사항

- 아이들은 같은 책을 반복해서 읽고 싶어 한다.

- 반복해서 읽어줄 때 아이의 상상력은 증가된다.

- 부모가 책을 읽어주면 아이는 사랑받는 느낌을 갖게 된다.

- 아이가 원하는 책을 읽어준다.

- 아이의 상상력을 키워줄 수 있는 질문을 한다.

- 12세까지가 독서 습관의 황금기다.

초등학교 시기

- 학년 × 10분이 적당하다.

- 도서관에 데려간다.

- 1학년 아이에게는 하나의 글이 12~24개 문장으로 된 것이 적당하다.

- 반드시 초등학교 시기에 평생 독서 습관 갖도록 유도한다.

- 초등학교 3학년까지 why, how 질문(사고력)을 유도한다.

- 초등학교 고학년부터는 독후감을 쓰도록 유도하되 강요하지는 않는다.

평생 독서의 필요성

노후 대비, 인생후반부 준비, 자산 관리, 건강, 인생 목표, 자기 계발, 인생 행복을 위해 우리는 끊임없이 독서를 해야 한다. 독서는 평생 가져야 하는 습관이다. 100세 시대 끊임없는 독서가 바로 생존의 기술이다.

: 독서 습관의 Key Point

- 아이가 책을 갖고 놀게 한다.

- 독서가 즐거운 놀이라는 것을 인식시켜주어야 한다.

- 부모는 아이가 글을 배우기 전에 먼저 책을 읽어 주기 시작한다.

- 아이에게 책을 읽어 주는 부모가 좋은 부모다.

- 하루 일정 시간을 함께 독서한다.

- 8시 이후에는 TV시청을 금지하고, 독서하는 시간을 갖는다.

- 자기 전에 책을 읽어준다.

- 책을 같이 읽고 난 후에 독후 토론을 한다.

- 어릴 때 다양한 분야의 책을 읽게 한다.

- 아이들이 충분히 상상력을 발휘할 수 있도록 천천히 읽어 준다.

- 가정에 백과사전을 비치한다.

- 독서 후 독후감 쓰기를 강요해선 안 된다.

자기 주도 학습 및 공부 습관

자기 주도 학습

: 자기 주도 학습이란?

자녀가 스스로 공부하겠다는 마음을 먹고, 스스로 계획을 세워 공부하고, 평가하는 것을 말한다. 자기 주도 학습을 하는 학생이 잠재력이 높은 학생이다.

: 자기 주도 학습에 필요한 요소

- 독서습관
- 질문하는 습관
- 정독 능력

: 학습역량

- 읽고 쓰는 능력(literacy)
- 비판적 사고력
- 문제 해결력
- 의사 소통력

: 연령별 자기 주도 학습 능력 길러주기

- 0~3세: 정서적 안정감을 준다. 정서적 안정감은 스스로 하려는 욕구가 생긴다.

- 3~7세: 두뇌 다지기, 다양한 성취를 맛보게 한다. 격려와 칭찬을 많이 해준다.
- 초등학교 시기: 공부를 강요하거나 부담을 주지 않는다. 좋은 습관을 갖게 한다.

: 자기 주도 학습을 위한 방법

- 아이의 모든 일에 관심을 갖고 공감해준다.
- 엉뚱한 행동을 했을 때 야단치지 않는다.
- 부정적인 언어를 사용하지 않는다.
- 지능을 칭찬하지 않고 과정을 칭찬한다.
- 아이가 무엇에 몰두하고 있을 때 방해하지 않는다.
- 학습에서 평가목표 대신에 학습 목표에 중점을 둔다.
- 스스로 학습 목표를 세우도록 한다.
- 학습이 부족한 부분은 학원을 다닌다.

: 공부의 신 배인호의 자기주도 학습

- 공부시간 계획표를 자녀가 스스로 작성한다.
- 공부는 어렵고 힘든 것부터 한다.
- 공부한 내용을 스스로 평가한다.

공부

: 공부에 대한 전문가의 견해

사이토 다카시 교수(메이지 대학 교육심리학자)

- 공부는 당신의 미래를 결정한다.
- 최고의 자리에 오르게 한다.

- 최선을 다한 공부는 절대 나를 배신하지 않는다.

- 책은 모든 공부의 시작이다.

- 공부는 방황하지 않고 인생을 스스로 헤쳐 나갈 수 있도록 도와준다.

- 독서는 삶의 의지와 기쁨을 되찾게 해준다.

정약용 선생

- 마음을 넓히고 살아가는 힘을 얻기 위하여 공부해야 한다.

- 인생이 더욱 크고, 환하고, 풍성해지기 위하여 공부해야 한다.

- 공부는 머리로 하는 것이 아니라 마음으로 하는 것이다.

김형석(철학자)

- 인간에게 성장은 행복이다. 성장하기 위해 끊임없이 공부해야 한다.

안병욱 교수

- 젊게 사는 비결은 '긴장을 주는 공부, 여행, 연애'이다.

이찬승 대표(교육을 바꾸는 사람들)

- 교육은 누구나 가치 있는 일을 하면서 살아가는 방법을 찾게 하는
  도구이다.

쇼아노

- 목표가 명확한 공부를 하라. 꿈이 있는 공부는 결코 배신하지 않는다.

- 목표가 있는 공부는 언제나 즐거운 법이다.

: 공부의 중요성

• 공부는 나를 위한 것이다.

• 공부는 나를 발전시키고 향상시킨다.

• 나를 멋지게 만드는 방법이다.

- 내가 진정한 인간이 되기 위해서는 공부를 해야 한다.

- 내가 더 행복하게 살기 위해 공부하는 것이다.

- 나의 인생을 멋지게 살고 행복하게 살려면 공부를 해야 한다.

- 나의 꿈과 목표를 달성하기 위해 열심히 공부를 해야 한다.

- 공부하지 않고는 그 무엇도 달성할 수 없다.

- 이 세상에서 가장 사랑해야 할 대상은 바로 자기 자신이다.

- 공부하는 것이 나를 위한 것이고 나를 사랑하는 것이다.

- 부모는 아이가 공부를 잘 할 수 있도록 이끌어주고 분위기를 만들어 주어야 한다.

- 변화무쌍한 미래를 대비하는 유일한 방법은 평생 공부하는 습관을 갖는 것이다.

: 공부의 목적

자신의 행복을 위해, 그리고 다른 사람의 행복을 위해, 그리고 행복한 세상을 만들기 위해 공부하는 것이다.

: 공부를 즐겁게 해야 하는 이유

공부는 나를 사랑하는 일인 만큼 즐거운 마음으로 해야 한다. 그 이유는 공부하면 내가 더 훌륭해지고 발전하기 때문이다. 내가 훌륭해지는 가장 확실한 방법은 공부하는 것이다. 자신의 행복과 행복한 세상을 만들기 위해 공부를 해야 한다. 그러므로 공부는 가장 즐겁게 해야 한다. 공부를 할 수 있게 해준 것에 부모님께 뼛속 깊숙이 감사해야 한다.

아이에게 공부는 무엇이고 왜 해야 하는지를 물어라. 그리고 아이가 스스로 답을 찾을 때까지 기다린다.

: 어렸을 때 공부로 유도하는 방법

- 아이가 모르는 것을 물었을 때 엄마가 함께 책을 찾아서 답을 찾아 본다.
- 답을 찾는 것이 즐거운 놀이라는 사실을 아이가 느끼도록 유도한다.

: 아이가 공부를 싫어하는 이유

- 자녀에게 공부를 강요하고 끊임없이 잔소리를 한다.
- 아이가 자발적으로 하도록 하는 것이 아니라, 타의에 의해 하도록 유도한다.
- 아이의 수준에 맞지 않게 지나치게 시킨다.
- 어릴 때 놀기보다 지나치게 공부를 강요한다.
- 공부하다가 실수한 것에 대해 끊임없이 지적하거나, 질책하고, 잔소리한다.
- 공부 결과에 대해 평가한다.
  ※ 공부에 필요한 것은 부모의 인내심, 끊임없는 격려와 과정에 대한 칭찬이다.

: 공부를 싫어하는 아이 변화시키기

- 자유와 자발성을 키워주기
- 꿈과 비전 갖게 하기(동기 부여)
- 궁금한 것에 대해 질문을 장려하기

: 공부에 대한 원칙

- 공부를 아이가 원치 않는데 억지로 시키지 말라.
- 엄마의 탐욕과 그릇된 욕망에 아이들이 희생되어서는 안 된다.
- 행복하기 위해 공부해야 한다. 공부 때문에 삶을 포기하는 것은 옳지 않다.

- 좋은 습관을 길들여준다.

- 엄마가 공부하여야 한다.

- 자연스러운 욕구를 기다린다.

- 아이들의 질문에 정확하고 준성스럽게 대답한다.

- 학습에서 내적 동기와 만족 지연 능력을 갖도록 유도한다.

- 노는 것도 공부다. 잘 놀아야 공부도 잘한다.

- 세상에 머리 나쁜 아이는 없다.

- 분석력과 사고력을 길러야 한다.

- 집중력과 차분함을 길러야 한다.

- 엄마의 끈기와 인내심이 있어야 한다.

- 대화가 중요하다

- 부모와 자식 간의 신뢰 관계가 전제되어야 한다.

: 부모가 주의할 점

- 머리가 좋다거나 나쁘다는 말을 하지 않고 노력하는 과정을 중점적으로 칭찬한다.

- 아이의 장점을 살려주고 계발시킨다.

- 다른 아이와 비교해서는 안 된다.

- 공부할 때 부모님은 질책, 훈계하지 말아야 한다.

- 아이와 공부할 때 부모님의 표정이 즐거워야 한다.

- 아이가 정서적으로 안정되도록 환경을 조성해야 한다.

- 아이에게 스트레스를 주지 말아야 한다.

: 아이들이 엄마를 싫어할 때

• 아이의 능력 범위 이상으로 엄마가 요구할 때

• 끊임없이 잔소리하고 야단칠 때

• 엄마를 싫어한다는 것은 자신을 사랑하지 않는다는 의미이다.

: 공부 분위기 조성

• 잡생각 제거하기

• TV 통제

• 컴퓨터 통제

• 휴대폰 끄기

• 조용한 분위기

• 들락거리지 않기

• 결과 칭찬보다는 열심히 하는 과정을 격려해준다.

: 어릴 때 집중력 키워주기

• 아이가 공부할 때 엄마도 옆에서 책을 읽는다.

• 아이에게 동화를 들려주고, 그리고 다시 아이가 그 스토리를 말해보게 한다.

• 산책하면서 간단한 더하기 연습을 훈련을 시킨다. 다음 단계로 빼기 훈련을 시킨다. 다음 단계로 곱하기, 나누기 훈련을 시킨다.

: 사고력 키우기

• why, how 질문을 한다.

• 답을 바로 확인하지 말고 최대한 스스로 생각해서 답을 도출하도록 유도한다.

• 아이에게 생각할 시간을 충분히 주어야 한다.

- 아이에게 생각을 유도하는 질문을 수시로 던진다.

: 공부에 동기 부여하기

- 배우는 것이 즐겁도록 만든다.
- 목표를 설정하도록 유도한다.
- 목표를 달성하기 위해 필요한 것이 공부다.

공부 습관

: 공부 습관 갖게 하기

- 일어나는 시간, 식사 시간을 정확히 지켜 규칙적인 생활을 하도록
  한다.
- 학교가 끝나면 바로 집에 오도록 한다.
- 얼굴과 손을 씻고, 간단한 간식을 주고, 충분한 휴식시간을 갖도록
  한다.
- 휴식이 끝난 후, 식탁이나 거실에서 공부하게 한다.
- 반드시 엄마가 함께한다.
- 엄마는 아이가 공부를 잘하도록 옆에서 도와준다.
- 그 날 배웠던 내용의 교과서를 읽게 한다(복습훈련).
- 숙제와 예습을 한다.
- 학습지 등 문제를 풀고 엄마와 함께 채점한다.
- 틀린 문제는 같이 고민하고 답을 찾도록 유도한다.
- 틀린 문제는 먼저 아이가 스스로 답을 찾도록 유도한다.
- 틀린 문제를 계속 풀기 어려운 경우 엄마가 아이에게 설명해주고 가
  르쳐준다.

- 절대 아이가 틀린 것에 대해 질책하지 않는다.

- 반드시 공부와 숙제를 한 후에 놀게 한다.

- 그날 할 공부와 숙제를 한 후에는 마음껏 놀게 한다.

- 매일 놀기 전에 먼저 공부하는 습관을 철저히 지키도록 한다.

- 초등학교 6년간 공부하는 습관을 철저하게 지속적으로 훈련시킨다.

참고 사항

– 중학교 시기부터는 아이가 스스로 자기 방에서 혼자 하도록 유도한다.

– 아이에게 초등학교 1학년부터 꾸준히 공부하는 습관을 실천시키면, 중학교 때부터는 말하지 않아도 스스로 공부하는 아이가 된다.

– 틀린 문제에 대해 엄마와 함께 그 이유를 함께 찾고 그 해답을 같이 찾는다.

: 공부 못하는 아이 공부하도록 유도하는 방법

- 어떤 아이든지 잘하는 것이 한 가지는 있다. 잘하는 것을 듬뿍 칭찬해준다.

- 그리고 아이가 잘하는 과목을 더 잘하도록 밀어준다.

- 칭찬받은 아이는 고무되어 공부를 더 열심히 하겠다는 마음이 생긴다.

- 공부를 못한다고 해서 야단치거나 무시하면 역효과 난다.

- 아이 성적이 나쁘다고 할지라도 부모는 개의치 말고, 변함없이 아이를 사랑으로 대하는 것이 중요하다.

- 아이에게 '할 수 있다'고 늘 격려해주고 실제로 이를 굳게 믿어준다.

: 공부의 신 배인호의 공부론

- 공부는 선행학습보다 복습이 중요하다.

- 전인교육이 필요하다. 사람 됨됨이가 중요하다(지덕체).

- 인성이란 감정과 정서를 절제하는 것인데 이것이 도움이 된다.

- 사람 됨됨이를 갖추고, 건강을 위해 운동을 해야 한다.

- 인내심, 자기감정, 정서 조절을 해야 한다.

- 공부가 수단이 아니라 목적이 되어야 한다. 그래야 공부에 재미를 느 낀다.

- 공부에 재미를 못 느끼는 것은 이해를 못 해서다.

- 기초부터 차근차근 배우면 원리와 재미를 느끼게 된다.

- 초등학교부터 다시 공부한다.

10 학습법

공부를 잘하기 위해서는 공부하는 방법을 배워야 한다. 자녀를 우등생으로 만들기 위한 구체적인 방법이 여기서 자세히 소개될 것이다. 공부는 열심히 하는 것도 필요하지만, 그보다는 공부하는 법, 즉 학습법을 먼저 깨우쳐야만 한다.

학습법의 의의

- 공부하기 전에 공부하는 방법을 배워야 한다.
- 공부도 기술이다
- 공부의 핵심은 복습이다
- 공부는 반복해서 외우는 것이다.

공부 잘하기 위한 6가지 요소

독서 습관, 공부 습관, 학습법, 암기, 엄마의 관심과 정성, 한자 공부

부모의 역할

- 엄마의 관심과 정성이 중요하다.
- 공부를 놀이로 인식시킨다.
- 대화와 토론을 통해서 논리력을 훈련시킨다.

- 평소 아이와 함께하는 시간이 가져야 한다.
- 엄마는 아이의 질문에 정성껏 설명해 주어야 한다.
- 아이의 질문에 아이가 납득할 때까지 설명해 주어야 한다.
- 아이의 질문을 장려해야 한다.
- 엄마는 아이에게 상상력을 신장시키는 질문을 하도록 한다.
- 엄마는 아이와 질의응답 놀이를 항상 즐겁게 해야 한다.
- 아이의 질문에 대비하여 평소 지식을 많이 쌓도록 노력한다.
- 아이와 즐거운 놀이를 통해서 아이의 두뇌를 계발해 준다.
- 아이와 게임을 같이하면서 아이의 지능을 발달시켜 준다.
- 공부할 수 있는 환경 조성에 최선을 다한다.
- 여행이나 박물관 방문 시 아이에게 관련된 이야기를 해준다.
- '모든 아이는 배울 수 있다'는 신념을 갖는다.

한자 공부의 필요성

- 모든 학문이 한자를 알아야 이해할 수 있다.
- 한자를 많이 아는 아이는 공부를 잘하게 된다.
- 독서하는 데 도움이 된다.
- 세상을 잘 이해할 수 있다.
- 한자를 공부하면서 집중력을 키울 수 있다.
- 초등학교 때 한자를 틈틈이 배우도록 한다.

공부에 영향을 미치는 요소

- 정신관리: 동기부여, 신념, 자신감
- 학습관리: 예습, 수업, 복습

- 건강관리: 규칙적인 운동(달리기, 자전거 타기 등)
- 집중력: 몰입기술(심호흡, story repetition, 손가락 훈련, 부모의 낮은 목소리, 무엇을 할 때 한 가지만 하기, 눈을 마주 보기)
- 학습기술: 시간 관리, 노트법, 암기법, 복습법
- 이해력: 독서 습관
- 암기법: 에빙하우스의 망각이론

집중력 키우는 방법

- 한 번에 한 가지씩 하도록 한다.
- 반드시 끝내도록 한다.
- 학습을 왜 해야 하는지를 이해시켜라.
- 성취감을 느끼도록 하라.
- 집중할 수 있도록 환경을 만들어줘라.

우등생이 되는 구체적인 학습법

1단계: 수업시간

- 수업시간에 앞자리에 착석한다.
- 수업 시작되기 전에 배울 곳을 예습한다.
- 수업시간에 최대한 집중한다.
- 필기는 교과서에 직접 한다.
- 수업 끝난 후 5분 동안 배운 것을 복습한다.

2단계: 방과 후

- 교과서를 읽으면서 복습한다(2번 읽음).

- 배운 내용을 정리한 후 암기할 것은 암기카드에 작성한다.

- 먼저 이해한 후 암기한다.

- 자투리 시간(이동 시간 등)에 암기할 것을 암기한다.

3단계: 주말

- 일주일 동안 배운 것을 복습하고 문제집을 풀어본다.

- 일요일은 운동과 휴식을 취하고 난 후, 공부를 보충한다.

- 일요일에 1시간 정도 달리기를 하거나 기타 운동을 한다.

4단계: 시험 기간

- 시험 기간 중 배운 내용을 2번 정도 복습한다.

- 배운 것을 요약 정리한다.

- 문제집을 풀고 오답 문제를 집중적으로 체크한다.

5단계: 시험 당일

- 요약 정리한 내용을 다시 복습한다.

독일의 심리학자 에빙하우스의 망각 곡선

망각 시작	복습 효과
10분 후	1차 복습 - 1일 지속
1시간 후 50% 망각	2차 복습 - 1주일 지속
1일 후 66% 망각	3차 복습 - 1달 지속
2주일 후 70% 망각	4차 복습 - 6개월 지속
1달 후 81% 망각	5차 복습 - 장기 지속

• 망각은 10분 후부터 시작된다.

- 싫은 것은 빨리 망각된다.

- 술, 담배, 스트레스는 기억력을 저하시킨다.

- 맥락 효과: 단서를 통해 전체 내용을 생각나게 하는 것

- 용불용설: 사용하지 않으면 쓸모없어진다.

: 기억의 종류

- 의미 기억: 책상에 앉아 반복 학습을 통해 기억시키기

- 에피소드 기억: 학습을 할 때 어떤 다른 행위를 첨가하면서 기억시키기

: 암기하는 법

- 재밌게 공부해야 기억이 잘 된다.

- 암기가 중요하다.

- 중요한 것은 다시 추출해서 외운다.

- 암기카드, 포스트잇 등을 적극 활용한다.

- 에피소드 기억법을 적극 활용한다.

- 쓰면서 외운다.

- 잘 정리해서 기억시킬 것(organization, elaboration, encoding, rehearsal, imagery)

- 외운 후 반드시 휴식을 취한다.

- 분산학습을 한다.

분산학습

여러 시간을 쉬지 않고 계속 공부하는 것보다, 20분 간격으로 나눠서 하는 것이 학습효과가 더 좋다.

교과서 중심의 공부

- 교과서는 공부의 중심이자 뼈대이다.

- 교과서 속 문장을 여러 번 읽어 암기하라.

- 교과서 중요 개념을 요약해서 요약집을 만든다.

존 던로스키 교수(켄트주립대)

- 2013년 '효과적인 학습 기법으로 학생들의 학습 개선하기' 논문 발표

- "벼락치기 공부는 금방 잊어버린다. 기억과 망각의 반복을 통해 장기 기억을 할 수 있다. 그러므로 분산학습이 중요하다. 어떤 지식이든지 완전하게 정리를 해서 기억시켜야 한다."

심리학자들의 공부에 대한 견해

- "공부 잘하는 사람은 똑똑하게 공부하는 사람이지, 더 오래 공부하는 사람이 아니다."

- "조용한 장소보다 장소를 바꿔가며 공부하는 것이 좋다."

- "시간표에 맞춰 공부하는 것이 좋다."

- "틀린 문제가 왜 틀렸는지 알아보는 것이 좋은 학습법이다."

(J플러스 2015. 4. 26일자)

: 기억력 향상시키는 법

• 어휘력과 배경지식이 많아야 한다.

• 뇌는 이미 알고 있는 것과 연관시켜 기억한다.

• 감정과 연관된 기억은 오래 기억된다.

• 공부에 놀라움과 감동이 함께하면 오래 기억된다.

• 공부를 좋아하면 기억을 향상시킨다.

• 이미지로 기억한다.

- 체험을 통해 기억시킨다.

- 정보를 패턴화 시킨다.

- 학습 간의 충분한 휴식시간을 가져라.

- 낮잠을 45분간 잔다.

- 운동과 놀이를 통해 뇌 전달물질을 활성화 시킨다.

- 명상을 한다.

: 낮잠효과

- 기억력을 5배 향상시킨다.

- 스트레스를 해소한다.

- 피로가 회복된다.

- 두뇌 활동을 활발하게 해준다(업무나 학습에 매우 효과).

- 창의력과 집중력이 향상된다.

: 공부의 중요 Tips

- 무조건 선생님을 좋아해야 한다.

- 조급함을 버리고 제대로 해야 한다.

- 동기부여가 중요하다.

- 공부한 내용을 말로 표현하도록 유도한다.

- 부모는 아이가 공부에 매진할 수 있는 조건을 제시하라.

- 스마트폰, 게임, 영화 TV 등을 절제하도록 유도하라.

- 교과서 중심으로 공부하라(교과서를 여러 번 반복해서 읽기).

- 암기하겠다는 각오가 절대적으로 중요하다.

- 공부는 틀린 문제를 다시 반복 복습하는 게 중요하다(반드시 오답 노트 정리).

- 공부하는 방식은 아이마다 다르므로 부모는 이를 존중해준다.
- 혼자 공부할 시간을 많이 확보해야 한다.
- 새벽에 공부하는 것이 좋다.
- 칭찬을 해준다.
- 아이에게 "너는 충분히 해낼 수 있어"라고 끊임없이 격려해준다.
- 충분한 수면과 적절한 낮잠은 기억력을 향상시킨다.
- 모르는 것은 반드시 알고 지나간다.
- 기본개념, 원리이해가 중요하다.
- 한자 공부가 중요하다.
- 문제집은 1~2권만 푼다.
- 공부는 문제를 많이 푸는 것보다 정확하게 이해하는 것이 중요하다.
- 공부 끝난 뒤에 자신에게 간단한 보상을 한다.

: 교과서 밑줄 치는 법
- 1차 연필
- 2차 형광펜
- 3차 검정색 볼펜
- 4차 빨간색 볼펜

Meta Cognition(메타인지)

- 자신이 아는지 모르는지를 생각하는 것을 말한다.
- 메타인지 능력이 발달해야 좋은 결과를 낼 수가 있다.
- 공부를 잘하는 학생은 메타인지 능력이 뛰어나다.

: 메타인지 능력을 발달시키는 방법

- 자신이 배운 내용을 남에게 끊임없이 반복해서 설명해준다.
- 공부한 내용을 남에게 강의를 해준다.
- 혼자서 강의한다.

참고 사항

– 독서실보다는 공공도서관이 좋다.

– 아이가 공부하는 중에 일체 출입을 삼가야 한다.

– 공부하기 전에 미리 간식을 준비한다.

– 아이를 칭찬해주어야 한다.

– 아이가 공부를 잘하려면 먼저 부모로부터 충분한 사랑을 받고, 정서
적 안정이 되어야 한다.

과목별 공부 방법

- 국어: 독서습관, 신문 읽기, 시와 고문 완전 암기, 관련된 책 읽기, 공
부할 때 사전 수시 참고, 말하기, 듣기, 읽기

- 영어: 기초 영문법 확실하게 이해, 영어 교과서 완전 암기, 영어 사전
외우기, 일기 쓰기, 영어 교과서 반복해서 듣기

- 수학: 예습이 중요, 수학용어, 기초 개념 이해, 공식 철저히 암기, 풀
이 과정도 암기, 기본 문제 풀이 및 암기, 연습문제 풀이 및 암기, 그
래프 방정식 잘 구사, 수학 관련 서적 읽기, 어려서부터 수학에 관한
이야기책을 읽게 한다(수학 동화책). 수학은 초등학교 때부터 개념 공부
를 철저히 해야 한다. 공식을 외우기 전에 공식이 나온 이유를 이해
해야 한다. 개념 이해, 유형 학습, 실전 문제 풀이를 유기적으로 연결
해 학습한다. 수학은 연계성이 강하기 때문에 초등학교부터 착실하

게 실력을 다져야 한다. 고등학생이 평균 90점 이하면 중학교 책부터 다시 공부한다. 공부는 교과서를 위주로 공부한다.

- 역사: 현장 방문, 이해 후 암기
- 사탐: 이해 후 암기, 폭넓은 독서로 배경지식 습득, 사회현상 관심, 지도, 사진, 도표 암기, 기본서 한 권 정함
- 과탐: 논리적 사고, 개념 파악 후 암기, 실험에 적극적으로 참여(에피소드 기억법)
- 경제 지리: 이해 후 암기
- 논술: 책 읽기, 신문 사설 읽기, 귀납적, 연역적 사고 훈련

: 참고사항

- 방학에는 배운 것을 복습하는 데 중점을 둔다.
- 공부를 잘하는 방법은 책을 처음부터 끝까지 여러 번 반복해서 읽는 것이다.
- 공부는 교과서를 중심으로 공부한다.
- 만점을 받기 위해서는 실수를 줄이고, 문제를 완벽하게 분석해서 출제자의 의도까지 파악할 수 있는 수준까지 올라야 한다.
- 이를 위해서 교재를 1~2권 정해서 여러 번 반복해서 공부해야 한다.
- 오답 노트를 작성해서 이를 반복해서 공부한다.
- 수학 점수가 대학 입학을 좌우하므로, 초등학교 때부터 개념 파악을 해서 기초를 다지고 복습을 철저히 해야 한다.
- 모든 공부는 선행 학습보다는 그날그날 배운 것을 철저하게 복습하는 것이 중요하다.
- 아무리 좋은 선생님이 가트쳐도 매일 복습하지 않으면 성적은 절대 오르지 않는다.

- 공부를 시작할 때 공부에 대한 각오를 다진다.

: 공부기술

- 공부 시작 때 "이제부터 본격적으로 공부를 시작하자"라는 결심을 한다.
- 시험에 완벽하게 대비할 수 없다는 사실을 인정하여 부담감을 줄인다.
- 시험 기간에는 기억력의 향상을 위해 잠깐씩 낮잠을 잔다.
- 주말에는 몸을 단련하기 위해 반드시 자신에게 적합한 운동을 한다.
- 중요개념을 포스트잇을 이용해 벽에 붙여놓고 이해와 암기를 한다.
- 공부 중 자주 주방에 들락거리지 않기 위해 미리 간식과 물을 준비한다.

: 기타 전문가들의 공부에 대한 견해

공부의 신 강성태

"성적은 사교육도 지능도 아니다. 끈기와 테크닉이다."

노태권

"모든 공부는 이해한 뒤 수없이 반복해서 완전히 외우면 된다(100번 반복)."

강경민

"좋은 문제집 골라 여러 번 반복해서 풀어라."

임현묵

"오답문제 체크가 가장 중요하다."

야마구치 미유(7번 읽기 공부법)

"책을 가볍게 훑어보는 것에 가까울 만큼 가볍게 읽어라." "최대한 빨리 통독하라." "짧은 시간 안에 다시 반복해서 읽으라."

: 박경진의 공부원칙

- 공부 습관을 들여라(하루에 일정시간 반드시 공부할 것).

- 예습 복습을 하루도 거르지 말자.

- 수업시간에 적극적으로 몰입하자.

- 교과서를 참고서화하라.

- 학교 시험도 수능시험처럼 대하라.

- 공부할 때 최대한 집중하라.

- 싫어하는 과목, 좋아하는 과목 차별하지 말라.

: 황준묵 수학박사

- 수학도 자꾸 머리 쓰면 실력이 늘어난다.

- 무엇이든 다 힘들다. 중요한 것은 '내가 그것을 좋아하느냐'다.

: 양소영 원장의 동기 부족형 맞춤형 학습전략(공부를 아주 싫어하는 아이 공부 유도)

- 무엇보다도 먼저 공부를 통해 작은 성공을 경험하게 한다.

- 1단계: 꿈을 크게 가질 때 이를 실현하기 위해 공부의 필요성을 느낀다.

- 2단계: 리더십 교육과 함께 스터디그룹을 통해 공부하도록 유도한다.

- 3단계: 아이가 생각하는 것은 무조건 일단 인정한다.

- 4단계: 궁금한 사항은 마음껏 질문하도록 한다.

- 5단계: '5분 예습법'을 실시한다.

: 세 아이를 영재로 키운 서안정

- 놀이와 교육을 접목했다.

- 아이의 호기심을 자극시켰다.

- 아이와 끊임없이 대화하고 질문했다.

- 식탁 대화를 통해 논리력과 상상력을 키워주었다.

- 자연스럽게 새로운 정보를 반복해서 스며들게 했다.

- 원리와 핵심을 자연스럽게 이해시켰다.

- 학습을 강제하지 않고 잔소리를 하지 않으니, 아이들이 공부하고 싶어 한다.

- 아이에게 자극을 주면 결과가 나온다.

- 아이를 믿고 기다려준다.

- 존중받고 자란 아이는 주관이 뚜렷하고 자존감이 높다.

- 영재는 태어나는 것이 아니라 만들어지는 것이다.

- 세상의 모든 아이들이 영재다.

: 구근회 소장

- "자녀가 간절히 원할 때 공부를 시켜라."

: 김종석 아동학 박사

- 친구 같은 아빠가 될 때 아이가 변한다.

- 최고의 교육은 아이들을 마음껏 놀게 해주는 것이다.

- 그리고 틈틈이 아이와 대화를 나누며, 여행을 다니는 것이다.

- 충분히 놀게 하면 아이가 스스로 공부한다.

: 다섯 자녀를 수재로 키운 농부 황보태조

- 학교를 즐거운 곳, 재미있는 곳으로 만들었다.

- 공부를 놀이로 만들었다.

- 독서 습관이 중요하다.

- 책 선정은 재미가 중요한 기준이다.

- 등굣길에 영어 교과서 테이프를 들려주었다.

- 칭찬보다 더 좋은 거름은 없다.

- 아이를 세심하게 관찰하여 아이의 관심 분야를 찾아준다.

- 아이의 관심 분야를 즐겁게 할 수 있도록 하면 공부는 저절로 된다.

: 이적 어머니, 여성학자 곽혜란

- "수업시간에 선생님 눈만 쳐다보라."

: 손우수 자녀 교육 전문가

- 40분 몰입 공부하고, 20분 쉬어라.

- 수업 시간에 선생님 말에 집중하라.

- 자녀에게 이야기책을 읽어줘라.

- 아이에게 집중력과 몰입력을 길러줘라.

: 자녀 교육의 달인 황석호

- "토론을 통해 자기주장을 펼치고 남의 주장을 듣는 법을 배운다."
  ※ 향후 교육은 토론식으로 바뀐다.

영어를 잘하는 아이로 키우기

모든 아이를 다 영어를 잘하는 아이로 만들 수 있으며, 돈을 거의 안 들이고 영어를 마스터시킬 수 있다. 사교육이나 외국 유학 없이 집에서 영어 마스터가 가능하다. 초등학교 6학년 때 영어를 원어민 수준으로 끌어올릴 수 있다. 이 세상에 영어를 배우지 못하는 아이는 없다. 영어 시작은 5~6세가 적당하다.

영어 공부의 필요성

- 삶의 질을 높이는 필수 요소이다.
- 영어는 성공과 출세의 도구이다.
- 앞으로 영어를 못하면 대기업에서 승진하기 어렵다.
- 영어의 격차가 소득의 격차로 이어진다(English Divide).
- 비슷한 일을 하더라고 영어를 잘하면 연봉이 높아진다.
- 세계 정보의 80%가 영어로 되어있다.
- 국제기구의 85%가 영어를 공용어로 사용한다.
- 취업을 걱정할 필요가 없다.
- 영어를 잘하면 취업의 문이 대폭 넓어진다.
- 전 세계 수많은 기업이 다 내가 취업에 도전할 수 있다.
- 글로벌시대에 영어는 필수다.

"만국공통어인 영어는 생존의 필수 조건이다."

– 김용(서계은행 총재)

영어 열풍에 휩싸인 대한민국

- 영어 사교육비: 2012년 현재 19조 원, 전체 학원 수 170,000개
- 해외 연수비: 5조 원(초등학생 5만 명, 중학생 3만 명, 고등학생 9만 명, 대학생 10명 중 1명이 해외 연수, 1인당 연수비 4,500만 원)

한국의 영어 공부 실상

- 초등학교부터 대학교 때까지 영어 공부에 10년 이상 투자한다.
- 초등학교에서 대학교까지 대략 2만 시간 투자한다.
- 말콤 글래드웰의 '아웃라이어'라는 책에서 한 분야의 전문가가 되려면, 1만 시간의 시간이 걸린다고 한다(일만 시간의 법칙).
- 한국인들은 영어 공부 시간에 비해 영어를 잘하지 못한다.
- 대부분 영어 때문에 평생 고생하고 있다.
- 아이가 어릴 때부터 영어 사교육을 시키고 있다.
- 부유한 집에서는 조기 유학이 유행이다.

영어를 못하는 이유

- 영어를 늦게 배운다.
- 머릿속에 한국어가 자리 잡았기 때문에 영어를 배우기가 쉽지 않다 (모국어 방해 현상).
- 문법, 점수 위주의 공부를 학교에서 유도한다.
- 영어를 아이에게 무리하게 강요시킨다.

언어 습득 장치(Language Acquisition Device)

- 신생아는 언어를 배울 완벽한 능력을 갖고 태어난다.
- 0~12세가 언어를 배우는 결정적인 시기이다.
- 이 시기에 언어를 배우면 완벽하게 언어를 습득할 수 있다.
- 언어 성장률이 가장 높은 시기는 6세부터 12세까지다.
- 그러므로 영어를 배우는 최적의 시기는 초등학교 시기이다.
- 어릴 때 한국어와 영어를 함께 가르치면 아이들의 두뇌 발달에 도움이 된다.
- 반드시 초등학교 시기에 이중언어자(bilingual)로 키워야 한다.
- 13세가 되면 언어교육의 황혼기가 된다.
- 각인 효과(imprinting)는 0~10세까지 활발히 작동한다.
- 누구나 영어를 12세까지 원어민 수준으로 완전 마스터가 가능하다.

존슨과 뉴포트 박사 연구(이민자 대상 연구)

- 3~6세 이하에 미국에 온 사람들은 미국인과 동일한 수준의 언어를 구사한다.
- 사춘기 이후에는 학력과 상관없이 영어 수준이 떨어진다.
- 성인은 기억력, 주의력, 추리력 등 인지 능력에서 뛰어나지만 아이들이 더 잘 배운다.
- 아이들은 인지 능력이 적기 때문에 방해되는 것이 없다.
- 외국어 교육의 시작은 3~6세 사이가 최적기다.

언어는 스스로 배우는 것이다

- 언어를 배우는 것은 자연스러운 일이다.
- 임신 7개월에 청각 기능이 발달한다.
- 생후 4일에 언어를 구별한다.
- 1달에 모국어에 대한 편향을 보인다.
- 생후 6개월이면 어른이 하는 모든 말을 알아듣는다.
- 5세부터는 어른과 똑같은 언어 능력을 갖춘다.
- 언어는 스스로 배우는 것이지 누가 가르치는 것이 아니다.
- 어린이는 듣기만 해도 영어를 배운다.
- 어린이는 문법을 배우지 않더라도 완벽하게 영어를 배울 수 있다.
- 0~7세까지는 모국어 방해현상이 전혀 없다.

영어 교육의 문제점

- 언어를 배우는 결정적 시기를 지난 뒤에 억지로 가르치려 든다는 점이다.
- 어릴 때 영어를 지나치게 강요하고 압박하는 것이 문제다.
- 어릴 때 영어에 대해 너무 스트레스를 받아 나중에 영어를 포기하게 된다.

결론

영어는 모국어를 먼저 배운 후 시작하는 것이 좋다. 집안에 영어를 능숙하게 하는 사람이 있다면 어릴 때부터 영어를 같이 배우도록 할 수 있으나, 그렇지 않으면 먼저 모국어를 배운 이후인 5~6세 정도에 영어를 배우는 것이 이상적이다.

영어를 어릴 때 마스터한 사례

① 나기업 군: 14세에 한남대 린튼 글로벌 칼리지 입학, 집에서 독학

② 김신숙 할머니의 손녀 은송이: 6세 때 외국인과 자유자재로 대화

③ 이효진 양: 김포고 전교 1등, 4살 때 디즈니 만화 영화를 반복적으로 시청

영어를 초등학교 시기에 완전 마스터시키는 방법

- 5~6세 시작(모국어가 확고하게 자리 잡은 상태)

- 어릴 때부터 영어를 들려준다.

- 5세부터 쉬운 영어 동화책을 읽어준다.

- 영어 동화책의 테이프를 반복적으로 들려준다.

- 좋아하는 애니메이션 영화 하나를 선정해서 반복적으로 본다. (200번 이상)

- 영어는 학습이 아닌 놀이로 해야 한다.

- 절대 영어 공부를 강요해선 안 된다.

- 아이가 영어로 스트레스를 받아서는 안 된다.

초등학교 저학년

- 영어 스토리 북을 읽게 한다.

- 문법보다는 전체적인 흐름에 중점을 둔다.

- 먼저 한글로 된 책을 읽고 영어 원서를 읽게 한다.

- 스토리 북은 5번 씩 반복해서 읽게 한다.

- 듣기를 병행한다.

- 좋아하는 CD, 비디오, 영화, 애니메이션 영화를 반복적으로 본다.
- 처음에는 자막 없이 보여주고, 나중에 자막 있는 것 보여주고, 다시 자막 없는 것을 보여준다.

초등학교 고학년

- 꾸준히 듣기를 계속한다.
- 좋아하는 CD, 영화, 비디오, 애니메이션 영화를 계속 보여준다.
- 영어 원서를 읽도록 유도한다.
- 영어 원서는 5번씩 반복해서 읽게 한다.

중학교

- 영어 원서를 많이 읽도록 한다.
- 중학교에서는 영어 완전 마스터에 들어간다.
- 영어동기부여
- 자신이 좋아하는 분야의 영어를 시작한다.
- 해외여행을 한다.
- 원어민과 접촉한다.
- 외국인과 친구를 사귀도록 한다.
- 영어로 된 재미있는 내용의 책이나 잡지를 사준다.
- 아이가 좋아하는 만화 영화나 매체를 활용한다.

주의 사항

- 영어를 테스트하려그 해선 안 된다.

- 영어를 잘하라고 부담을 주어서는 절대 안 된다.

- 절대 아이에게 지나치게 그리고 무리하게 영어를 강요해서는 안 된다.

- 질책하지 말고 무조건 칭찬하라.

- 영어를 즐거운 놀이로 유도하라.

- 너무 정확성을 요구하지 말라(발음, 해석, 문법 등).

- TV, CD, 애니메이션을 보여주되 강요해선 안 된다.

- 스스로 영어를 하는 것에 재미와 즐거움을 느끼도록 해야 한다.

- 좋아하는 영어 애니메이션 한 편을 1년간 계속 반복해서 보도록 유도한다.

- 학원을 다니지 않아도 얼마든지 집에서 혼자 영어를 배울 수 있다.

성공하는 사람으로 만들기 위한 자녀 교육

자존감을 키워주기

교육(어원: eduoco)

'마음속 깊은 곳으로부터 열정을 끌어내는 것이다.'

교육의 진정한 역할은 단순히 지식을 가르치는 것이 아니라, 인간의 내면에 열정을 끌어내는 것이다. 열정을 이끌어내는 방법은 자존감을 키워주는 것이다.

자존감

자신을 존중하고 사랑하는 힘, 자신이 소중하고 가치 있는 사람이라고 믿음, 자기 스스로에 대한 변함없는 믿음과 사랑, 자신의 능력을 믿고 성취할 수 있다는 자기 확신을 가짐, 자신의 강점과 약점을 모두 인식하고 받아들임. 다른 사람이 나를 긍정적으로 볼 것이라는 확신, 해낼 수 있다는 믿음.

인생을 살아가는 데 있어 충분한 자존감을 갖는 것은 매우 중요하다. 자존감은 힘든 세상을 극복해 나갈 수 있는 든든한 동력이기 때문이다.

자존심

남에게 굽히지 않고 스스로 품위를 지키려는 마음, 다른 사람과 비교를 통해 자신을 인정하려는 마음, 자신의 가치를 지키려는 마음, 상대의 평가를 통해 자기만족을 추구하는 마음.

남이 음식을 권했을 때 배가 고프지만 참고 거절한다. 없어도 있는 척하고, 몰라도 아는 척하는 것은 자존심이 그 원인이다. 자존심이 많은 사람은 과장된 행동을 많이 한다. 어릴 때 상처를 많이 받은 사람이 자존심이 강하며, 다른 사람과 소통을 원활하게 하지 못한다.

: 자존심이 강한 사람의 특징

남으로부터 쉽게 상처받고 열등감을 많이 느낀다. 방어적인 행동을 많이 한다. 자존심은 열등감의 표현이다.

자부심

능력과 노력을 통해 원하는 것을 달성했을 때의 일시적인 달콤한 감정

아이의 자존심을 지켜주기

- 어릴 때 너무 자존심이 상처받지 않도록 부모는 신경 써야 한다.
- 부모는 훈계할 때 아이의 자존심을 건드리는 언행을 하지 않도록 해야 한다.
- 아이의 인격을 존중해주도록 해야 한다.
- 아이를 너무 잘해주면 지나치게 자존심만 센 아이로 자랄 수 있다.
- 자존심은 열등감에서 오는 것이지만 아이의 자존심이 상하지 않도록 조심해야 한다.

자존감이 중요한 이유

- 인생의 성공과 행복은 자존감에 달려 있다.
- 대인관계, 사회생활에서 매우 중요하다.
- 극심한 스트레스, 위기 상황에서 쉽게 좌절하지 않는다.
- 남의 말에 흔들리지 않고 감정의 심지가 굳건하다.
- 어떤 상황에서도 슬기롭게 극복해나가는 원천이다.
- 인성 교육의 전제조건은 먼저 자존감이 확립되어 있어야 한다.

자존감 상실로 인한 현상

- 극도의 스트레스로 게임 중독, 우울증, 자살을 초래한다.
- 사회생활에서 적응하기 어렵고 자존심이 강해진다.
- 대인관계를 제대로 형성하지 못해 친구가 없다.
- 남이 자신의 단점을 지적하면 몹시 화를 내거나, 인간관계를 끊는다.
- 누가 자신의 약점을 알까봐 전전긍긍하면서 늘 불안한 정서 상태를 유지한다.
- 버지니아 공대 조승희 총기 난사 사건(2007년 4월 사망 32명, 부상 29명)
- 명문대 교수, 재벌 가족, 대기업 간부, 연예인, 아나운서 자살(자신의 삶에 만족 못 함)

자존감 형성

- 아이가 뭔가를 열심히 할 때 노력하는 모습을 격려와 칭찬을 해준다.
- 아이가 잘할 거라고 끝까지 믿어준다.
- 아이가 어려운 일을 성취하는 경험을 갖게 한다.

- 주위 사람으로부터 칭찬과 격려를 받게 되면 자존감이 잘 형성된다.
- 주위 사람으로부터 애정 없는 비판과 냉대를 받을 경우 자존심이 형성된다.

자존감이 높은 경우

- 자신의 잘못을 지적해 주면 감사하게 여김
- 힘들 땐 도움을 요청
- 항상 일관된 마음을 가짐
- 자기보다 못한 사람에게 우월감도 느끼지 않음
- 자기보다 뛰어난 사람에게 위축되지 않음
- 타인의 감정과 생각을 존중
- 자신이 하는 일에 만족함
- 타인의 잘못을 너그럽게 이해함
- 타인의 성공을 진정으로 칭찬해 줌

자존감이 낮은 경우

- 자신의 실제 모습을 부정한다.
- 자신을 부족하게 생각한다.
- 다른 사람의 시선을 의식한다.
- 실제보다 높게 평가받았다고 생각한다(사기꾼 중후군).
- 다른 사람의 성공을 우습게 여기고 질투한다.
- 밑에 사람에게 힘을 휘두르고 갑질의 형태를 보인다.
- 강한 사람에게 비굴할 정도로 아부한다.

- 모든 초점을 자신의 결점과 약점에 맞춘다.

- 도박, 알코올에 의존한다.

- 남이 자신의 잘못을 이야기하면 크게 화를 낸다.

자존감이 너무 높은 경우

- 오만, 자신을 최고로 여긴다.

- 특권의식, 타인에 대한 배려가 부족하다.

- 최고 잘난 사람으로 인식한다.

자존감을 저하시키는 부모의 행동

- 부부 싸움을 자주하는 부모

- 잔소리, 남의 험담하기

- 대화가 없는 부모

- 알코올 중독 부모

- 자녀의 친구를 비난하기

- 양육의 불일치

자존감이 낮은 부모의 특징

- 일관성이 없음

- 낯선 사람을 꺼림

- 남들에게만 잘함

- 단점이 드러나는 것을 싫어함

- 문제의 핵심을 피함

- 사람과 사사건건 부딪침

: 자존감이 낮은 아빠의 행동

밖에 나가서는 다른 사람에게 아주 잘한다. 그러나 집에 오면 약자인 아내와 자녀들에게 쥐 잡듯이 한다.

자존감이 높은 아이의 태도

- 새로운 환경에 잘 적응한다.
- 새로운 것을 배우는 데에 흥미를 느낌
- 실패를 한 과정으로 생각
- 어려운 난관 시 주위 전문가에 도움을 요청
- 왕따 시 크게 위축 안 됨
- 새 친구와 쉽게 접근해 사귐
- 자신감이 넘치고 열정적임
- 마음이 편하고 스트레스를 잘 다룸
- 삶에 긍정적임
- 자기 스스로 판단이 중요함

자존감이 낮은 아이의 태도

- 자신의 부족함이나 열등감을 받아들이지 못한다.
- 항상 남과 비교하고 남의 잘못에 비판적이다.
- 수줍어하고 새로운 환경에 적응하지 못한다.
- 자신의 외모에 열등감을 느낀다.
- 자신에 대해 부정적인 이미지를 갖는다.

- "난 뭐 잘하는 게 없어"

- 다른 사람의 의견에 쉽게 공감하지 못한다.

- 성적이 상위권이지만 하나만 틀려도 심하게 자책을 한다.

- 반사회적 행동을 한다.

- 공격성이 심하다.

- 쉽게 짜증을 잘 낸다.

- 고립되고 지속적으로 불만을 표출한다.

- 실패를 두려워한다.

연령별 자존감 형성

- 출생 시 자존감은 백지 상태(자존감은 후천성)

- 어릴 때 애착 관계를 잘 형성하는 것이 매우 중요(5세까지)

- 7세까지 자존감이 90% 형성됨

- 8세 이후 학교 선생님, 친구 등으로부터 자존감이 좌우됨

- 사춘기에 감정 기복 심함, 자존감의 혼란

자존감과 사춘기의 특징

자신의 신체, 외모, 이성 친구에 대한 호기심, 부모에 대한 반항심, 학습에 대한 자신감 저하 → 자존감에 타격받기 쉬움

상처 주는 말

- 아이의 외모를 비난하는 말

- "너는 왜 그 모양이니?"

- "너 때문에 내가 못 살아."

- "바보같이! 그것도 못하니?"

- "하여간 너는 참."

- "네가 하는 일이 그렇지."

- "아무개 좀 봐라."

- "생각 좀 하고 말해."

- "그냥 그건 아닌 것 같아."

- "잘 안될 것 같은데."

- "넌 다 좋은데 그게 문제야."

- "나나 되니까 너랑 이러고 있지."

- "장점이라고는 눈 씻고 찾아보려 해도 없네!"

- "넌 누굴 닮아 그러니?"

- "네가 엄마 말을 들은 적이 있어?"

- "그건 몰라도 돼."

- "그건 아빠에게 물어봐."

자존감을 높여주는 말

- "너는 엄마의 가장 큰 기쁨이야!"

- "너를 정말 사랑해!"

- "네가 가장 예뻐!"

- "너는 할 수 있어!"

- "난 너의 엄마라서 너무 행복해!"

- "엄마는 너를 믿는다!"

부모의 자존감 대물림

• 낮은 자존감을 가진 엄마는 아이에게 대물림된다.

• 무엇보다 엄마의 자존감을 높여야 한다.

• 양육에서 자신감과 여유를 가져야 한다.

• 엄마가 무엇보다도 행복해야 한다.

아이의 자존감을 높이는 방법

• 자신의 미래에 대한 진지한 고민을 유도한다.

• 영적인 언어를 활용한다.

• 주변 사람의 칭찬과 격려가 필요하다.

• 아이와 많은 시간을 같이 보낸다.

• 아이를 칭찬의 주제로 삼는다.

• 아이의 장점이나 특성을 발견하고 인정해준다.

• 아이에게 무한한 신뢰를 보여준다.

• 아이의 입장을 항상 지지해준다.

• 아이의 자존심에 상처를 주지 않도록 한다.

• 아이를 존중해준다.

• 아이를 있는 그대로 받아들인다.

• 아이의 성적 때문에 자존감이 떨어지지 않도록 주의한다.

• 아이에게 태몽을 얘기해주거나 특별한 존재임을 각인시켜준다("네가
태어나면서부터 일이 잘 풀리기 시작했다").

본인이 자존감을 높이는 방법

• 자기 자신을 용서한다.

• 긍정적으로 생각한다.

• 자기를 격려한다.

• 자기 장점을 칭찬한다.

• 실패 시 자신을 격려한다.

• 남과 비교하지 않는다.

노벨상 받은 가정 조사

• 자존감과 창의력을 극대화시켰다.

• 권위주의적인 아버지가 일찍 사망했다.

• 자녀와 친구처럼 지낸 조부모가 오래 살았다.

• 실패할 때마다 부모가 격려를 해주었다.

• 실수와 실패를 용납했다.

2

자율성과 독립성을 키워주기

자녀 교육의 목적 중의 하나는 자녀가 성인이 되었을 때, 부모 도움이 없이 자녀 스스로 독립해서 살아갈 수 있도록 하는 것이다. 다시 말해 자녀를 정신적으로 그리고 경제적으로 완전히 부모에게서 독립해서 살아갈 수 있도록 하는 것이다. 이를 위해서 부모는 자녀가 어릴 때부터 자율성과 독립성을 키워주기 위해 최선의 노력을 다해야 한다.

자율성과 독립성을 저해하는 행위

- 부모가 모든 것을 대신해준다.
- 아이가 하는 모든 일에 간섭한다.
- 자녀를 과잉보호한다.
- 부모가 인내심이 없다.
- 아이를 믿지 못하고 늘 부족하다고 믿는다.

: 결과

- 수동적인 삶의 형태를 취한다.
- 안전과 권태를 선택한다.
- 스스로 인생을 개척하지 못한다.
- 죽을 때까지 부모에게 의존하게 된다.

- 부모는 죽을 때까지 자녀에게 모든 것을 해주어야 하는 자녀의 노예가 된다.
- 유아기부터 청소년까지 어떻게 키우느냐에 따라 부모의 노년이 결정된다.

자율적인 사람의 행동

- 자신의 의지에 따라 행동한다.
- 흥미를 느끼는 것에 열정을 갖는다.
- 진정한 자아에서 나온 행동이므로 진실하다.

자율성이 없는 경우

- 자신의 인생에서 의욕이 상실되면서, 하고 싶은 것도 되고 싶은 것도 없다.
- 꿈도 목표도 없으며, 돈 많이 벌어 잘 먹고 잘사는 것이 유일한 목표다.
- 사람은 자기가 주체가 되어 결정한 것이 아니면 하고자 하는 의욕을 느끼지 못한다.
- 직접 스스로 해본 적이 없기 때문에 스스로 무엇을 하는 것에 두려움을 느낀다.
- 모든 것을 남이 결정해서 이글어주면 뭘 해도 즐겁지 않고 자신이 뭘 원하는지도 모른다.
- 사람은 자기가 결정하지 않은 것에는 흥미나 의욕을 느끼지 못한다.

: 주도성

자율적인 결정 끝에 지어야 하는 책임도 아이들에게는 몸에 좋은 쓴 약이다. 행위의 결과를 직접 경험하고, 좋은 결과와 나쁜 결과를 모두 겪어보아야 역경을 이겨내는 용기와 주도성이 생긴다.

특히 유아기부터 아이가 주도성을 갖고 혼자 하도록 유도해야 한다. 아이가 마음껏 혼자서 할 수 있도록 기회를 주어야 한다. 만약 유아기에 아이가 하는 일에 간섭하고 일일이 지시한다면 아이는 주도성을 기를 수가 없다. 유아기 때 주도성을 키워주지 않으면 나중에 문제가 생기게 된다. 즉 아이는 부모에게 의존하게 되거나 부모 말에 저항하게 된다.

아이에게 시간을 두고 지켜보는 태도가 중요하다. 아이가 혼자 해결하도록 기다려주지 않고 조급하게 조언을 해주거나 충고를 하면 아이는 주도적으로 스스로 해결하는 방법을 배울 수가 없다. 엄마가 핵심을 찍어 준다든가, 아이가 하는 것을 엄마가 일부분을 도와주면 아이의 주도성 발달에 심각하게 손상을 주게 된다.

엄마는 한계를 정해주고 그 안에서 아이가 주도적으로 해결책을 찾을 수 있도록 한 발 떨어져서 지켜보는 것이 바람직하다. 엄마는 아이의 주도성을 최대한 키워주면서 아이의 꿈을 키워주어야 한다.

잘못된 사랑

자녀에게 사랑을 너무 많이 주는 것이 문제가 된다. 부모는 모든 것을 돌봐주고 좋은 결정을 내려 주는 것이 부모의 역할이라고 생각한다. 그래서 부모는 아이의 전 삶의 영역에 개입한다. 아이는 낳아주고 키워준 부모의 말을 따를 수밖에 없다. 그런 환경 속에서 자란 아이는 커서 부모의 고마움도 모르고 불만만 많아진다. 결국 아이는 자립능력을 잃게 된다.

엄마의 분리불안(빈둥지 중후군)

엄마는 아이가 성인이 되면서 엄마 품을 떠나는 것에 대한 불안 증세를 보인다. 이러한 불안 증세가 사회적 불안으로 이어지기도 한다.

올바른 사랑

- 부모는 아이를 위해 100% 희생을 해서는 안 된다.
- 부모도 자신의 인생을 살아야 한다.
- 30% 정도는 부모 자신을 위해 써야 한다.

공부에 대한 설문조사

- 공부 왜 하는지 모르겠다.
- 야단맞기 싫어서 한다.
- 재밌다.

열정

- 인생의 엔진, 성공의 열쇠다.
- 대부분 일상의 반복, 삶의 즐거움은 1년에 몇 번밖에 안 된다.
- 내가 좋아하는 일을 찾으면 1년 내내 행복하다.

"나는 평생 단 하루도 일이라는 것을 해본 적이 없다. 그것은 즐거움이었다."

– 에디슨

: 열정의 정의

열정이란 자신이 소중하다고 생각하는 것을 찾고, 그것을 위해 에너지와 시간을 바치는 것을 말한다. 사람은 내가 누구인가를 확인시켜주는 일에 열정을 느낀다. 가수는 노래할 때, 과학자는 실험할 때, 목사는 설교할 때, 강사는 강의할 때 가장 행복하고 열정적이 된다.

: 열정을 키워주기

- 무엇을 할지를 스스로 선택하고, 그때의 즐거움을 충분히 경험해야 한다.
- 자신의 활동이 존중받는 것을 경험해서, 스스로 가치를 부여하게 될 때 가능하다.
- 부모는 열정을 키워주기 위해 실컷 놀게 하고, 하고 싶은 것을 하도록 놔둔다.

: 동기의 원인(애드워드 대쉬 교수)

- 자율성의 뿌리는 바로 스스로 선택할 수 있는 선택의 자유가 있어야 한다.
- 자율성을 억압했을 때 수동적으로 변하며, 열정과 도전이 사라지게 된다.
- 동기는 돈이나 사회적 지위(외적 보상)가 아니라 자기 결정에 대한 주관적 느낌이다.

스스로 결정하는 즐거움, 그리고 그것을 통해 자신이 존중받는 느낌을 가져야 한다. 자신이 하는 일에 가치를 부여해야 한다. 열정을 느낄 수 있는 일은 자기다움을 확인시켜 주는 일이다. 내가 어떤 상황이라도 나의 직업에 확신을 가지고 사는 것이 열정을 느끼는 일이다. 강사는 강의할 때, 운동선수는 운동할 때 자신의 자기다움을 확신한다.

: 자율성 키워주기

- 아이가 스스로 선택하도록 한다.

- 지시하지 말고 '뭘 할 것인지'를 묻는다.

- 스스로 생각하고 판단하고 결정하는 능력을 배양한다.

- 세세하게 간섭하지 않는다.

- 주도성을 갖게 한다.

- 스스로 선택하고 그 결과에 대해 책임지게 한다.

자녀 교육의 목표는 홀로서기다

- 부모의 사랑은 빨리 아이를 독립시키려는 마음이 앞서야 한다.

- 자식을 강하게 키우기 위해 냉정한 현실을 직시하도록 한다.

- 사막에서도 혼자서 살아남을 수 있도록 자립심을 키워준다.

: 자녀를 독립적으로 키워야 하는 이유

- 노후시기를 안정적으로 보내기 위함이다(100세 시대 경제력 필수).

- 부모 자신을 위해서다.

- 자식을 위해서다.

- 어려서부터 독립심을 키워주기 위해 자식과 부모는 적당한 거리를 두어야 한다.

- 20세가 되면 가급적 집을 나가 혼자 생활하도록 유도한다.

- 결혼 후 일체 지원을 중단해야 한다.

: 부모도 자식으로부터 독립해야 할 필요성이 있다

- 자녀는 성인이 되면 부모의 품 안에서 떠나가게 되어 있다.

- 다 키운 후 공황상태 빠짐(자녀에게 자신의 인생을 헌납한 엄마)

- 자녀에게 헌신하는 이유는 자신의 존재가치를 자녀를 통해 확인하려는 것이다.
- 자녀를 통해 남에게 과시하고, 부모는 자신의 희생에 대한 보상심리가 생긴다.
- 부모는 자신을 스스로 사랑할 줄 알아야 한다.
- 부모도 자신의 인생을 살아야 한다.
- 자녀는 부모의 고마움을 느끼지 못하고, 커서 부모를 부양할 생각이 전혀 없다.
- 그런데 부모는 자신들의 노후에 대비할 돈을 자녀의 사교육비에 탕진한다.

피터팬 증후군

몸은 어른인데 생각과 행동은 아이의 모습을 보이는 것

모라토리엄형 인간

사회에서 책임과 의무를 이행하지 않으려는 인간형

캥거루족

어른이 돼서도 부모 신세를 지는 젊은이

신 캥거루족

취직해서도 계속해서 부모에게 의존하는 젊은이

니트족(NEET족)

Not education, employment, training, 취업 훈련이나 취업 교육도 안 받고 취업 의사도 없는 무기력한 인간형

키덜트(KIDULT)

어른인데 아이들처럼 장난감, 팬시를 좋아하는 사람들

- 자녀 교육의 중요한 목적: 부모로부터 완전 독립하기

: 부모로부터 분리되는 과정

- 출생: 육체적 분리
- 12개월: 이유식으로 영양분리
- 2~3세: '나'와 '남'을 분리하는 인식이 생김(아이 하고자 하는 일을 격려할 것), 3세 때 반항하기 시작하는 것은 정상적인 현상임(제1 반항기)
- 아동기, 청소년기: 부모에게서 독립하기 위한 준비 훈련 과정
- 20세 이후: 부모로부터 완전 분리(개별적 인간)

독립심을 키워주지 않으면 의존적이고 자신감 없는 아이가 된다.

: 자율성 발달

- 2살이 되면 자신에 대한 신뢰감이 형성된 아이는 자율성을 발달시킨다.
- 자율적인 아이는 자신의 생각을 유지하면서, 다른 사람으토부터 도움받는 것이 이롭다는 것을 안다.
- 반대로 자신에 대해 신뢰감을 갖지 못하고 의심하는 아이는 의존적인 현상을 보인다.
- 의존적인 아이는 자신이 세상에 대한 통제력을 의심하면서, 다른 사람에게 의존하게 된다.

: 독립심 키워주기

- 4세부터 우선 작은 일이라도 스스로 하도록 시킨다.

- 빨랫감은 아이와 함께 갠다.

- 식사 준비에 아이가 반찬 등을 옮기게 한다.

- 서툴러도 혼자 옷 입기, 혼자 신발 신기, 혼자 밥을 먹을 수 있도록 한다.

- 혼자 떨어져서 놀게 하는 시간을 준다.

법륜 스님

"6가지(구타, 거짓말, 범죄, 욕하기, 술을 취하도록 마시기, 남에게 큰 해주기) 이외에는 모두 그냥 놔둬라."

: 자녀의 독립성을 유도하기 위한 것들

- 어려서부터 자립심을 키워줄 것

- 좀 부족한 듯 키울 것

- 경제관념을 주입

- 경제적으로 자녀를 독립시키고, 부모 자신도 아이로부터 독립함

- 아이가 어떤 것을 스스로 하도록 한다.

- 숙제나 준비물 등은 스스로 하도록 유도한다.

- 아이가 무엇을 하는지 물어볼 수는 있어도 참견해서는 안 된다.

- 부부 금실이 좋아야 한다.

- 품 안에서 떠나보내야 할 때가 온다.

아이의 자율성과 독립성을 키워주면서, 아이가 가족의 규칙을 잘 지키고, 아이가 스스로 해야 할 것을 잘하도록 유도하는 것이 바로 부모의 역할이다.

- 모든 교육은 어릴 때부터 시작해야 한다.

- 특히 경제적인 독립성 교육은 어릴 때부터 가르쳐야 한다.
- 최소한의 용돈만 주고 필요한 것은 스스로 벌어서 하도록 한다.
- 용돈을 잘 주다가 느닷없이 용돈을 주지 않으면 자식은 이를 받아들이지 못한다.
- 평소에 부모가 해줄 수 있는 범위를 명확히 정해주고, 그 이상은 본인이 해결하도록 가르친다.

아이가 어떤 문제에 부딪혔을 때 아이 스스로 해결하도록 유도하면, 아이는 책임감과 자신감을 갖고 그 일을 처리하게 된다. 부모는 아이가 도와달라고 할 때만 도와준다. 이 경우 아이는 자신의 능력을 극대화하게 된다. 아울러 부모와의 관계도 좋아진다.

반대로 부모가 일일이 개입해서 잔소리하고 지시하면, 자녀와 갈등을 불러일으키게 된다. 자녀는 부모의 눈치를 보게 되고, 부모는 자녀를 불신함으로써, 부모자식 간의 관계가 나빠진다.

3

자신감을 키워주기

자신감이란?

- 어떤 일을 할 수 있다는 확신

- 시간과 노력을 들이면 잘할 수 있다는 생각

- 자신의 성취능력이나 문제 해결 능력, 독립적으로 생각하는 능력에 대한 믿음

: 자신감의 중요성

- 성공에 있어서 가장 중요한 요소는 자신감이다.

- 자신감이 있으면 안 될 일도 되게 한다.

- 부모의 양육 방식에 의해 자신감이 커지거나 작아진다.

- 자신감이 없으면 어떤 일도 성취할 수 없다.

- 행복하고, 만족스럽게 사는 데 자신감은 중요한 역할을 한다.

IQ와 자신감의 관계 비교 연구(영국 런던대학 로버트 플로인 교수)

7~10세 아이들 37,000명 대상으로 A, B 두 그룹으로 나눠 비교 연구

- A그룹: IQ가 높고 자신감이 낮은 아이들
- B그룹: IQ가 낮고 자신감이 높은 아이들

두 그룹 가운데 B그룹 아이들이 학업성적이 더 좋았다.

: 자신감이 부족할 때

- 새로운 일에 도전하지 못한다.

- 자기표현을 잘하지 못한다.

- 무슨 일을 할 때 자신을 먼저 의심한다.

- 매사에 수동적이다.

- 제 실력을 발휘하지 못한다.

- 부정적인 기억을 잘한다.

- 비관적인 자아상을 갖는다.

- 대인관계를 원만하게 하지 못한다.

: 자신감이 있는 아이

- 정서적으로 안정되어 있다.

- 적극적이고 능동적인 태도를 보여 준다.

- 호기심이 많다.

- 독립심이 발달한다.

- 모든 일에 긍정적이다.

- 집중력과 끈기가 있다.

: 자신감을 키우기 위한 전제 조건

- 자기에 대한 자존감이 있어야 한다.

- 내가 하는 일에 자부심이 있어야 한다.

: 자신감이 민감하게 형성, 변화되는 시기(만 6~12세)

- 부모, 선생님, 친구들과의 관계에서 자신감이 형성된다.

- 이 시기에 칭찬과 격려를 끊임없이 해주어야 한다.

- 단점을 지적하기보다는 장점을 찾아 칭찬해줘야 한다.

- 다른 사람과 관계를 맺기 시작한 때부터 자신감이 떨어진다.

- 자신감이 생기거나 떨어지는 것은 대부분 어린 시절 초반에 몇 년 동안 학습된다.

- 초등학교 시기에는 부모님, 선생님, 친구들 관계 속에서 이루어진다.

: 자신감을 키워주기

- 부모가 인내심을 갖는다.

- 아이와 대화를 통해 아이가 이해받고 있다고 생각해야 한다.

- 아이의 감정을 수용해주고 그대로 읽어준다.

- 아이가 부모의 따뜻한 사랑을 받고 있다고 느끼게 해야 한다.

- 자기 의사를 당당하게 말하도록 유도한다.

- 반드시 긍정적인 어휘를 사용한다.

- 절대 아이에게 "안 돼"라는 말을 사용하지 않는다.

- 아이를 체벌하거나 야단치지 않는다.

- 아이에게 화를 내지 않는다.

- 나를 당당하게 소개한다.

- 조그만 결정도 아이가 직접 하도록 기다려준다.

- 집안일을 시킨다.

- 큰일을 맡아서 해본다.

- 단점을 있는 그대로 인정한다.

- 먼저 하겠다고 이야기한다.

- 아빠와의 대화가 자신감을 키워준다.

- 잘하는 분야를 성장시켜준다.

- 구체적으로 칭찬을 많이 해준다.

- 다양한 경험을 갖게 한다.

- 작은 성취를 맛보게 한다.

- 아이를 믿어준다.

- 자녀의 능력에 맞는 기대를 해준다.

- 실수나 실패 시 격려해준다.

- 자녀와 관계를 돈독하게 힘쓴다.

- 자녀를 어른처럼 존중하고 가끔 조언을 구한다.

- 자신감에 넘치는 사람들과 함께 있으면 자신감을 키울 수 있다.

- 자기 자신을 잘 알도록 하기 위해 일기를 쓰도록 유도한다.

: 자신감을 주는 말

- "난 너를 믿는다."

- "너는 잘할 거야!"

- "너는 할 수 있어!"

- "어려운 일인데 최선을 다했구나!"

- "넌 뭐든지 잘하는구나!"

- "대단하구나!"

: 자신감을 상실시키는 부모의 행동

- 공부만 강요

- 남과 비교, 꾸지람, 잔소리하기

- 사소한 잘못에 대해 수시로 훈계하고 질책하기

- 아이가 모든 것을 잘해주기를 바람

- 부모의 과도한 욕심

- 재능 무시

- 조기에 무리한 선행 학습

: 자신감을 상실시키는 말

- "참 너는 한심하구나!"

- "너는 왜 그것 밖에 못 하니?"

- "너 때문에 못 살겠다!"

- "공부 좀 해라."

자아 효능감

자아 효능감은 내가 정한 목표를 잘 해낼 수 있다는 믿음을 의미한다.

: 자아 효능감 키우기

- 성공의 경험을 하게 한다.

- 칭찬과 격려를 해준다.

- 주변에 자신의 목표를 알린다.

: 당당한 아이로 키우는 방법

- 어른을 무서워하지 않게 권위주의적으로 키우지 않고 대화, 경청, 사랑으로 키운다.

- 잔소리 대신 행동으로 솔선수범해서 가르친다.

- 단점을 지적하는 대신 장점을 키워준다.

- 소소한 잘못은 알아도 못 본 척 넘어가는 것이 부모의 올바른 자세이다.

- 아이와 남자는 기가 죽으면 끝이다.

4

도전하는 아이로 키워주기

우주의 나이가 138억 년이다. 우주는 끊임없이 변화하고 있다.

지구의 나이는 46억 년이다. 지구가 탄생한 이후 숱한 변화를 거쳐 왔다.

세상의 모든 것은 끊임없이 변화하고 있다. 인간도 끊임없이 변화하고 있다. 이 세상에 안정적인 것은 아무것도 없다.

"앞으로 20년 이내에 현재의 직업의 47%가 없어진다."

– 사이먼 스트링거(옥스퍼드 대학교수)

끊임없이 변화하는 세상에 젊은이들은 항상 새로운 것에 도전해야만 미래가 있다. 도전하는 삶이 참된 인생을 가져다준다. 새로운 변화에 도전하는 자만이 살아남는다.

끊임없이 변화하는 세상

비디오 가게 → DVD 가게

필름카메라 → 디지털 카메라

구멍가게 → 편의점

동네 떡볶이집 → 프랜차이즈 떡볶이집

동네 빵집 → 유명 프랜차이즈 빵집

소니전자의 쇠퇴, 노키아, 코닥 필름의 몰락

변화에 대한 도전의 필요성

- 변화하지 않으면 뒤처지게 되어 있다.
- 변화에 적응하는 아이로 키워야 한다.

젊은이들이 도전하는 것을 두려워하는 이유

- 계속 안정적인 것만 추구하려고 한다.
- 실패를 두려워하기 때문이다.
- 안전이 목적이 아니라 도전이 목적으로 키워야 한다. 아이를 모험심과 야망으로 가득 찬 도전적인 아이로 키워야 한다.

실패를 두려워하지 말고 도전하라

- 성공을 원한다면 실패를 두려워하지 말아야 한다.
- 몇 번이고 실패하는 것을 배우도록 해야 한다.
- 실패를 두려워하면 성공도 없다.
- 실패는 나의 자산이다.
- 실패는 교육이다.
- 실패는 사람을 강하게 만든다.

"홈런을 치고 싶다면 삼진당하는 것을 두려워하지 말라."

- 베이브 루스(미국 야구선수)

"뛰어난 사람이 뛰어난 이유는 실패를 통해 현명해졌기 때문이다."

- 윌리엄 샤로얀(미국 작가)

"남과 다른 방향으로 자신을 이끌 때 인간다운 삶을 살 수 있습니다."

- 에반 스피겔(스냅챗 창업자)

"여러분은 해냈습니다. 실패하는 것을 두려워하지 마세요, 마음을 열고 새로운 경험, 아이디어를 받아들이세요."
- 로버트 드니로(미국 영화배우)

"삶의 실패자들은 그들이 포기했을 때, 성공에 얼마나 가까웠는지 모르는 사람이다."
- 에디슨

- 성공이 거듭되면 → 안주 → 변화에 소홀 → 세상을 변화시키지 못함
  (끊임없이 변화를 시도해야 한다)
- 인생에서 성공하고 싶다면 실패를 각오해야 한다.
- 실패했다고 해서 실패는 아니다.
- 포기했을 때가 실패다.
- 실패는 성공의 견인차다.
- 살아있는 한 인간에게 실패는 존재하지 않는다.

도전 자체를 즐기도록 하라

- 외적 동기보다는 내적 동기에 중점을 두어라.
- 남과 비교하지 말고 나 자신의 향상에 중점을 두어라.
- 실패는 성공에 이르는 중간 과정으로 생각하라.
- 실패를 통해서 배운다고 생각하라.
- 실패는 나쁜 것이라는 생각을 버려라.
- 실패는 인생의 벗이다.
- 경쟁보다는 그 일 자체를 즐겨라.
- 실패는 성공의 어머니다.

도전하는 아이로 키워야 하는 이유

- 모험적인 아이로 키워라.

- 안정 추구는 미래가 보장되나 허무함, 인생무상을 느끼게 된다.

- 영원한 안정은 없다.

- 그 대신 내적 안정을 취해라.

- 자진해서 위험에 당당하게 맞서도록 가르쳐라

"돈은 당신에게 결코 안정을 주지 못한다. 참된 안정은 '지식, 경험, 능력의 축적'
이다."
- 헨리 포드

"누구에게나 시련은 온다. 결코 낙담하거나 포기하지 말고 꾸준히 도전하라." "어
떠한 상황이라도 자신의 상황을 부정적으로 보지 말라."
- 데니스 노블(옥스퍼드 대학교수)

내적 안정

- 물질이 아닌 자신의 내면에서 안정을 찾는다.

- 의지할 사람은 자기뿐이라는 것을 인식한다.

- 문제 해결 방법 역시 자기뿐이라는 것을 인식한다.

- 모든 문제는 스스로 처리하고 또한 처리할 수 있다는 자신감을 갖는다.

- 자기 신뢰가 바로 내적 안정의 핵심이다.

도전하는 아이로 키워주기

- 변화를 두려워하지 말고 위험을 무릅쓰도록 가르친다.

- 남의 말에 영향받지 말도록 가르친다.

- 아이를 신뢰하고 격려한다.

- "너는 틀림없이 해낼 수 있어. 도전해봐"라고 말해준다.
- 미래에 일어날 일을 독창적으로 상상하도록 유도한다.
- 적극적인 상상력을 유도한다.
- 변화 결과를 미리 상상하고 이를 말로 표현한다.
- 완벽주의자가 되지 않도록 한다.
- '왜'라고 묻도록 유도한다.
- 온순하게 복종하는 아이는 바람직하지 않다.

이 세상에 모든 사람이 평등하기 때문에 윗사람이라고 해서 어려워할 필요가 없다. 또한 나보다 못한 사람이라고 해서 무시해서도 안 된다. 칭찬과 존경을 받고 자란 아이는 자신을 긍정적으로 생각하고, 실패를 두려워하지 않고, 쉽게 포기하지 않는다.

도전 정신을 망치는 행위

- 무엇이든지 부모의 허락을 받도록 요구하기
- 끊임없이 인생은 위험하다고 가르치기
- 부모가 대신 해주기
- 아이에게 공포감 주기
- 다른 사람처럼 하라고 강요하기
- "네 생각은 틀렸어! 엄마가 시키는 대로 해" "너는 여자라서 안 돼" "왜 힘들게 고생하려고 하니?" "그건 아직 너한테는 힘들어! 안 돼!"라고 말하기
- 위험한 행동, 모험 금지하기
- 부모가 무조건 옳다고 강요하기

- 부자가 되라고 강요하기

- 실패를 나쁜 것이라고 말하기

부모가 하지 말아야 할 사항

- 다른 사람 앞에서 아이를 혼내지 않도록 한다.

- 다른 사람 앞에서 가급적 아이의 실수를 지적하지 않는다.

- '변화는 피하고 익숙한 것만 하라'고 가르치지 않는다.

- 아이를 자신의 분신으로 생각하고, 무조건 부모의 지시에 따르도록 하지 않는다.

- 부모의 말이 무조건 옳다고 가르치지 않는다.

- 실패할 가능성이 있는 것을 '하지 말라'고 가르치지 않는다.

- '모험은 피하고 편하게 살라'고 가르치지 않는다.

- 실수에 대해 야단치지 않는다.

5 칭찬하는 법

칭찬의 개요 및 정의

- 칭찬은 에너지를 샘솟게 하는 근원이다.

- 아이를 훌륭하게 키우는 방법은 사랑, 관심, 스킨십, 칭찬이다.

- 칭찬은 반드시 부모가 자녀에게 해야 한다(부모의 의무사항).

- 동기를 자극하는 언어적 보상이다.

유명 인사의 칭찬법

- 손정의 아버지 "넌 일본에서 최고다! 반드시 훌륭한 인물이 될 거야!"

- 케 블랜차드 "칭찬은 고래도 춤추게 한다."

- 잭 웰치 어머니 "말을 더듬는 것은 생각의 속도가 빨라서다."

- 존 듀이 "인간이 가진 본성 중 가장 깊은 자극은 '중요한 사람'이라고 느끼고 싶은 것이 가장 중요한 자극이다."

- 아인슈타인의 선생님이 성적표에 "이 아이는 미래가 없다!"라고 적자, 아이슈타인의 엄마는 "너는 남과 다르기 때문에 성공할 것이다"라고 격려하였다.

칭찬의 중요성

- 아이들은 칭찬을 먹고 자란다.

- 아이들은 부모의 칭찬으로부터 위안과 만족감을 얻는다.

- 칭찬을 통해 아이가 올바르게 자란다.

- 자신감의 원천이다.

- 하고자 하는 의욕과 성취동기를 불러일으킨다.

- 어떤 일이 옳은지 그른지를 판단하게 한다.

- 초등학교 때까지는 가급적 칭찬을 많이 해줘야 한다.

칭찬의 효과

- 자기 효능감을 키운다.

- 어려운 상황에서도 최선을 다한다.

- 자기주도적인 아이가 된다(실패를 두려워하지 않음).

- 자존감을 키운다.

- 자기 통제력을 키운다.

- 대인관계를 좋게 한다.

- 칭찬은 사람을 변화시킨다.

: 용어 해설

- 자기 효능감: 어떤 특정 분야에서 잘할 수 있다고 하는 긍정적 확신

- 자신감: 전반적인 자기 자신에 대한 긍정적 확신

- 로젠탈 효과: 로젠탈이라는 사람이 초등학생을 대상으로 지능 검사를 하였다. 이 중 20%를 무작위로 뽑아 성적 우수자로 통보했는데 8개월 뒤에 다른 학생들보다 우수한 성적을 나타냈다(타인의 기대나 관심으로 인해 능률이 오르거나 결과가 좋아지는 현상).

- 피그말리온 효과: 그리스의 조각가로 자신이 조각한 여인의 아름다움

에 반해 비너스 여신에게 사람으로 만들어 달라고 강력하게 부탁하
였다. 그의 강력한 바람은 실현되었다(자기 충족적 예언의 효과, 자성적 예언).

- 플라시보 효과(placebo effect, 위약효과): 가짜 약을 주었음에도 환자의
  긍정적인 믿음으로 병세가 호전되는 것을 말한다.
- 노시보 효과(nocebo effect): 진짜 약을 줘도 환자가 이를 믿지 않으면
  효과가 나타나지 않는 현상을 말한다.
- 스티그마 효과(stigma effect, 낙인효과): 바보, 천치라고 말하면 자신을 그
  렇게 생각하는 것을 말한다.

칭찬하는 요령

- 칭찬을 아끼지 말라.
- 사소한 것부터 칭찬해라.
- 해야 할 것을 했을 때 칭찬해라.
- 하지 말아야 할 것을 안 했을 때도 칭찬해라.
- 충동을 조절하고, 절제력을 보여주었을 때 칭찬해라.
- 칭찬 거리를 만들어서 칭찬해라.
- 부모의 지시를 이행하기 위해 행동을 시작했을 때 칭찬해라.
- 부모의 지시를 완료한 후에도 칭찬해라.
- 실패, 단점도 칭찬해라.
- 사회적 능력을 칭찬해라.
- 상상력을 칭찬하라
- 유머를 칭찬해라.
- 창의적인 것을 칭찬해라.
- 칭찬은 즉시 하라.

- 자신이 주도적으로 했을 때 칭찬해라.

- 자기 주관대로 했을 때 칭찬해라.

- 말보다는 행동이나 표정으로 칭찬해줘라.

칭찬 시 주의할 점

- 남과 비교하는 칭찬은 피하라.

- 기대나 부담을 주는 칭찬은 하지 말라.

- 형식적인 칭찬을 피하라.

- 구체적으로 칭찬하라.

- 노력을 칭찬하라(과정 칭찬).

- 지나치고 과장된 칭찬은 피하라.

- 나이에 맞게 칭찬을 잘 조절하라.

- 타고난 자질의 칭찬은 하지 말라.

- 내적 동기를 말살하지 말아야 한다.

- 부모 중심의 칭찬은 피하라.

- 진심에서 우러난 마음으로 칭찬하라.

칭찬의 두 가지 종류

- 평가 목표: 결과에 대한 칭찬, 재능에 대한 칭찬

- 학습 목표: 과정에 대한 칭찬, 보람과 성취감을 유도

보상의 종류

- 물질적 보상: 물질적으로 보상하는 것(선물주기)

- 심리적 보상: 포옹, 스킨십, 같이 놀아주기
  ※ 물질적 보상보다 심리적 보상이 바람직하다.

해서는 안 될 칭찬

- "훌륭하다. 대단하구나!"

- "머리가 좋구나. 똑똑하구나!"

- "네가 잘하니, 엄마가 기분이 좋다!"

- "앞으로 더 잘하도록 노력해라!"

- "너는 꼭 합격해야 한다!"

- "너는 반드시 1등 해야 한다!"

- "100점 맞으니 기분이 좋구나!"

연령별 칭찬 방법

- 2~3세: 몸 전체를 끌어안고 칭찬, 사소한 일 칭찬

- 4~5세: 2~3세 때보다 더 힘든 일을 했을 때 칭찬

- 초등생: 아이의 지적 수준에 맞게 칭찬을 한다.

- 중고등학생: 칭찬을 신중하게 하고 남발하지 않는다.

아들러의 칭찬에 대한 조언

- 평가하는 말: "착하다, 최고네."

- 아이의 의욕을 키워주는 말: "고마워, 엄마가 한 짐 덜었네."(인격보다 행동을 칭찬할 것)

- 의욕 저하시키는 말: "아직 한 장 밖에 못했니? 더 열심히 해야지."

- 의욕을 북돋워 주는 말: "열심히 했구나, 벌써 한 장이나 했네!"
- 아이의 감정을 부정하는 말: "왜 울고 있니? 왜 달라고 말을 못해?"
- 의욕을 북돋는 말: "장난감을 다시 돌려받고 싶구나. 말을 잘 못 하겠지. 어떻게 하면 잘할 수 있을까?"

칭찬 매직 워드

- "바로 그거야!"
- "함께 해보자!"
- "넌 할 수 있어!"
- "들어줄게."
- "너는 나의 비타민이야!"
- "무엇 때문일까?"
- "너는 특별하단다!"
- "대단하구나!"

(서울시 강동교육지원청의 '마음을 움직이는 힘'에서)

칭찬의 구체적인 방법

아이들은 칭찬해주면 더 잘하려고 한다. 따라서 단점을 지적하기보다는 장점을 찾아 칭찬한다. 아이에게 칭찬해주기 위해 일부러 간단한 심부름을 시키는 것도 좋은 방법이다. 칭찬을 해주면 아이가 긍정적인 마음이 생긴다. 칭찬하는 요령은 긍정적이고 희망적인 내용으로, 눈은 아이를 응시하면서, 웃는 얼굴로 말한다. 아이는 부모의 칭찬을 통해서 힘을 얻게 되고, 실패를 해도 다시 일어날 수 있는 용기를 갖게 된다.

칭찬의 부정적인 결과

지나치게 칭찬하면 나중에 칭찬이 없으면 움직이지 않는 아이가 된다. 사소한 일도 칭찬이 있어야 움직이며, 당연히 해야 할 일도 칭찬이나 보상이 있어야 하는 부작용을 가져온다. 또한 지나친 칭찬은 자만에 빠질 우려가 있고, 이기주의자가 되거나 남의 평가를 의식해 쉽게 좌절하게 된다.

결론

평생 칭찬을 받아보지 못한 사람은 남을 칭찬하지 못한다. 사랑을 받아본 적이 없는 사람은 늘 사랑을 의심한다. 배려와 용서를 받아보지 못한 사람은 남에게 분노한다. 인생은 과거의 경험들이 축적된 결과이다.

6

훈육법

- 훈육: 도덕이나 품성 따위를 가르쳐 기름(절제력, 인내심 키움)
- 화: 감정이 움직이는 대로 자신의 분한 마음을 상대에게 발산하는 일
- 꾸지람: 상대를 위하는 마음에서 그 사람의 잘못을 깨우쳐주는 일
- 권위: 어떤 영역에서 뛰어나다고 인정받아 남을 따르게 하는 힘
- 잔소리: 필요 이상으로 듣기 싫게 꾸짖거나 참견함

칭찬 못지않게 훈육도 중요하다. 잘못을 저질렀을 때 아이의 눈치를 보지 말고 엄격히 꾸짖어야 한다. 부모는 잘못된 점에 대해 벌을 줄 수 있다는 점을 아이들이 받아들이도록 해야 한다. 부모는 아이에게 권위가 있음을 알려야 한다.

훈육해야 하는 경우

- 사회적 규범을 어기는 말과 행동
- 다른 사람에게 위해를 가하거나 다른 사람을 다치게 하는 행동
- 아이가 다칠 수 있는 위험한 행동
- 부모와 아이 사이에 정한 규칙을 아이가 위반한 경우

훈육의 효과

- 자기 조절과 통제가 어려운 아이에게 훈육을 통해 규칙과 질서를 배우게 된다.
- 부모의 엄격한 훈육을 통해서만이 아이를 올바르게 키울 수 있다.
- 통제력과 자제력을 길러준다.

혼내야 할 때 혼내지 않으면 문제 발생

혼내야 할 때 혼내지 않으면 잘못을 고칠 수가 없다. 그러므로 꾸짖어야 할 때는 확실하게 꾸짖어야 아이가 바르게 자랄 수 있다.

훈육 원칙

8번 칭찬하고 2번 꾸지람한다. 여유를 갖고 아이의 목소리에 귀를 기울이며 훈육한다. 부모가 흥분하고, 호통치고, 소리를 지르고, 체벌해서는 안 된다. 아이가 이해할 수 있도록 방법을 찾아야 한다. 훈육하기에 앞서 자녀와 좋은 관계를 유지해야만 한다.

초등학교 시기까지는 가급적 칭찬을 많이 해서 아이를 올바른 방향으로 이끌어준다. 중학교 시기부터는 규칙을 정해 이를 지키도록 한다. 한번 정한 규칙은 철저히 지키도록 유도하고 아이가 이를 위반한 경우 사전에 정한 벌을 받도록 한다. 이 경우 반드시 일관성을 지키는 것이 매우 중요하다. 한번 금지하기로 원칙을 정한 것은 절대 허용해서는 안 된다.

훈육 시 주의 사항

- 훈육은 또 다른 사랑의 방법이기 때문에 화를 내서는 안 된다.

- 어떤 잘못을 했다 하더라도 아이의 인격을 무시해서는 안 된다.

- 훈육 시 부모는 감정을 철저히 배제하고, 주의를 주거나 제지를 해야 한다.

- 훈육을 아이가 좋은 것으로 받아들이도록 해야 한다.

- 훈육을 통해 아이가 부모의 사랑을 느끼도록 해야 한다.

훈육 시 감정을 표출하는 부모 분석

- 자녀의 잘못을 핑계로 평소 감정을 폭발시킨다.

- 아이에게 화났는지, 자신에게 화났는지 분간하지 못한다.

- 휴식 부족, 피로감 누적으로 인한 감정을 분출한다.

- 자녀 교육에 대한 자신감 부족에서 기인한다.

- 우울증으로 인한 마음의 고통에서 기인한다.

- 아이에게 솔직한 감정을 피력하지 못하는 데서 기인한다.

- 자신의 어린 시절의 상처나 트라우마(trauma)와 연관이 있다.

- 부부간의 불화, 각종 스트레스가 원인이다.

- 자녀가 남에게 뒤떨어질까 하는 불안감에서 기인한다.

- 자녀를 양육하는데 마음의 여유가 전혀 없어, 사소한 잘못에도 민감하게 반응한다.

  ※ 원인은 결국 부모 자신에게 있다.

  ※ 트라우마(trauma): 정신적 외상으로 영구적인 정신장애를 말함

훈육 시 부모의 감정 표출로 인한 영향

- 아이는 두려움을 느낀다.

- 항상 아이는 실수할까 봐 불안에 떤다.

- 자신감을 상실한다.

- 아이는 불안, 우울 증세로 중요한 시기에 능력을 발휘하지 못한다.

- 대인관계에 문제가 발생한다.

- 거식증, 폭식증의 증세를 보인다.

- 아이는 이상성격자가 되어 버린다.

- 나중에 부모에게 강력하게 도전하며 반항하게 된다.

- 나중에 부모의 말을 한쪽 귀로 흘려듣고 무시하게 된다.

- 부모와 자녀와의 관계는 점점 멀어지게 된다.

- 동생을 못살게 괴롭힌다.

- 아이가 학교에 가서 만만한 아이에게 폭력을 행사한다.

- 아이가 우울증에 걸린다.

부모의 감정 표출 조절 방법

- 왜 화가 나는지를 분석해본다.

- 화가 났을 때는 잠시 냉각의 시간을 가지면서 화를 식힌다.

- 감정일기를 써본다.

- 아이의 문제를 객관적으로 본다.

- 아이의 욕구가 무엇인지 파악한다.

- 엄마 자신의 욕구가 무엇인지 파악한다.

- 엄마가 자존감에 문제가 있지 않은지 살펴본다.

- 마음의 여유를 갖고 자신감을 유지한다.

- 아이의 특성을 이해하고, 감정을 배제하고, 하나하나 바로 잡아주는
  데 의의를 둔다.

- 부모가 아이에게 원하는 핵심 내용을 부드럽게 말해준다.

아이의 특정한 행동에 민감한 반응을 보일 경우, 엄마가 성장 과정에 있었던 어떤 사건과 관련될 수 있다. 엄마는 자신이 자랄 때 어떤 트라우마가 있었는지 살펴볼 필요가 있다. 보통 자신의 스트레스를 자녀에게 푸는 경우가 많다. 직장, 일, 배우자 등에게서 스트레스가 발생할 수 있다.

또한 자녀에 대한 기대와 욕심에서 오기도 한다. 자녀에 대한 많은 기대와 욕심이 어디서 오는지를 생각해본다. 자녀에 대한 실망감으로 자녀를 과도하게 혼내거나 감정을 표출하게 된다. 엄마로부터 지나치게 야단을 맞은 아이는 엄마로부터 받은 스트레스를 다른 곳으로 배출하게 되며, 주로 자신보다 약한 친구를 괴롭힌다.

부모의 감정적 훈육 방법은 자녀의 문제를 궁극적으로 해결할 수 없다. 오히려 자녀에게 독이 된다. 솔직함과 자신감을 바탕으로 한 양육방식이 자녀와 공감대를 이룰 수 있다.

결론

부모는 여유를 가지고 자녀를 훈육해야 한다. 사소한 것은 너그럽게 넘어간다. 화가 날 때는 자신을 잘 관찰하고, 자신이 왜 화가 났는지를 잘 분석해야 한다. 화가 날 때는 자신의 어린 시절과 연관이 있지 않은지를 잘 성찰해본다. 훈육할 때 늘 객관성을 갖고 감정적으로 되지 않도록 해야 한다.

감정을 억제하지 못할 경우, 잠시 감정을 추스르고 난 후, 침착하고 낮은 목소리로 말을 해야 한다. 큰소리를 지르고, 화를 내는 방법으로는 아이의 잘못을 제대로 바로잡을 수 없다. 부모는 솔직하게 자신의 감정을 표현하고, 훈육하는데 자신감을 갖도록 노력해야 한다.

부모의 훈육 유형

: 폭발형

• 소리 지르고 화냄, 공포 분위기 조성, 아이의 기를 죽인다.

• 아이도 공격형이 되거나 위축된 아이로 성장한다.

: 침묵형

• 화가 났을 때 "괜찮아"라고 말하고 침묵한다.

• 분노가 내부에 쌓여 나중에 두통, 위장 질환, 가슴이 두근거리는 증세를 초래한다.

• 아이는 화난 것을 알고 눈치만 본다.

• 잘못을 설명해주지 않아 아이가 판단의 기준을 세우지 못한다.

• 아이도 커서 감정표현을 하지 못하고, 무능하고 우유부단한 사람이 된다.

: 무표정형

• 일체 대꾸가 없음, 내부에 분노가 쌓인다.

• 나중에 분노 폭발, 불같이 화를 표출한다.

• 아이는 부모가 말을 안 하기 때문에 무엇이 잘못되었는지 알지 못한다.

• 나중에 부모가 화내면 억울하다고 생각하며, 엄마에게 분노감이 생긴다.

: 히스테리형

• 엄마는 아이의 잘못을 본 순간 아이를 끌어안고 울어버린다.

• 평소 엄마는 잘잘못을 가리는데 미숙하다.

- 어린애 같은 모습을 보이게 된다.

- 아이도 자라서 엄마같이 미숙한 모습을 보이게 된다.

: 비교형

- 부모와 비교하면서 아이의 기를 죽인다.

- 아이는 정체성을 확립하지 못한다.

- 열등감을 느끼고 매사에 수동적으로 된다.

- 비행을 저지르고 학습능력이 저하된다.

꾸지람하는 법

- 우유부단해선 안 된다.

- 먼저 그 이유를 들어본다.

- 아이가 잘못 행동하게 된 이유에 충분히 공감해준다.

- 잘못된 행동을 명확히 지적하고, 향후 행동 요령을 말해준다.

- 잘못할 때마다 지속적으로 이야기한다.

- 과거의 잘못된 것까지 꾸짖지 않는다.

- 3세부터 일관성을 유지한다.

- 아이의 존재를 무시하거나 인격을 무시해서는 안 된다.

- 화내지 않고 구체적으로 그 자리에서 한다.

- 너무 관대하거나 너무 엄격하게 하지 않는다.

- 남이 보는 데서 꾸짖지 않는다.

- 아이와 함께 벌을 정한다.

- 예외를 절대 인정하지 않는다.

- 가능한 부드럽게 이야기한다.

- 꾸지람은 가능한 자주 하지 않도록 한다.
- 아이가 상처를 받은 경우 이를 빨리 회복시켜준다.
- 부부간의 의견이 일치되어야 한다.

Time out 활용

3세에서 6세까지 자녀의 분노, 발작, 싸움, 말다툼, 칭얼거림 등 나쁜 행동을 교정할 때 사용한다.

지시하는 법

- 지시는 반드시 가까이에서 한다.
- 지시는 두 번이면 족하다.

잔소리

말을 반복해서 하거나, 장황하게 하면 그것이 잔소리가 된다. 사랑의 반대가 잔소리다. 그러므로 부모는 잔소리가 되지 않도록 사전에 숙고해야 한다. 그리고 짧게 단 한 마디로 끝내도록 노력해야 한다. 잔소리는 하면 할수록 효과가 떨어지고, 아이는 엇나간다. 나중에 아이에게 내성이 생겨 잔소리하면 한쪽 귀로 흘려듣게 된다. 부모는 아이에게 잔소리를 하지 말아야 한다. 대신에 잔소리가 아닌 대화로 여기게 해야 한다.

잔소리가 아닌 대화하는 법

- '너 화법' 대신 '나 화법'을 사용한다.
- 질책 대신 있는 사실을 말한다.

- 잔소리 대신 정보를 알려준다.
- 잔소리는 짧게 한 번만 한다.
- 벌을 주고 잔소리는 하지 않는다.
- 선택하도록 한다.
- 감정을 싣지 않는다.
- 말에 고저강약을 넣어 말을 한다.
- 목소리를 낮춘다.
- 말의 속도를 늦춘다.
- 아이가 사랑을 느끼도록 한다.
- 말과 표정을 일치시킨다.
- 잔소리하지 않기 위해 규칙을 정한다.
- 규칙을 위반할 경우 처벌 규정도 같이 정한다.

참고사항

- 나쁜 행동은 그 즉시 눈치 보지 말고 바로 잡아야 한다.
- 부모에게 잘못된 행동이나 말투는 즉시 바로잡는다.
- 사소한 잘못은 무시하고 넘어간다.
- 3~4세 이전에는 지적하는 것을 이해시킬 필요는 없다.
- 꾸중보다는 칭찬이 더 효과적이다.

꾸지람, 잔소리를 많이 들은 아이

- 무기력하고, 게을러지고, 모든 일에 흥미가 없어진다.
- 미래에 대해 관심이 없어진다.

- 잔소리에 내성이 생기고 적당히 흘려 넘긴다.
- 잔소리하고 꾸짖을수록 아이는 엇나간다.

꾸지람할 때 해서는 안 되는 말

- "집 나가"
- "이 바보야!"
- "창피해 죽겠다."
- "너를 믿지 못하겠다."
- "왜 그것을 못해?"
- "너 엄마한테 맞는다."

꾸지람하는 방법

- "뛰지 마" 대신에 "걷는 게 좋겠구나!"라는 말을 사용해야 한다.
- "너 못됐구나!" 대신에 "동생을 괴롭히는 건 나쁜 행동이야"라고 한다.
- "소리 지르지 마" 대신에 "좀 더 조용히 말해보렴"이라고 말한다.

훈육 시 주의할 점 (1)

- 아이가 잘못할 때, 부모가 교육할 수 있는 좋은 기회다.
- 훈육은 단시간에 교정되지 않기 때문에, 장기적으로 여유를 갖고 한다.
- 훈육은 따뜻한 분위기 속에서 이루어지도록 하여, 훈육은 좋은 것으로 인식되도록 한다.
- 체벌은 피하고, 큰 잘못을 했다 하더라도 심한 벌은 피해야 한다.

- 반드시 아이가 눈을 마주 보도록 한 후 말을 한다.
- 벌을 주기로 약속했다면, 반드시 정해진 벌을 주도록 한다.
- 벌을 줄 때도 아이의 인격을 훼손하는 말을 해서는 안 된다.
- 아이에게 야단을 친 후, 30분 이내에 아이를 안아주고 다독여 준다.

: 체벌을 해서는 안 되는 이유

체벌은 아이에게 공포심, 주눅, 불안, 반항심을 불러일으킨다. 체벌은 아이에게 깊은 마음의 상처를 준다. 부모로부터 폭력을 학습하면, 다른 아이에게 폭력을 행사한다. 자녀에 대한 체벌은 시간이 갈수록 강도가 세어진다. 체벌을 통해서는 아무것도 가르칠 수 없다는 사실을 명심해야 한다.

훈육법

- 외적 훈련법: 규칙과 한계를 정해주고 이를 지키도록 한다.
- 내적 훈련법: 자기 절제력을 길러준다.

훈육은 단시간에 이루어지지 않으므로 여유를 갖고 한다.

훈육은 통제력과 자제력을 길러주고 또 다른 사랑의 방법이다. 훈육 시 신경질이나 화를 내는 톤으로 하면 안 된다. 훈육은 나쁜 것이 아니라고 아이가 인식되어야 한다. 아이가 위험한 것을 만질 때 부드럽게 "안 돼!"라고 말하면서 주의를 주거나 행동을 제지해야 한다.

훈육을 통해 아이가 부모의 따뜻한 사랑을 느끼게 해야 한다. 아이로서는 호기심에서 한 행동이므로 이는 아이의 자연스러운 행동이다. 이것을 가지고 부모가 감정을 실어서 훈육 시 화낼 일은 아니다. 훈육 시 감정을 나타내지 않도록 주의해야 한다.

일부 부모들은 아이가 잘못된 행동을 했을 때 말로만 주의를 주고, 아이의 행동은 제지를 하지 않는다. 아이가 분명히 잘못된 행동을 했을 때 부모는 단호하게 금지를 명해야 한다. 말로만 주의를 주고 아이의 행동을 제지하지 않는다면, 이것은 아이에게 잘못된 신호를 주는 것이다.

부모는 권위를 가지고 아이의 잘못된 행위에 대해 단호하게 금지시키도록 해야 한다. 평소에 부모는 규칙을 제시하고, 이를 따르도록 아이를 훈련시켜야 한다. 규칙을 따르지 않을 경우 거기에 합당한 벌칙을 주어야 한다.

일부 부모들은 아이가 아직 어리고 귀엽다고 잘못을 대충 넘어간다. 부모는 아이가 3세부터 자신의 행등을 조절할 수 있도록 해야 한다. 아이가 잘못된 행동을 했을 때는 그 즉시 바로 잡아주어야 한다. 만약에 부모가 3세부터 일관성 있게 하지 않으면, 아이의 잘못된 행위를 바로잡기 어렵다.

부모는 아이가 올바른 습관과 태도를 지니도록 할 의무가 있다. 3세부터 아이가 잘못된 언행에 대해서는 일관성 있게 바로잡아야 한다. 이러한 교육은 초등학교 시기까지 꾸준히 일관성 있게 유지 되어야 한다. 자녀 교육은 중학교 때부터 본격적으로 시작하는 것이 아니라 3세에 본격적으로 시작해서 12세에 모든 자녀 교육을 확립해야 한다.

연령별 훈육 요령

- 0~2세: 아주 위험한 경우를 제외하고는 다 허용한다. 부모로부터 충분히 사랑을 받고 있다고 느끼도록 해준다. 충분한 사랑을 받지 못할 경우 떼를 쓰는 아이가 된다.

- 만 2~3세: 언어 능력이 발달하기 시작하므로 말로 간단하게 되는 것

과 안 되는 것을 가르쳐준다. 말로 단호하게 안 되는 것을 가르친다.

- 만 3세 이후: 사회적인 질서와 규칙을 배우고 여기에 잘 적응해야 한다. 자기조절능력을 배우는 시기이며, 잘못된 행동은 적극적인 훈육을 통해 바로 잡는다. 규칙과 통제를 통해 내적 통제 능력을 키워준다. 자기 자신을 통제하고 조절하는 능력을 길러줘야 나중에 훌륭한 사람이 될 수 있다.

훈육 시 주의할 점 (2)

- 아이에게 많은 것을 요구해선 안 된다.
- 아이가 감당할 만한 수준에서 최소한의 규칙과 규율을 정해서 지키도록 해야 한다.
- 아이에게 많은 규칙과 규율은 아이에게 정신적인 부담과 스트레스를 준다.
- 규칙과 규율은 아이에게 꼭 필요한 것만으로 최소화한다.
- 아이가 최대한 즐겁고 행복한 생활을 하는데 그 초점을 맞춰야 한다.
- 절대 훈육을 남발해서는 안 된다(남을 공격하거나, 욕을 하거나, 사회에서 금하는 행동의 경우에만 실시).

부부간의 패턴을 일치시켜라

20년 이상을 서로 다른 환경에서 살아왔기 때문에 부부간의 패턴이 다를 수밖에 없다. 이는 양육 태도에서도 나타날 수 있다. 서로 다른 패턴 갖고 살아왔기 때문에 다른 가치관, 다른 양육 태도를 갖게 된다. 부부간의 서로 다른 양육 태도를 보여줄 경우 아이는 혼란을 느끼게 되며, 올바르게 자라날 수가 없게 된다. 그러므로 부부는 양육에 대해 서로 대화를 통해서 사전에 양육의 패턴을 일치시킬 필요가 있다.

지시와 부탁

부모는 아이가 분명하게 해야 할 것을 말할 경우에는 지시해야지 부탁조로 말해서는 안 된다. 지시해야 할 경우를 부모가 부탁조로 말하면, 아이는 해도 되고 안 해도 되는 것으로 인식하게 된다.

지시 요령

아이들에게 지시할 경우에는 구체적으로 지시해야 한다. 두리뭉실하게 지시하면, 아이는 명확히 무엇을 해야 할지를 모른다. "방 좀 치워라"라고 말하기보다는 "장난감을 모두 제자리에 갖다 놓아라, 그리고 책은 원래 있던 책장에 갖다 놓아라"라고 말하는 것이 훨씬 좋다.

거짓말에 대한 훈육

- 만 3세 이후: 처음 거짓말을 하기 시작한다. 현실과 소망을 구분하기 힘들다. 거짓말에 더해 크게 야단치지 않는다.
- 만 4세: 의도적이나 악의적인 거짓말을 시도한다. 엄마가 거짓말을 알고 있다는 것을 인식시키는 정도에서 끝낸다.
- 만 6세: 옳고 그름을 판단할 줄 아는 나이가 된다. 따끔하게 야단친다. 그러나 과도하게 야단쳐서는 안 된다. 체벌도 해서는 안 된다.

거짓말에 대한 대처법

- 어린이가 거짓말을 하는 것은 자연스러운 현상이다.

- 흥분하지 말고 침착하게 대처한다.
- 거짓말했다고 무조건 화를 내는 것은 바람직하지 않다.
- 의도적이고 반복적인 경우를 제외하고는 너무 심각하게 생각하지 않는다.
- "거짓말쟁이야"라는 말은 해서는 안 된다.
- 과도하게 야단치지 말자.
- 일관된 태도가 중요하다.
- 아이가 왜 거짓말을 하는지 그 동기를 먼저 파악한다.
- 아이에게 거짓말을 하지 않아도 된다는 것을 말해준다.
- 평소에 추궁이나 협박을 하지 않도록 한다.

7

재능을 키워주기

자신의 재능을 꽃피운 사람들

폴 포츠는 영국의 핸드폰 영업사원에서 오페라 가수로 성공했다. 이 밖에도 축구선수 박지성, 김연아(피겨의 여왕), 수영선수 박태환, 조수미 성악가, 임권택 영화감독, 이효리 가수, 유재석 MC, 강수진 발레리나, 손연재(체조 요정), 백종원 요리 연구가 등이 대표적인 예다. 부모가 해야 할 중요한 역할 중의 하나는 자녀의 재능과 소질을 계발해주는 것이다.

공부 잘해서 대기업 들어가서 사는 것이 좋은가?

: 아이를 모두 승리자로 키우는 법

사람에게는 수백 가지 더 나아가 수만 가지의 재능이 있다. 어쩌면 사람의 숫자만큼 재능이 존재할 수 있다. 지금까지 공부만 잘하는 아이만 대접받아 왔다. 모두 다 공부를 잘할 수는 없다. 그러므로 1등을 제외한 모든 아이는 패배자가 될 수밖에 없었다. 왜 우리는 아이들을 패배자로 키우려고 하는가. 아이가 가진 재능을 살려서, 그 분야에서 1등을 되게 하자. 그러면 아이들 모두가 승리자가 될 수 있다. 엄마의 중요한 역할 중의 하나가 바로 아이의 재능을 발견해서 이를 키워주는 것이다.

- 누구나 재능을 가지고 있다.
- 모든 아이는 재능을 한두 가지씩 가지고 태어난다.

- 공부도 하나의 재능이다.

- 모든 부모가 IQ에만 매달린다.

- 인간에게는 다양한 재능이 존재한다.

- 무한한 경쟁시대에 자신이 잘하는 분야를 발견하는 것이 중요하다.

: 부모의 역할

- 평소 자신의 아이를 잘 관찰한다.

- 아이의 재능과 적성을 찾아 키워준다.

- 좋아하는 일을 하도록 한다.

- 좋아하는 일을 잘하도록 도와준다.

- 소질을 발견해서 개발해준다.

음악적 재능은 5살에, 성악 재능은 고등학교, 수학 재능은 15~16살 사이에 발견할 수 있다. 아이의 잠재적인 재능을 발견하는 데 부모는 신경을 써야 한다.

지금은 다중 재능 시대다

옛날에는 IQ(암기력, 논리력, 수학 지능)만을 우대했다. 때문에 IQ 낮은 학생은 기를 펴지 못하였다. 누구나 눈부신 재능은 하나씩 다 가지고 있다. 그 재능을 키워주는 것은 부모의 역할이다. 다중 지능은 우리 모두를 행복하게 만든다.

: 다중 지능 이론(하워드 가드너[6], 하버드 심리학 교수)

① 언어 지능

말, 글로 자신을 표현하는 능력

- 직업: 시인, 기자, 소설가, 아나운서, 변호사, 영업사원, 개그맨

② 음악 지능

멜로디나 리듬으로 자기를 표현, 어떤 내용이나 느낌을 음악으로 만들어내는 능력

- 직업: 연주가, 음악가, 가수, 작곡가, 음악교사, 지휘자, 댄서

③ 논리 수학 지능

수학적인 부호를 잘 이해하고 창조하는 능력

- 직업: 수학자, 과학자, 의사, 법조인, 외환딜러, 수학교사, 과학교사, 컴퓨터 프로그래머, 증권 애널리스트

④ 공간 지능

방향을 인지하는 능력

- 직업: 건축설계사, 화가, 조각가, 사진사, 조종사, 항해사, 택시 운전사, 운동선수

⑤ 신체운동 지능

몸짓, 동작 등에 민감한 능력, 도구를 잘 활용하는 능력

- 직업: 운동선수, 무용가, 산악인, 엔지니어, 연기자, 경호원, 체육 교사

---

6 하워드 가드너(Howard Gardner)는 미국의 심리학자다. 하버드대학교 교육대학원 교육심리학과 교수로 재직 중이다. 1990년 그라베마이어상, 1981년 맥아더 펠로우십을 수상했다.

⑥ 인간 친화 지능

남을 잘 이해하고 사귀는 능력, 인간관계 형성 유지

– 직업: 변호사, 정신과 의사, 세일즈맨, 카운슬러, 경호원, 연기자

⑦ 자기 성찰 지능

스스로 성찰하고 단련하는 능력, 자기 이해가 뛰어남

– 직업: 심리학자, 철학자, 종교가, 위인들

⑧ 자연 친화 지능

동물, 식물을 잘 인식하고 공존하는 능력

– 직업: 동물학자, 식물학자, 환경론자

- 기본 지능: 인간 친화 지능, 자기 성찰 지능
- 특수 지능: 언어 지능, 음악 지능, 논리 수학 지능, 공간 지능, 신체운동 지능, 자연 친화 지능

8개 지능의 다양한 조합에 의해 사람이 지능이 결정됨

※ 기타 지능: 실존 지능(삶, 죽음, 왜 사는가 등에 관한 지능), 창조 지능, 상상 지능, 도전 지능, 문제 해결 지능, 발명 지능, 역경 극복 지능, 제작 지능 등

: 다중 지능 탐색 방법

- 부모가 자녀의 일상생활을 유심히 관찰한다.
- 박물관, 전시회 등에서 아이의 관심이 어디에 집중되는지 파악한다.
- 기타 검사를 통해 탐색한다.

: 일반인 적성 및 재능 탐색 방법

- 내면의 소리에 귀를 기울인다.
- 다른 사람이 말하는 나의 재능에 대한 이야기에 귀를 기울인다.

- 나의 재능이 무엇인가에 항상 의문을 갖는다.

- 무의식 상태에서 일어나는 반응을 살핀다.

- 지칠 줄 모르고 빠져드는 것을 놓치지 않는다.

- 세상에서 성공한 사람, 혹은 위인의 전기를 읽고 거기서 영감을 얻는다.

- 자기 계발의 기회를 많이 갖는다.

: 시기별 재능 발현

- 어릴 때 음악 재능이 나타난다.

- 이어서 미술 재능이 드러난다.

- 중학교 때 과학 재능이 나타난다.

- 고등학교 이후에는 인문, 사회과학, 정치 재능이 나타난다.

: 재능을 키워주는 방법

① 재능을 먼저 발견한다.

② 재능에 10년간 집중한다.

③ 부모는 아이의 재능을 발달하도록 지원하고 도와준다.

: 지능 계발법

- 언어 지능: 자녀에게 구연동화 해주기, 토론, 일기 쓰기, 편지 쓰기, 책 등의 내용을 다시 재구성해서 써보기, 말, 글을 자주 사용

- 음악 지능: 노래 부르기, 악기 연주, 가족 음악회, 각종 음악 관련 동아리 활동

- 논리 수학 지능: 더하기 빼기, 가전제품 설명서 이해하기, 추리 소설 읽기, 물건값 합산하기, 과학 기사 읽기

- 공간 지능: 도면, 지도, 약도 읽기, 물건 배치 계획 해보기
- 신체 운동 지능: 기구 작동 능력 기르기, 물건 해제 조립, 평소 각종 맨손 체조, 스트레칭 동작하기
- 인간 친화 지능: 다른 사람의 말을 끝까지 잘 들어주기, 친구 사귀기, 협업, 공감능력, 타인 감정 인식 기르기
- 자기 성찰 지능: 사색, 일기 쓰기, 미래 계획서 작성, 하루 일과를 반성하는 시간을 갖기
- 자연 친화 지능: 자연 관찰 및 체험, 야외 캠핑 참가, 자연사 박물관 관람, 등산 등 야외 활동에 적극 참여하기

모든 것을 잘하는 사람도 없고, 모든 것을 다 못하는 사람도 없다. 누구나 한 가지는 남보다 잘하는 재능을 가지고 있기 마련이다. 부모는 아이가 잘하는 재능을 찾아서 키워주어야 한다.

아이가 잘하는 것을 찾아서 그 분야에서 최고가 되게 하면, 아이는 인생을 행복하게 살아갈 수 있다.

공부도 하나의 재능이다. 그러므로 공부에 적성이 맞지 않는다면, 다른 방향으로 아이의 진로를 잡아주는 것도 매우 현명한 일이다. 모든 아이가 공부를 잘할 수는 없다. 사회생활에 지장이 없을 정도의 공부만 하면 된다. 중요한 것은 아이의 적성과 재능이 무엇인지를 살펴봐야 한다.

공부를 못한다고 성공하지 못하는 것은 아니다. 공부와 성공은 아무런 상관이 없다. 그러므로 자신이 잘하고, 하고 싶은 것을 하도록 부모는 유도해야 한다. 미래는 학벌보다 능력이 중요한 시대가 된다. 남보다 아이가 잘 할 수 있는 것을 개발해주고 키워주어야 한다.

이를 위해 아이에게 다양한 경험을 갖도록 해야 한다. 아이가 어떤 특정한 분야에 관심과 재능을 보일 때, 부모는 이를 뒷받침해줘서 아이가

더 능력을 발휘하도록 도와준다. 아이가 중간에 좌절하면 용기를 북돋워준다. 아이의 지적 요구나 정서적 요구를 부모는 적극적으로 지원하여 아이의 욕구를 충족하도록 도와준다.

열등감은 자신의 재능을 모를 때 생긴다. 그러므로 부모는 아이가 잘하는 것을 모두 이야기해주어야 한다. 아이를 잘 관찰하여 잘하는 것이 있으면 잘한다고 끊임없이 칭찬해주고 상기시켜주어야 한다.

※ 모든 재능에 앞서 반드시 갖춰야 할 것은 바로 인성이다.

8

역경을 이겨내는 아이로 키우기

인생에는 수많은 역경으로 점철되어 있다. 아이가 살아가면서 만나는 역경을 극복할 수 있도록 강하게 키워야 할 필요가 있다. 아이에게 고통을 견디는 힘을 키워줘야 하는 것이 부모의 의무다.

아이들의 문제점

- 지식이 많아서 똑똑하지만 인내심이 부족하다.
- 자신의 의견이나 주관이 없다.
- 남의 의견에 쉽게 끌려가고 질문을 하지 못한다.
- 공부에 치중하느라고 인성을 갖추지 못하고 있다.
- 사회성이 부족하다.
- 도전 정신이 약하다.
- 마음의 근력이 약하다.
- 독립성, 자율성이 부족하다.
- 자기중심적이다.
- 완벽하려고 노력한다.
- 남과 경쟁하는데 몰두한다.
- 지구력과 끈기가 없다.
- 체력이 부실하다.

- 풍족한 환경에서 자라나서 어려움을 견디는 힘이 약하다.

- 사회에 나갔을 때 회사나 조직에서 적응력이 떨어진다.

- 장기적으로 큰 꿈을 갖고 여러 가지 어려움을 극복하는 힘이 약하다.

- 실패를 두려워한다.

엄마의 문제점

- 걱정이 너무 많다.

- 다른 사람의 눈을 너무 의식한다.

- 끊임없이 다른 아이와 비교하는 경향이 있다.

- 아이를 온실에서 키우려는 경향이 심하다.

- 지나치게 아이를 보호하고 아이에게 돈을 쏟아 붓는다.

- 아이가 원하면 다 해준다.

- 인성 교육은 소홀히 한다.

- 어릴 때부터 과도하게 공부를 시킨다.

- 오로지 좋은 대학에 입학시키는 것을 지상 최대 목표로 삼는다.

- 아이가 할 일도 엄마가 대신해준다.

- 아이에게 힘들고 어려운 일은 시키지 않고 엄마가 대신해준다.

- 아이에게 상처를 주지 않으려고 애를 쓴다.

- 아이에게 고생을 시키지 않는다.

- 너무 풍족하게 키운다.

- 아이가 실수하고 극복하는 힘을 키우게 하지 않는다.

- 지나치게 아이의 인생에 간섭하고 자신의 입맛대로 이끌려고 한다.

- 자녀의 실패를 엄마의 실패로 여긴다.

- 아이가 엄마의 삶의 기준이고 행복의 기준이다.
- 엄마 자신을 위한 인생은 없다.

올바른 자녀 교육 방향

- 역경을 이겨내는 아이로 키워야 한다.
- 인생은 곳곳에 역경이 반드시 존재한다.
- 역경을 이겨내기 위해서는 인내력, 체력, 배짱을 키워주어야 한다.
- 공격성을 키워줘야 한다.
- 어려움을 딛고 나아가는 힘이 바로 공격성이다.
- 좌절에 굴하지 않고 다시 도전하는 공격성을 가져야 한다.
- 아이가 해야 할 일은 아이가 하도록 한다.
- 지나치게 보호하지 않는다.
- 아이에게 결핍을 경험하게 한다.
- 아이에게 좌절을 경험하게 한다.
- 필요시 아이에게 부모의 권위를 인식시킨다.
- 한 번 안 되는 것은 끝까지 금지한다.

사회 현실

- 항상 위험이 도사리고 있다.
- 도전을 요구하고 있다.
- 경쟁이 치열하다.
- 강한 체력을 요구하고 있다.
- 강한 인내심을 요구하고 있다.

- 스트레스를 이겨낼 수 있는 정신력을 요구하고 있다.

- 사회는 전쟁터다.

사회에서 ROTC 장교 출신을 선호하는 이유

- 군대 생활을 통해 끈기, 지구력을 배양했기 때문이다.

- 체력이 튼튼하기 때문이다.

- 강한 정신력을 보유하고 있기 때문이다.

아이를 강하게 키우는 방법

- 강인한 체력과 정신력을 동시에 길러주어야 한다.

- 어릴 때부터 아이를 강하게 키운다.

- 운동은 필수다.

- 인내심을 키워준다.

- 야외 활동을 시킨다.

- 각종 단련프로그램에 참여시킨다.

- 아침 신문 돌리기를 시킨다.

- 각종 아르바이트를 시킨다.

- 일부러 시련이나 위기를 겪게 한다.

- 아이의 공격성을 키워준다.

각국의 아이들 강하게 키우는 방법

- 영국 왕자들은 하루에 한 번씩 겨울에 냉탕에 들어가는 훈련을 한다.

- 영국 학생들은 겨울에도 반바지를 입게 한다.

- 선진국에서는 청소년기에 운동을 통해서 체력을 향상시키는 데 중점을 둔다.

- 일본 여학생들은 겨울에도 치마를 그대로 입힌다.

- 아프리카, 동남아, 기타 지역에서 원주민들은 혹독한 성인식을 한다.

임요한 박사의 자녀 단련법

- 고생을 해 본 아이로 키운다.

- 야단을 맞아본 아이로 키운다.

- 감사할 줄 아는 아이로 키운다.

- 봉사할 줄 아는 아이로 키운다.

스웨덴 발렌베리 그룹 후계자 선발 요건

- 해군 장교로 복무해서 강한 정신력을 기른다.

- 부모 도움 없이 명문대를 졸업한다.

- 혼자 몸으로 해외유학을 마친다.

- 세계적인 기업에서 넓은 안목을 기른다.

- 국제적인 인맥 네트워크를 만든다.

- 돈은 번 만큼 사회에 환원한다.

- 경쟁을 통한 후계자를 선발한다.

- 검소한 생활, 튀지 않는 생활을 한다.

- 할아버지로부터 지혜를 전수 받는다.

- 애국심은 필수다.

자녀 단련을 위해 부모가 할 일

- 자녀가 육체적으로 힘든 일을 경험하게 한다.
- 자녀의 가방을 가급적 들어주지 않도록 한다.
- 강한 정신력은 체력에서 나오므로 반드시 운동을 시킨다.
- 도전정신, 인내심, 불굴의 의지를 갖도록 정신력을 강화시킨다.
- 스스로 생각해서 결정할 수 있도록 유도한다.
- 아이를 독립적으로 키우기 위해서는 명령, 지시를 피한다.
- 아이에게 좌절과 실패를 경험하게 한다.
- 지하철은 서서 가게 한다.
- 아이가 넘어져도 절대 일으켜주지 않는다.
- 혹독한 시련을 경험시킨다.
- 힘든 시련과 좌절이 와도 툭툭 털고 다시 시작할 수 있는 태도를 갖도록 유도한다.

강한 아이의 특성

- 도전정신이 강하다.
- 자신감이 넘친다.
- 실패하더라도 좌절하지 않는다.
- 자신의 일을 주도적으로 해나간다.
- 독립성이 강하다.
- 공격성이 강하다.

street smart kid로 키워라

- 세상 물정에 밝은 아이로 키운다.
- 세상 경험을 많이 시킨다.
- 세상에서 적응할 수 있는 각종 처세술을 가르친다.
- 사회에서 생존에 필요한 기술을 가르친다.
- 사회에서 리더가 될 수 있도록 배짱과 지혜를 기른다.
- 신문 배달부터 시작해서 각종 아르바이트를 하게 한다.

좌절과 시련을 극복하는 힘을 길러주기

- 부모의 따뜻한 사랑을 아낌없이 준다.
- 부모는 아이를 끝까지 믿어준다.
- 아이의 정서 통장을 가득 채워준다.
- 아이가 스스로 시행착오를 경험하게 하고, 이를 극복하도록 해야 한다.
- 아이가 안쓰럽고 부족해 보인다고 부모가 다 해주어서는 안 된다.

정서 통장을 채워주는 방법

- 아이가 원하는 바를 하도록 도와준다.
- 실패 시 격려한다.
- 존중, 배려, 공감, 용서, 응원, 사랑, 칭찬, 미소, 따뜻함 등으로 자녀를 대한다.
- 아이가 가장 듣고 싶은 말 "괜찮아"라는 말을 해준다.
- 있는 그대로 아이를 받아들이고 사랑해준다(노숙자가 되도 받아준다).

정서 통장에 잔고가 빠져나가는 행위

분노, 비난, 짜증, 끊임없는 잔소리, 학대, 폭언, 폭력, 공격, 비교, 소리 지르기, 외로움, 방치, 모든 일에 간섭, 자율성 및 독립성을 저해하는 행위, 공부 강요 등

9

자녀와 소통하는 법

소통

뜻이 통하여 오해가 없음(사전적 의미), 사람과 사람 사이에 감정을 주고받는 것

소통의 중요성

자녀 교육이 원활하게 되기 위해서는 부모와 자녀 사이에 소통이 잘 이루어져야 한다. 소통이 잘 이루어지기 위해서는 사랑과 신뢰 감정이 전제되어야 한다. 부모와 자식 간의 사랑과 신뢰가 형성되어 있지 않으면, 어떠한 자녀 교육도 이루어질 수 없다. 아이에게 끊임없이 잔소리를 하는 것 대신에 아이의 마음을 이해해주는 말 한마디가 소통에 효과적이다.

소통과 대화의 중요성

- 언어 발달
- 교육의 수단
- 인간관계 형성의 기본
- 스트레스 해소
- 자기 성찰

- 표현력, 사고력, 분석력, 논리력의 발달

- 감정조절

- 신뢰 관계 구축

부모와 자녀 사이의 대화가 어려운 점

- 가부장적인 가족문화

- 부모와 자녀 사이에 공통적인 화제가 없음

- 평소 대화 부재

- 부모는 부모 입장만 생각하고, 자녀는 자녀 입장만 생각함

- 아이를 객관적으로 관찰하지 못함

- 공감을 안 해준다.

- 대화 준비를 하지 않는다.

- 평소 관계가 좋지 않다.

- 아이가 하는 일에 매번 간섭한다.

기의와 기표를 일치시키기

- 기의: 말하고자 하는 내용

- 기표: 외부로 표현하는 내용

보기 1)

- 기의: "일을 제대로 하면 좋겠구나!"

- 기표: "넌 제대로 하는 게 없니?"

  - 아이는 자신은 아무 쓸모없는 아이로 생각한다.

보기 2)

- 기의: "거짓말을 하지 않도록 해라!"
- 기표: "거짓말하는 놈은 내 자식이 아니다. 내 앞에서 사라져!"
  - 아이는 부모가 인연을 끊자는 말로 알아듣고 진짜 사라진다.

부모는 마음속의 생각과 다르게 말하여 아이에게 상처를 입힌다. 부모는 아이에게 상처를 주는 말을 해서는 안 된다. 따라서 부모는 대화하는 데 있어 기의와 기표를 일치시키도록 노력해야 한다. 부모는 올바른 대화법을 실천하여 갈등이 발생하지 않도록 노력해야 한다. 부모와 자식 간의 불신이 쌓이면 결정적인 순간에 부모는 영향력을 상실하게 된다. 대화는 신뢰가 전제되어야 한다.

어렸을 때부터 아이가 어떤 문제에 부딪혔을 때 아이 스스로 해결하도록 하여, 자신감과 책임감을 갖도록 부모는 도와주어야 한다. 그러면 아이 스스로 자신 안의 가능성을 극대화시키고 부모와의 관계도 좋아져, 서로 감정적인 충돌이 생기지 않게 된다.

이를 위해서 자녀와 효과적인 대화를 할 줄 알아야 한다. 효과적인 대화를 통해서 자녀와 부모는 우호적인 관계를 형성할 수 있다. 만약 그렇지 못할 경우 서로 크고 작은 갈등이 발생하고 시간과 에너지를 소비하게 된다. 또한 자녀는 부모의 눈치만 보게 되고, 부모는 부모대로 자녀를 믿지 못하게 된다. 나중에 중대한 결정을 하게 될 때 부모는 영향력을 상실하게 된다.

반대로 자녀가 부모의 마음을 진심으로 이해하고, 고마워하고, 이에 상응하는 노력으로 보답하는 관계가 이루어지면 어떤 문제가 다가와도 해결을 해내는 것은 시간문제라고 해도 과언이 아니다.

대화 분위기 조성하기

- 아이에게 잔소리하지 않기
- 아이를 격려해주기
- 좋은 관계를 유지하기
- 아이를 존중해주기
- 평소에 가벼운 대화를 나누기
- 아이의 관심사를 파악하기
- 아이와 옛날 추억을 이야기하기
- 아이에게 유머를 던지기
- '사랑한다'고 말해주기
- 함께 운동하기
- 아이가 부모의 사랑을 느끼도록 하기
- 아이가 좋아하는 TV프로그램 함께 보기
- 아이가 좋아하는 음식을 함께 먹어 보기

대화가 안 되는 이유는 아이를 자신의 소유물로 생각하거나 자신이 마음대로 할 수 있는 대상으로 여겨, 부모 마음대로 지시하고 간섭하고 나무라기 때문이다. 아이를 독립된 작은 인격체로 생각하고 말 한마디를 하더라도 아이를 무시하거나 지시하는 투의 말은 피해야 한다. 아이의 의사를 존중해주면서 부모는 자신의 의견을 피력해야 한다.

또한 일상생활에서 스킨십과 대화를 많이 하여 자녀와 친밀한 관계를 유지하는 것이 매우 중요하다. 같이 시간을 보내고, 같이 식사하고, 같이 여행을 하고, 같이 놀이하는 시간을 많이 갖는 것이 중요하다.

소소한 일상생활에 대해 수시로 대화를 나누고, 자녀의 의견을 묻는다. 자녀가 하는 일에 항상 관심을 표하고, 격려해주고, 지지해준다. 권위주의적으로 말하는 것 대신에 합리적이고 논리적인 방식으로 설득하고 설명하는 방식으로 대화해야 한다. 부모와 자녀 간의 대화는 반드시 민주적이고 수평적인 관계에서 이루어져야 한다.

아이와 원활한 대화를 하기 위해서는 부모와 대화하는 것이 즐거워야 한다. 그러므로 부모는 평소에 유머에 관한 책을 읽어서, 이를 자녀와 대화에 적절하게 사용하는 것도 좋은 방법이다.

대화하는 방식의 예

예를 들면 "야! 그게 뭐니?"라고 비난, 질책하는 말을 하는 대신에 "야, 그것 멋있구나, 너의 미적 감각이 훌륭하구나. 그런데 이렇게 해보면 어떨까?"라고 말한다.

대화 원칙

- 아이의 인격을 존중한다.
- 아이와 대화에 성실하게 임한다.
- 일관성을 유지한다.
- 일상적으로 대화한다.
- 많은 것을 요구하지 않는다.
- 빠른 변화를 기대하지 않고 여유를 갖고 장기적으로 대처한다.

대화하는 방법

- 아이가 대화를 원하면 언제든지 응한다.

- 부모가 먼저 다가간다.

- 아이의 말을 잘 경청해준다.

- 아이의 말을 중간에 끊지 말고 끝까지 들어준다.

- 아이의 말을 미리 앞질러 추측해서 말하지 않는다.

- 아이의 감정을 있는 그대로 받아주고, 말로 표현주고, 공감해준다.

- 아이가 말을 해줘서 고맙다고 얘기해 준다.

- 자신의 말을 잘 들어주면 사람은 마음의 문을 열게 된다.

- '나 화법'을 사용한다.

- 종종 아이가 쓰는 용어를 사용한다.

- 결론은 아이가 내게 한다.

- 감성소통을 한다(열린 질문, 관영적인 경청).

열린 질문

지시보다는 묻는 형식('기렇게 해'보다는 '이렇게 하는 것이 어떨까?')

반영적 경청

지시가 아닌 상대방의 마음을 물으면서 자신의 의견을 포함하는 방법

('왜 안 해?'보다는 '잘 안 되는 이유가 뭘까?')

대화하는 말투

- 낮은 목소리로 말한다.

- 말의 고저와 강약을 적절하게 사용한다.

- 속도를 빠르게 하지 않으며, 말과 표정을 조화시킨다.

대화 시 해서는 안 되는 것

아이의 기를 꺾는 말, 비난, 설교, 조언, 충고, 위협, 겁주기, 폭언, 잔소리, 과거 잘못 들춰내기, 지시, 명령, 중간에 화제 바꾸기, 무시하기, 비웃기, 비교하기, 인격 모독, 분석, 설득, 위로, 동정

소통을 위해 부모가 해야 할 일

- 아이가 자신의 생각을 충분히 표현하도록 유도할 것
- 아이의 의견을 무시하지 말고 아이의 입장에서 들어줄 것
- 아이의 의견을 존중해 줄 것
- 아이가 스스로 생각할 수 있도록 유도할 것
- 화가 날 때는 대화를 연기할 것
- 아이는 서서히 바뀌므로 장기적으로 인내심을 가지고 노력할 것
- 집안에 소소한 일도 반드시 아이의 의견을 묻고 의논할 것
- 올바른 길을 위해서 안 되는 것은 단호한 태도를 취할 것
- 돌려서 이야기하지 말고, 분명하게 의사를 전달할 것
- 아이가 대화하지 않으려고 할 때는 기다려 줄 것
- 자녀가 거짓말을 할 때, 왜 거짓말을 하는지 그 원인을 파악할 것
- 아이와 대화할 때는 하던 일을 중단하고, 아이의 말에 오로지 집중하고 경청할 것
- 아이와 대화할 때는 온몸으로 대화할 것
- 대화 할 때 자세를 낮춰 아이와 시선을 맞출 것
- 평소에 스킨십을 충분히 할 것
- 칭찬, 격려, 인정해주는 말을 해 줄 것

요약

부모 의무 중의 하나가 바로 아이의 말을 잘 들어주는 것이다. 아이의 말을 끝까지 들어주는 것이 대화의 시작이다. 부모가 아이의 말을 중간에 자르거나, 미리 앞질러 이야기해서는 안 된다. 그리고 아이가 어떠한 말을 하더라도 부모님은 동요하거나 불안해해서는 안 된다. 더군다나 화를 내서도 안 된다. 그러면 아이가 더 이상 말을 하지 않게 된다.

부모님은 차분하게 아이가 문제를 해결하도록 도와주면 된다 아이를 지나치게 통제하거나 자유를 제한하면 아이의 정서에 문제가 생기게 된다. 아이와 놀 때나 혹은 시간을 함께 보낼 때, 아이의 마음에 상처를 주지 않도록 늘 말을 조심해야 한다.

좋은 대화는 아이의 말을 잘 경청해주고 공감해주는 대화다. 경청은 아이의 말에 고개를 끄덕여주고, 미소 짓고, 아이와 눈을 마주 보며 이야기를 들어주는 것이다. 아이를 방치하지 말고 늘 아이가 하는 일에 관심을 갖고, 이를 말로 표현해 준다.

평소 소소한 일상, 집안일에 대해서부터 대화해야 한다. 아이와 집안일을 상의하고 아이가 집안 행사에 참여하도록 적극적으로 유도한다. 그리고 여러 가지 체험을 부모와 자녀가 함께하는 시간을 많이 갖는 것이 바람직하다. 엄마와 대화뿐만 아니다 아빠와의 대화도 매우 중요하그로, 아빠도 아이와의 대화에 적극적으로 참여해야 한다.

설사 아이가 하는 말이 부모의 마음에 들지 않는다 하더라도 화를 내거나 훈계하거나 지시를 내리는 말을 해서는 안 된다. 일단 아이의 말에 수긍을 해준 후, 부드럽게 부모의 생각을 전해야 한다. 서로 상대방의 말을 존중해주고 자녀가 스스로 해결책을 제시하도록 유도하는 것이 바람직한 방법이다.

평소에 아이와 대화를 꾸준히 해야 한다. 아이의 의사를 존중해주고 서로 평등한 관계에서 민주적인 방식으로 대화가 이루어져야 한다. 매일 신뢰와 사랑을 바탕으로 대화해야 하며, 서로의 감정을 교환해야 한다. 집안일도 아이의 의견을 구하고 집안 행사에 참여시킴으로써, 가족구성원의 일원으로 소속감과 책임감을 느끼도록 유도한다.

참고 사항

① 자녀에게 어떤 일을 하도록 요구하는 방법

"이것 좀 해줄래?"보다는 "네가 이것을 해주면 엄마에게 큰 도움이 되겠구나!"

② 학교 과제 등을 하도록 할 때

먼저 감정이입을 해주고 해야 하는 이유를 말해준다. 지시나 명령조로 말하지 않는다.

10

경제 교육

경제 교육의 필요성

- 자녀에게 공부도 중요하지만, 공부 못지않게 중요한 것이 경제 교육이다.
- 경제에 대한 무지는 아이가 사회에 나가서 파산할 가능성이 농후하다.
- 인생에서 대부분의 고민과 갈등은 돈 문제에서 출발한다.
- 돈이 없어서 많은 사람이 고통을 받고 있다.
- 저축의 생활화, 올바른 생활습관, 올바른 소비습관, 자산 관리 요령을 가르쳐야 한다.
- 자녀가 평생 돈으로부터 고통을 당하지 않도록, 자녀에게 어릴 때부터 철저히 경제 교육을 시킬 필요가 있다.
- 아이에게 경제적으로 가혹한 상황을 만들어야 좋다.
- 자녀에게 경제 교육을 시키지 않으면 부모 재산이 모두 없어진다.
- 아이에게 돈을 관리하는 법을 가르쳐라.

경제 교육의 목적

- 돈의 본질, 올바른 가치관, 사용법 가르치기
- 돈의 중요성 및 용돈관리
- 저축습관, 절약습관 갖게 하기

- 올바른 소비습관 갖게 하기
- 절제, 신용, 정직성 교육
- 금융 지식 전수 및 실물 경제 이해
- 자녀가 부모의 도움 없이 경제적으로 독립하기

세계 부자들의 자녀 교육법(혼다 켄의 『행복한 부자가 되는 8가지 비결』)

① 다양한 경험을 중시한다: 성공과 실패를 모두 경험하게 한다. 실패도 하나의 자산이다. 해외여행, 아르바이트를 하게 한다.

② 많은 친구를 사귀게 한다: 친구를 사귈 수 있는 능력을 키워준다. 평생 함께할 수 있는 친구를 만들도록 한다.

③ 자신이 좋아하는 일을 찾아준다: 다양한 것을 시켜보면서 자녀가 가장 좋아하는 것을 찾아준다.

④ 경제 교육을 어려서부터 엄격하게 시킨다: 용돈을 아주 적게 준다. 필요한 돈은 스스로 일을 해서 벌게 한다. 돈의 가치를 인식시킨다.

세계적인 부자들의 경제 교육

- 세계적인 금융가 로스차일드 집안: 신뢰를 중시함. 당장 눈앞에 이익보다 부자들과 신뢰를 쌓으면 돈은 자연스럽게 온다.
- 빌 게이츠 부모: 부모와 토론 통해 비즈니스 감각을 전수해주었다.
- 잭 웰치 부모: 일에 대한 책임감과 정직한 노동의 대가에 대한 교육을 시켰다.
- 록펠러: 철저한 용돈 교육을 실시하였다. 용돈을 아주 적게 주었다.
- 홍콩 선훙카이 부동산 재벌: 최소 용돈만 줌, 절약 정신 교육을 철저

히 시켰다.

- 홍콩 리카싱 청쿵그룹 회장: 생활비는 직접 스스로 벌도록 교육했다.
- 매리 앤(부동산 재벌 트럼프으 엄마): 어릴 때부터 아들에게 신문 배달을 시킴, 1달러의 가치를 가르쳤다.
- 진 시몬즈: 돈을 물려주지 말고 돈을 벌 수 있는 방법을 찾도록 해야 한다. 그 방법은 침대에서 일어나 일을 해야 한다는 것이다.
- 빌 게이츠: 아이들에게 많은 돈을 물려주지 마라. 아이들과 사회에 좋지 않다.
- 워렌 버핏: 많이 가르치고 실수를 통해 알게 하라.
- 조지 루카스(영화감독): 자식의 교육에만 투자하라. 돈은 교육에서 나온다.
- 데이빗 베컴: 일하지 않으면 용돈은 없다.
- 청룽(배우): 자식에게 냉정해야 한다.
- 케빈 오리어리: 두려움이 동기다. 자식에게 삶과 돈의 불편한 진실을 그대로 알려줘라.
- 송경애 대표: 아이가 비싼 옷을 사달라고 하면 '네가 벌어서 사라'고 말해주어야 한다.

돈의 본질(돈을 버는 법)

- 돈을 벌려고 일을 해서는 안 된다.
- 돈을 좇아가면 안 된다.
- 세상의 이치를 따라야 한다.

세상의 이치

- 약속을 잘 지킨다.
- 근면, 정직, 성실하게 일한다.
- 다른 사람을 행복하게 해준다.
- 다른 사람에게 미소를 지어준다.
- 다른 사람에게 따뜻한 말을 건네준다.
- 다른 사람을 즐겁고 기쁘게 해준다.
- 다른 사람에게 감동을 선사한다.
- 다른 사람을 나의 가족처럼 생각한다.
- 다른 사람에게 아낌없는 친절을 베푼다.
- 다른 사람에게 진심으로 존경심을 표한다.
- 다른 사람을 도와주기 위해 노력한다.
- 다른 사람의 이익을 위해 노력한다.
- 다른 사람이 원하는 것을 해준다.
- 다른 사람을 돕기 위해 실력을 쌓는다.

결론

열심히 노력하고, 힘든 일을 해야만 내게 돈이 들어온다.

돈의 가치관과 중요성

돈의 중요성을 가르치기 위해 고생도 해보고, 힘들게 돈을 버는 경험을 갖게 한다. 열심히 일해 돈을 벌어, 저축하고, 가치 있게 돈을 쓰도록 가르친다. 돈이 우리의 삶에 매우 중요하다는 점을 인식시킨다. 돈은 수고한 대가로 받는 것이므로 귀한 것이다. 그러므로 돈은 함부로 써서는 안 된다. 용돈으로 고가의 물건을 사게 한다.

가치 있게 돈을 쓰는 법

나를 위해, 가족을 위해, 다른 사람을 위해, 사회를 위해 돈을 쓴다.

돈을 소비하는 법

- 사전에 살 물건을 계획해서 쇼핑리스트를 작성한다.
- 쇼핑리스트 이외의 물건은 절대 사지 않는다.
- 자제력을 길러주고 소비를 통제하는 것을 보여준다.
- 무조건 쉽게 사주지 않는다.
- 물건과 돈의 소중함을 가르친다.
- 불우 이웃을 돕는다든가 남을 위해 돈을 쓰는 것을 가르친다.

아이가 물건을 사달라고 요구할 때 부모가 무조건 거부하기보다는 '왜 필요한지' '그 물건을 사려면 어떻게 해야 하는지'를 물어보고, 그 방법을 찾아 노력하도록 도와준다. 모든 교육은 부모가 모범을 보여주어야 한다.

용돈관리법

- 용돈은 일한 대가로 받도록 한다.
- 용돈은 자기 스스로 쓸 수 있도록 자율성을 준다.
- 돈은 가급적 스스로 벌도록 유도한다.
- 투명한 저금통을 준비해서 돈을 모으게 한다.
- 통장을 만들어 주어 저축을 하도록 한다.
- 용돈 기입장을 마련해서 기록하도록 한다.

- 용돈을 모아 물건을 사도록 한다.
- 용돈의 일부는 반드시 저축하도록 한다.
- 용돈은 빠듯하게 준다.
- 용돈의 일부를 기부하도록 한다.
- 용돈의 사용 내용을 반드시 기록하도록 한다.
- 정해진 용돈 이외에 친지로부터 받은 돈은 무조건 저축하기로 사전에 약속한다.
- 용돈을 가지고 벌칙수단으로 이용해서는 안 된다.
- 아이가 당연히 해야 할 일에 대해서는 돈을 줘서는 안 된다.

용돈 기입장 기록하기

- 용돈관리의 시작은 수입과 지출을 기록하는 데서 시작된다.
- 지출 내역과 그 물건을 사게 된 이유를 기록하게 한다.
- 용돈 지출 내용을 보고 부모는 자녀의 잘못된 소비습관을 바로 잡는다.
- 생활비를 주어 스스로 사용토록 유도한다.
- 아이에게 생활비를 주어서 모든 것을 스스로 구입하도록 한다.
- 생활비 쓴 내역을 쓰도록 하고 서로 토론한다.
- 아이에게 지출의 우선순위와 계획적이고 합리적 지출을 유도한다.

경제 교육의 일반 원칙

- 먼저 저축하고 지출하도록 한다.
- 반드시 수입 한도 내에서 지출하도록 한다.
- 용돈기입장을 반드시 기입하도록 한다.

- 은행, 부동산 현장, 경매현장 등에 데리고 간다.
- 자제력과 절제력을 가르친다.
- 직접 돈을 벌어보게 한다.
- 물건을 직접 팔아보게 한다.
- 신용카드의 올바른 사용법을 가르친다.
- 경제에 대해 1주일에 한 번씩 토론과 대화의 시간을 갖는다.

: 부분별 경제 교육 내용

① 금융교육

은행에 데려가서 통장을 개설하게 한다. 은행의 하는 일을 알려준다. 금리에 대해 알려준다. 은행으로부터 대출은 가급적 피하라고 교육시킨다.

② 주식투자 교육

- 주식을 1~2주 사도록 한다.
- 경제 상황에 따라 주식 가격이 어떻게 변동하는지 가르친다.
- 주식은 반드시 자신이 가진 돈의 한도 이내에서만 투자하도록 유도한다.
- 가진 돈의 전액을 주식에 투자하는 것을 피하라고 가르친다.
- 반드시 가지고 있는 돈의 일부만 투자하도록 한다.
- 남의 이야기를 듣고 투자하는 것이 실패의 지름길이다.
- 주식은 공부하지 않으면 대부분 실패한다는 점을 주지시킨다.
- 주식투자의 위험도에 대해서도 가르친다.
- 주식과 채권의 차이를 설명해 준다.
- 장기투자의 중요성을 가르친다.
- 가치투자의 중요성을 가르친다.

- 분산투자에 대해 교육한다.

③ 부동산 교육

- 부동산 종류에 대해 알려준다.
- 각종 부동산의 장단점을 알려준다.
- 부동산을 살 때 아이를 데리고 다닌다.
- 경매하는 곳에 데려간다.

④ 벤처 기업(start-up) 투자 교육

- 미래 성장 가능성이 있는 벤처 기업에 투자하는 요령을 지도한다.
- 미래의 투자 대세는 벤처 기업에 대한 투자라는 것을 주지시킨다.
- 저금리 시대 투자의 방향은 벤처 기업이다.

⑤ 경제 전반에 대한 교육

- 실물 경제에 대해 알려준다.
- 시장경제의 원리를 가르친다.
- 국내 경제 흐름에 대해 알려준다.
- 세계 경제 흐름에 대해 알려준다.
- 경제에 관한 기사를 읽게 하고 서로 토론하고 대화하는 시간을 갖는다.
- '영화, 음악 등을 불법 다운로드하는 일은 옳지 않다'고 가르친다.
- 카드 소비의 과소비성을 가르친다.
- 인플레이션과 디플레이션의 차이를 설명해준다.
- 보험의 특성과 절세 전략에 대해 가르친다.

: 연령별 자녀 경제 교육

- 2~4세: 돈의 의미와 가치를 가르친다.

- 5~8세: 저축에 대해 가르친다. 쇼핑 놀이를 통해 물건을 사고파는 것
  을 가르친다.

- 9~10세: 은행통장을 만들어준다. 은행에 대해 설명해준다.

- 11~13세: 용돈 기입장을 만들어 기입하도록 한다. 목돈을 모아 물건
  을 사보게 한다.

: 기타 경제에 관한 교육

- 경제 교육은 빠를수록 좋다.

- 어려서부터 '돈은 직접 벌어서 쓰라'고 교육시킨다.

- 아이에게 미안하다고 돈을 주면 안 된다.

- 불필요한 것은 절대 사주지 않되, 아이의 마음에 상처를 주지 않도록
  한다.

- 반드시 수입 이내에서 지출하도록 한다.

- 부채를 사용하지 않도록 교육시킨다.

- 돈이 아닌 다른 곳에서 마음의 행복을 얻도록 가르친다.

- 자신의 형편에 대해 감사하는 마음을 가르친다.

- 저축 시 예금과 주식으로 나눠서 투자하도록 한다.

- 친구들과 금전 거래의 위험성을 알려준다.

- 20세부터는 자신의 용돈은 스스로 벌도록 유도한다.

- 일찍부터 경제적으로 부모로부터 독립하도록 유도한다.

- 목돈을 주고 돈을 굴려보라고 한다.

11 엄마와 아빠의 역할

아빠의 자녀 교육 참여 필요성

- 아빠도 자녀 교육에 적극 참여해야 한다.
- 아들이 있는 집은 특별히 아빠의 역할이 중요하다.

엄마는 아빠가 할 수 없는 일을 할 수 있고, 아빠는 엄마가 할 수 없는 일을 할 수 있다. 자식을 세계적인 인재로 키우려면 부모가 적극적으로 나서야 한다. 아빠의 진취적인 남성상과 엄마의 배려와 조화 그리고 협동하는 여성상, 이 두 가지가 합쳐질 때, 아이는 원만하고 훌륭한 아이로 성장하게 된다. 자녀의 양육에 있어서 엄마와 아빠가 힘을 합쳐 적극적으로 노력해야 아이를 성공적인 아이로 키울 수 있다. 부모는 아이가 어렸을 때부터 아이와 함께 시간을 보내고 같이 놀아주면서 유대를 강화하는 것이 장기적인 측면에서 매우 중요하다.

아빠가 양육에 참여하면 나타나는 결과

- 사람들과 잘 어울린다.
- 새로운 놀이를 시도하는 것을 즐긴다.
- 참을성이 있다.
- 학업성취에서 두각을 나타낸다.

- 사회성, 성취욕구가 발달한다.

- 아이의 자존감이 높아진다.

엄마와 아빠의 차이

① 엄마의 특징

- 공감 능력이 뛰어나고 감성적이며 뇌량이 두껍다.

- 언어에 뛰어난 능력이 있다.

- 세밀한 그림에 강하다.

- 우뇌를 발달시킨다.

- 정적 놀이에 적합하다.

- 배려, 공감, 조화 그리고 협동심을 키운다.

② 아빠의 특징

- 논리적이고 분석적이며 뇌량이 얇다.

- 아빠는 놀이에 장점을 가지고 있다.

- 아이와 놀이를 통해 이성적인 특성과 좌뇌를 발달시킨다.

- 큰 그림을 그리게 해준다.

- 신체 접촉과 움직임이 많은 놀이를 한다.

- 도전적이고 씩씩하고 책임감 있는 아이로 키운다.

③ 부모의 역할

- 엄마는 애정을 주고 아빠는 적절한 통제를 해준다.

- 딸은 엄마와 대화를 통해 문제를 해결한다.

- 아들은 아빠와 대화를 통해 문제를 해결한다.

– 딸이 아빠와 관계가 좋으면 원만한 남성 관계를 갖게 된다.

– 아이가 부모를 좋아해야 부모의 지도에 잘 따른다.

– 부모 모두 아이에게 정성을 쏟아야 한다.

ex) 김연아, 조수미, 박지성, 박세리, 피카소, 힐러리

아버지의 효과(Father Effect)

- 지능지수, 인지 능력, 어휘력, 수리능력이 발달 된다.

- 도전정신을 심어주기 위해 에릭슨은 3세에 아빠가 양육에 개입해야 한다고 말한다.

- 행복, 성공, 안정적인 삶을 살기 위해서는 아빠와 관계가 좋아야 한다.

- 인간관계와 사회성이 좋아진다.

- 아버지의 사랑을 받으면 자아존중감이 높다.

- 남성상을 찾을 수 있다.

- 아빠는 아들에게 스승이며 롤 모델이다.

- 친구 같은 아빠가 아이에게 좋다.

- 아빠가 하는 일, 관계된 사람들에 대해 이야기 해준다.

- 아빠가 직장에서 일어나는 문제 및 해결 방법을 대해 이야기를 해준다.

- 스트레스가 해소되고, 삶을 즐기게 된다.

- 세상을 배운다.

- 비행 행동과 거짓말이 감소한다.

- 딸이 일찍 임신하는 확률이 낮다.

- 창의적 인재가 되며 두뇌 발달에 도움이 된다.

- 논리력, 사고력, 포용력이 높아진다.

- 아이가 어렸을 때부터 육아에 아빠가 적극적으로 참여해야 한다.

: 아빠의 영향력

아빠는 아이에게 대단한 존재로 인식된다. 그러므로 아빠로부터 칭찬을 받으면 아이는 상당히 고무된다. 아빠는 온화하고 따뜻하게 아이를 대함으로써, 아이와 가깝게 지내도록 노력해야 한다. 아빠가 아이를 절대적으로 보호해준다는 것을 아이에게 보여주는 것이 좋다. 아빠가 아이를 언제나 변함없이 사랑한다는 것을 아이가 인식할 때, 아이는 자유롭게 안심하고 마음껏 뛰놀고 생활할 수 있게 된다.

: 아빠와 놀이

- 아빠와 놀이를 한 아이들은 또래 친구들에게 인기가 좋다.
- 놀이를 주도할 줄 안다.
- 남자 아이는 남자답게 되고, 여자 아이는 여자답게 된다.
- 창의적인 놀이를 통하여 창의성과 호기심이 늘어난다.
- 다양한 경험을 제공해 준다.

: 아빠가 없는 아들인 경우

- 성 정체성을 확립하지 못한다.
- 과장된 행동을 보인다.
- 여성적 행동은 무조건 피하려 한다.
- 동성에 대해 위축된다.
- 사회에 적응하지 못하고 이성과 만남도 어려워진다.
- 아버지가 없으면 스트레스, 우울증, 충동성이 높아진다.

: 아빠 역할의 중요성

초등학교 이후 딸은 엄마의 말을 잘 듣는다. 그러나 아들은 엄마의 말을 잔소리로 여기게 된다. 이때 아빠가 나서서 아들을 통제할 필요가 있다. 아빠의 조언과 위엄을 통해 아들을 바로 잡는다. 사춘기에 아빠의 적절한 통제가 없는 경우 비행청소년이 될 가능성이 높다. 중·고등학교 시기에 아들에 대한 엄마의 역할이 한계에 다다르게 된다. 이때 아빠가 나서서 아들을 적절하게 통제하는 역할을 해야 한다.

ex) 아프리카 코끼리가 아빠 없이 자란 경우 망나니가 되어버렸다.

· 영국 옥스퍼드 대학 연구 발표

행복하고 안정적인 삶을 누리는 사람의 공통점 발견(연구 대상: 1,700명 아이들을 33세까지 추적 연구 결과)

- 아버지와 좋은 관계 유지함

- 아빠는 아들의 롤 모델이자 스승 역할

- 아빠가 친한 친구 역할을 하면서 아들을 든든하게 후원

- 아빠가 아이를 성공적인 미래로 인도하는 등대 역할

· 로버트 블랜차드의 학업 성취도 연관성 연구(미국)

- 연구 대상: 초등생 3만 명

- A: 아빠가 완전 무관심/ B: 관심 많음/ C: 집에 있으나 크게 신경 안 씀

- 성적 결과: B > C > A

- 아빠의 관심이 성적을 높이는 요인(지나친 관심은 아이에게 부담)

- 아버지 이미지가 강할 때: ① 아버지처럼 되고 싶어 무조건 따름

　　　　　　　　　　　② 아버지 그늘에서 벗어나고자 함(반항)

• 아버지 이미지가 지나치지 않으면 긍정적 작용

• 경제적 지원 못지않게 아들과 함께 시간 보내는 것이 중요함

- 아버지와 같이 대화하고 노는 것이 '공부하라'고 말하는 것보다 아들이 더 열심히 공부함

"아빠가 아들에게 시간을 많이 투자할수록 공부 잘하고 성공 가능성 높아지며, 아버지가 없는 경우 가난해질 확률이 5배 증가된다."   - 다니엘 너틀 교수(영국)

"아빠와 밀접한 관계가 정신이 건강하고 똑똑하고 학업성취도 높고 좋은 직업을 갖게 된다."   - 해리스(심리학자)

아빠는 아이와 좋은 관계를 맺도록 최대한 노력해야 한다. 아들의 성공은 아빠가 투자하는 시간에 비례한다. 아빠는 가정에서 리더 역할을 하고, 아내나 가족을 존중하고, 집안일을 적절히 분담해서 하고, 밖에서 성공적인 업무 수행 모습을 보여준다.

"아빠의 관심과 사랑을 받지 못한 아들은 자아존중감이 떨어진다."   - 리처드 파인만(미국 물리학자)

아빠의 자극은 뇌 발달에 긍정적인 영향이 있다. 아빠와 놀이 등을 하면서 많은 시간을 보내면 아이의 호기심과 감수성을 자극시킨다. 또한 뇌 기능을 향상시킨다. 그러므로 아빠는 아이의 유년시절에 아이와 자주 대화하고 같이 놀아줘야 한다.

12 호기심을 키워주기

아이들은 본능적으로 호기심을 가지고 태어난다. 아이들은 새로운 것에 호기심을 느끼고 알려고 한다. 아이들은 생존하기 위해 호기심을 지니고 있으며, 새로운 정보를 그대로 흡수하는 능력이 탁월하다. 무엇이든지 받아들이고 학습하는 데 큰 어려움이 없다.

부모가 아이의 호기심을 잘 이용한다면 얼마든지 공부를 잘하는 아이로 키울 수 있다는 의미다. 따라서 부모는 자녀의 호기심을 키워주는 데 최선의 노력을 다해야 한다. 그것이 바로 사교육비를 절감할 수 있는 방법이다.

호기심은 아이가 스스로 학습하는 자기주도 학습의 습관을 지니게 한다. 아이가 모든 것에 대해 호기심을 많이 느낀다면, 부모는 자녀의 공부에 대해 크게 걱정할 필요가 없게 된다. 아이는 스스로 공부에 몰입하는 아이가 될 것임에 틀림없기 때문이다.

"저는 궁금한 게 있으면 참지 못하고 궁금증이 풀릴 때까지 파고든다."

- 윤송이(엔씨소프트 사장)

"성공한 사람들은 호기심이 많다. 궁금한 게 있으면 꼭 물어본다."

- 안효주(스시효 사장)

"노벨상은 호기심과 열정이 주는 선물이다."   -폰 크리칭 교수(노벨물리학상 수상자)

"노벨상의 비결은 호기심과 꾸준한 노력이다."

- 크리스토퍼 피사리데스 교수(노벨 경제학 수상자)

"호기심은 인간을 인간이게 하는 특성이다." - 아리스토텔레스

"나는 천재가 아니다. 다만 호기심이 많을 뿐이다." - 가인슈타인

"열정의 근본 요소는 지적 호기심이다." - 스탕달(소설가)

학술지 『Neuron』에 발표된 내용에 따르면 '호기심이 높을 때 정보를 더 잘 학습하고 그 정보를 잘 유지한다'고 한다. 호기심이 자극되면 뇌 회로에서 활동이 증가하며, 새로운 기억 형성에 중요한 해마와 보상회로 사이의 상호작용이 활발해 진다. 호기심은 또한 노인의 기억력을 증진시킨다.

호기심

새롭고 신기한 것을 좋아하거나 모르는 것을 알고 싶어 하는 다음, 어떤 것의 존재, 이유에 대해 알려고 함, 생동감 있게 주위 사물에 대해 의문을 갖고 끊임없이 질문을 하는 태도

: 호기심의 중요성

- 호기심은 공부의 원천이다.
- 호기심은 학습의 동기를 부여하고, 이를 이룰 수 있는 에너지와 추진력을 준다.
- 호기심은 사람으로 하여금 큰 업적을 이루도록 하는 원동력이다.
- 호기심은 세상을 풍요롭게 살아가게 한다.
- 성공한 사람들은 호기심이 많다.
- 호기심이 충족되면 그것처럼 기쁜 것이 없다.

- 호기심은 생활 속에서 기쁨과 행복을 안겨준다.

- 인생을 신나게 살게 한다.

- 호기심이 없는 사람은 죽은 사람과 마찬가지다.

: 호기심과 자신감의 관계

- 호기심은 자신감에서 비롯된다.

- 자신감이 있는 아이는 호기심이 많고 독립적이며 융통성이 있다.

- 자신감이 없는 아이는 호기심이 없다.

- 호기심이 적은 아이는 매사에 소극적이고 불안 수준이 높다.

: 호기심을 살리는 법

- 환경의 변화, 새로운 사람과 만남, 여행 등으로 자극을 준다.

- 자신감을 키워준다.

- 질문을 많이 하도록 유도하고 격려한다.

- 아이의 질문을 기쁘게 받아들인다.

- 아이의 질문에 성심성의껏 대답한다.

- 모르는 질문은 언제까지 알려주겠다고 말하고 반드시 약속을 지킨다.

- 아이의 질문에 답하기 위해 최선의 노력을 다한다.

- 아이의 질문에 즉각적인 응답은 아이에게 존재감과 자신감을 갖게 한다.

- 아이가 열중해서 하는 일을 방해하지 않는다.

- 요리 만들기와 자연에서 보내는 시간을 갖도록 한다.

- 아이가 하는 일이 위험하거나, 남에게 해를 끼치거나, 나쁜 일이 아니면 부모는 가급적 아이가 하는 일을 금지하지 않는다.

: 호기심을 죽이는 행위

- 아이의 질문에 무심한 반응을 보인다.

- 아이를 인격을 짓밟거나 자존감을 죽이는 말을 한다.

- 아이가 질문하는 것을 귀찮아하거나 묵살한다.

- 아이가 어지르거나 옷이 더러워지는 것을 참지 못하고 야단친다.

- 아이가 장난을 치거나 말썽을 부리는 것을 그냥 넘기지 못한다.

- 부모가 자녀에 대해 긍정적인 말 대신 부정적인 말투를 많이 쓴다.

- 아이의 인격이나 자존감을 손상시키는 언어를 사용한다.

- 아이가 조금이라도 잘못하면 그냥 넘어가지 못한다.

- 개념 이해보다는 주입식 교육, 암기식 교육 위주로 가르친다.

- 무조건 부모의 말을 잘 듣는 착한 아이로 키우려고 한다.

- 부모가 지나치게 아이를 앞질러서 모든 것을 다 가르쳐주고 이끌어 준다.

- 아이가 어릴 때부터 스마트폰을 갖고 놀게 한다.

: 호기심을 죽이는 말

- "너는 몰라도 돼"

- "아빠에게 물어봐"

- "공부나 열심히 해"

- "왜 쓸데없는 데 신경 쓰니?"

: 공부를 잘하는 학생의 2가지 특징(영국 에든버러 대학 연구팀 조사 결과)

- 호기심이 학업성적에 큰 영향을 준다.

- **호기심이 성실성만큼이나 학업성취에 큰 영향을 미친다.**

- 호기심을 자극해야 학업성적이 좋다.

: 호기심과 성실성의 중요성

- 학교 공부를 잘하려면 지능 못지않게 중요한 것이 호기심이다.

- 호기심에다 성실성이 결합되면 좋은 성적을 얻는데 지능과 같은 정도로 중요하다.

: 지적 호기심의 중요성

- 에든버러 대학 소피 폰 스툼 교수는 호기심을 '기본적인 탐사하려는 욕구'라고 말한다.

- 호기심을 지적인 호기심과 지각적 호기심으로 나눈다. 둘 다 학생들에게 도움이 된다.

  ※ 지적 호기심: 집에서 책을 읽기

  ※ 지각적 호기심: 외국에 여행 가서 이국적 음식을 먹어보기

: 미하이 칙센트미하이가 말하는 창의성 있는 사람의 3가지 공통점

① 열정적 끈기

② 남다른 호기심

③ 호기심을 유발해주는 개방성

개방성이 없는 사람은 자신의 생각과 다른 의견이나 상황에 거부감을 느끼고 불편해한다. 또한 무관심과 회피의 반응을 보이거나 두려움에 사로잡힌다. 이러한 거부감이 호기심을 멀리하는데 직접적인 역할을 한다. 부모들은 아이가 개방성(open mind)을 갖도록 해야 한다.

: 소피 폰 스툼 교수의 호기심 고취 방법

- 호기심을 통해 독자적으로 학습을 고취하게 만드는 것이 매우 중요하다.

- 학교에서 호기심을 길러주도록 노력해야 한다.

: 호기심이 강한 사람이 회사 발전에 기여

소피 폰 스톰 교수는 "호기심이 강한 사람들이 새로운 업두를 배우고 싶어 하며 업무를 즐긴다. 따라서 기업의 대표나 사장들은 이를 꼭 알아야 한다. 업무를 잘 아는 경력자를 고용하는 것은 쉬운 일이다. 하지만 발전의 가장 큰 잠재력인 호기심을 지닌 사람을 가려내는 것은 디보다 더 흥미롭고 중요한 일이다"라고 주장한다.

: 연령별 호기심 발달

① 0~6개월

- 소리에 민감, 엄마 아빠를 알아봄, 몸 뒤집기, 손을 뻗어 물건 집기, 감정표현 시작

- 요구 사항을 울음으로 표시하면 신속하게 반응해준다.

- 자연에 접할 기회를 자주 준다.

- 다양한 신체놀이를 통해 아이의 정서 발달, 신체 발달, 호기심 발달을 유도한다.

- 딸랑이 소리, 다양한 놀이로 호기심을 채워주고 발달시킨다.

② 6~12개월

- 모든 사물이 궁금해서 다가가 만져보고 던져본다.

- 아이가 마음껏 호기심을 충족할 수 있도록 환경을 조성해준다.

- 두루마리 휴지, 각종 장난감 등을 제공한다.

- 아이가 집중해서 놀 수 있도록 한다.

- 특별히 위험하거나 나쁜 것이 아니면, 아이가 하는 것을 허용하도록 한다.

- 지나친 금지는 아이의 발달을 저해할 수 있다.

③ 12~18개월

- 걷기 시작하면서 바깥 활동을 하게 된다.

- 위험하거나 남에게 피해를 주지 않으면 아이를 간섭하지 않는다.

- 엄마가 아이가 하는 일에 간섭하거나 주도하거나 지시하면, 아이의 의욕이 상실하게 되고 호기심이 약화된다.

- 위험한 것, 해서는 안 되는 것을 분명히 알려주고 그 이외의 것들은 모두 허용하도록 한다.

- 부모는 적절한 통제 안에서 아이가 마음껏 호기심을 충족하도록 유도하고 격려한다.

④ 18~24개월

- 언어표현이 가능해짐

- 엄마는 아이와 대화를 통해 언어 발달을 유도한다(엄마가 말을 많이 해준다).

- 질문이 많아지는 나이이며, 부모는 성실하게 대답하도록 한다.

⑤ 24~30개월

- 뭐든 직접 해보려고 한다.

- 정답을 바로 제시하지 말고 아이가 충분히 탐색하도록 유도한다.

- 아이가 한 질문의 답을 찾기 위해 아이와 백과사전을 찾아본다.

⑥ 30~36개월

- 그림책을 통해 상상력을 자극시킨다.

- 아이는 같은 책을 반복해서 보더라도 매번 다른 상상을 갖고 본다.

- 대답하기 어려운 질문이라도 회피해서는 안 되며 성심성의껏 답해준다.

부모는 아이가 최대한 호기심을 갖도록 유도해야 한다. 그리그 아이의 지적 호기심을 자극하는 질문을 자주 한다. "왜 하늘은 파랄까?" "골프공은 왜 홈이 파여 있을까?" "왜 기찻길에 침목이 깔려있을까?" "왜 매미는 7년 만에 깨어날까?" 등 아이가 주위 환경이나 새로운 것에 대허 무한한 호기심을 갖도록 유도하고, 부모는 아이의 호기심을 충족시키도록 노력해야 한다.

마음의 근력을 키워주기

자녀 교육에서 가장 중요한 것은 건전한 자아 형성과 마음의 근력을 키워주는 일이다. 아무리 지식이 많고 공부를 많이 했다 하더라도 마음이 불안정하거나 나약한 사람은 그 어떤 것도 이룰 수 없다. 특히 자신에 대해 불신하고 자존감이 결여되면, 사회에 나가 제대로 활동할 수 없게 된다.

뛰어난 머리와 지식을 가진 사람이 어느 날 자신을 비관하여 삶을 마감한다. 아무것도 부러울 것이 없는 것처럼 보이는 사람이 조그만 문제로 좌절하고 비관한다. 남으로부터 비난을 견디지 못하고 괴로워한다.

이러한 사람들의 두드러진 점은 자신이 능력이 있음에도 불구하고, 자신에 대해 너무도 부정적인 사고를 가지고 있다는 점이다. 그 원인으로는 첫 번째, 자신감이 없는 것이요, 두 번째로는 자존감이 너무도 부족하고, 세 번째로는 실수할까 두려워하는 마음이다. 네 번째로 항상 부정적인 마음이 가득하다. 다섯 번째로는 담대한 마음이 부족하다. 여섯 번째로 대인관계가 원만하지 못하다. 일곱 번째로 남을 너무 의식한다. 마지막으로 완벽주의자이다.

이러한 이유로 인해서 자신 나름대로 목표를 갖지 못한다. 사회에 나가 남들과 함께 일하고 그들과 정상적인 인간관계를 맺기 어렵다. 남에 대한 비판은 잘하지만 자신은 아무것도 하려고 하지 않는다. 남으로부터 비판 받을까 두려워하기 때문이다.

지나치게 남의 눈을 의식하고 실수나 실패를 두려워한다. 무엇이든 안 되는 이유만 찾는다. 아무것도 스스로 하지 못한다. 남과 잘 어울리지 못하기 때문에 친구가 거의 없는 것이 특징이다. 자존감이 너무 결여되어 누가 자신에 대해 잘못을 지적하면 이를 받아들이지 못하고 화를 낸다.

인간 사회는 완벽한 사회가 될 수가 없다. 마음의 근력이 부족한 사람은 완벽한 사회를 기대하고 있다가 이에 실망하고 생을 마감한다. 이 세상은 불평등하게 돌아가고 있다. 많은 것에서 허점을 갖고 있는 것이 우리가 사는 세상의 모습이다. 불합리한 점이 한두 가지가 아니다. 이러한 불합리한 사회에서 현명하게 대처하고 이를 극복하면서 살아가는 태도가 필요하다.

그러한 태도를 갖기 위해서는 긍정적인 자아의 확립과 어떠한 상황에서도 흔들리지 않고 자신의 중심을 잡고 대처할 수 있는 마음을 갖는 것이 중요하다. 자신을 믿고 외부의 영향을 크게 받지 않고, 자신을 정신적으로 온전하게 유지 하는 마음의 근력을 평소에 키워주는 것이 필요하다.

부모들은 어떤 것들을 가르치기에 앞서 가장 중요하게 가르쳐야 할 것은 아이에게 자신감, 자존감, 긍정적인 태도, 원만한 대인관계, 도전정신, 담대함, 자신의 감정을 조절하는 능력을 갖도록 하는 것이다. 이러한 것들이 아이가 사회에 나가서 적응하고, 새로운 일에 도전하고, 자신이 원하는 바를 성취할 수 있도록 만드는 것이다.

긍정적인 마음 키워주기

자신을 사랑하고, 자존감을 갖고 있고, 자신의 일을 즐기고, 주위 사람에게 감사하고 존중하는 마음을 갖도록 하는 것이 긍정적인 자세이다. 부모는 자녀가 긍정적인 마음을 갖도록 노력해야 한다. 특히 엄마가 항상 긍정적인 마인드를 갖고 아이를 대해야 한다.

긍정적인 마인드 갖게 하기

- 삶은 좋은 것이라고 가르친다.
- 삶은 재미있는 것이라고 가르친다.
- 엄마는 아이들이 즐겁고 재미나게 생활하도록 유도해야 한다.
- 삶의 부정적인 면을 생각하기보다는 긍정적인 면을 보도록 유도해야 한다.
- 엄마는 어떠한 경우에도 흔들리지 않고 꿋꿋한 모습을 보여 주어야 한다.
- 성적에 관계없이 아이를 변함없이 사랑해줘야 한다.
- 남과 비교하지 않고 있는 그대로 아이를 받아들이도록 해야 한다.
- 아이 앞에서 부정적인 말을 하지 않는다.
  "그래서?" → "그럼에도 불구하고." "반밖에 없네!" → "반이나 남아있네!"
- 가급적 "안 돼" "하지 마라"라는 말을 사용하지 않는다.

완벽주의자가 되지 않기

- 부모가 완벽주의자가 되어서는 안 된다.
- 조그만 실수는 그냥 넘어가야 한다.
- 큰 실수라도 비난이나 질책 대신 격려의 말을 해준다.
- 실수를 보는 대신 잘한 점을 칭찬한다.
- 자녀에게 기대하는 말을 해서는 안 된다.

긍정적인 자아상을 길러주기

- 아이의 주도성을 키워준다.

- 자신에 대한 긍정적인 마인드를 키워준다.

- 아이에게 자존감을 키워준다.

- 아이의 인격을 존중해준다.

- 아이를 항상 지지해주고 성원해준다.

- 아이에게 자신감을 키워준다.

부정적인 자아상을 가진 사람의 특징

- 자신을 사랑하지 못하고, 자신을 믿지 못한다.

- 자신을 부정적으로 본다.

- 남을 비판하고 깎아내린다.

- 성공한 사람은 성공할 수 있는 환경이 조성되었기 때문이라고 생각한다.

- 지나치게 자신감이 부족하다.

- 원만한 대인관계를 형성하지 못한다.

- 타인에 대해 지나치게 의식한다.

- 미래에 대한 중장기적인 목표나 꿈이 없다.

- 자신의 주관이 없다.

마음의 근력이 약하고 부정적인 마인드를 갖게 하는 원인

- 어릴 때 부모로부터 학대받고 자란 경우

- 부모로부터 끊임없이 실수를 지적받고, 잔소리를 듣고 자란 경으

- 남과 비교하는 부모 밑에서 자란 경우

- 자존감이 낮은 부모 밑에서 자란 경우

- 완벽주의 부모 밑에서 자란 경우

- 조그만 실수도 지적하는 부모 밑에서 자란 경우

- 폭력적인 부모, 강압적인 부모 밑에서 자란 경우

- 부정적인 마인드를 가진 부모 밑에서 자란 경우

- 부모가 자식을 신뢰하지 않는 경우

- 부모의 사이가 좋지 않은 경우

- 부모가 공부만 강요한 경우

- 어려서부터 인정을 받지 못하고 자란 경우

마음의 근력을 키우는 방법

- 아이를 적극적으로 지지해준다.

- 아이의 말을 경청해준다.

- 어릴 때부터 실패를 경험하고 극복하는 훈련을 시킨다.

- 아이를 믿어준다.

- 아이의 감정을 읽어준다.

- 메타 인지 능력을 키워준다.

- 자신의 강점을 알게 한다.

- 자신감을 키워준다.

- 감사하는 마음을 키워준다.

- 아이의 기분을 좋게 만들어 감정의 뇌와 사고력과 관련된 전두엽을
  활성화시킨다.

제4장

가정교육 및 꿈, 행복, 미래 인재로 키우는 방법

뇌를 발달시켜주기

뇌의 주요 구성 부분

- 대뇌 신피질(이성의 뇌, neocortex): 제일 바깥쪽 부분, 언어 논리 등 이성을 담당, 고등동물에서 크게 발달

- 대뇌 변연계(감정의 뇌, limbic system): 대뇌 피질 아래에 위치함(피질 내측부), 흥분, 쾌락, 분노 등 감정을 담당

- 뇌간(생존의 뇌, brain stem): 뇌의 가운데 위치하여 뇌와 척수를 연결함, 호흡, 체온 조절, 달리기 등 생존을 담당

- 소뇌(cerebellum): 대뇌의 뒤쪽 아랫부분에 위치함, 앞에 뇌간과 연결되어 있음, 자발적인 운동의 조절과 몸의 평형을 유지, 자세와 균형, 근육 긴장 유지의 역할

- 간뇌(interbrain): 대뇌와 소뇌 사이에 위치. 모든 감각 정보가 집결되는 곳(시상, 시상하부로 구성), 감각 신호를 뇌에 입력

- 편도체(amygdala):뇌의 변연계(limbic system)에 속해 있으며, 동기, 학습, 감정과 관련된다. 특히 공포, 화 등 감정과 관련된 학습에서 역할을 한다. 즉 정서 기억을 저장하고 회상한다. 편도체 손상 시 두려움을 느끼지 않거나 공격적이 된다. 공포를 느낀 후 계속 생각나는 경우 '외상 후 스트레스 장애'로 발전된다. 편도체는 정서 기억과 관련 있다. 사람은 보통 정서와 관련된 사건을 더 잘 기억하는데 이를 기억 증진효과(memory enhancement effect)라고 한다.

- 뇌량(뇌들보, corpus callosum): 양쪽 대뇌반구를 연결

: 참고사항

전두엽(아마엽)

- 이마 부분에 위치. 고등 정신이 작용하는 곳이다.

- 기억력, 사고력을 주관하고 행동을 조절하는 기관이다.

- 판단력, 감정조절, 집중력 조절, 기획 능력 등을 관장한다.

- 전두엽 이상 시 ADHD(주의력 결핍 과잉 행동장애)가 발생한다.

두정엽(마루엽)

- 입체, 공간적 사고와 인식 기능 및 계산 기능을 담당한다.

- 퍼즐게임, 도형 맞추기 및 언어 맞추기로 발달시킬 수 있다.

측두엽(관자엽)

- 언어기능 담당. 외부로부터 정보를 받아들여 사물이나 사람을 인식한다.

- 기억이나 지식을 저장한다.
  베르니케 감각 언어 영역: 문자와 말을 이해하는 기능
  브로카 영역: 말을 하는 기능

후두엽(뒤통수엽)

- 뇌의 뒤쪽에 위치. 시각정보를 분석하고 통합하는 기능

해마

- 관자엽의 안쪽에 위치함. 대뇌피질 밑에 존재함

- 학습, 기억의 중심, 단기기억을 장기기억으로 전환

- 새로운 사실을 학습하고 이를 단기 기억함, 이것을 대뇌피질로 보내 장기기억하거나 삭제함

- 해마를 자극할수록 기억력과 판단력을 증대시킬 수 있다.

시상

- 간뇌의 3/4을 차지함.

- 감각 중계 및 대뇌피질 통제, 자율신경계의 중추

시상하부(hypothalamus)

- 간뇌의 일부로서 시상 아래쪽에 위치하며, 아래쪽으로 뇌하수체와
  연결됨

- 체온조절, 혈당량, 삼투압 조절의 중추

- 식욕, 생식, 수면에 대한 욕구의 중추

뇌하수체(pituitary gland)

- 뇌의 가운데 위치, 여러 가지 호르몬을 분비함.

좌뇌와 우뇌

: 좌뇌(논리, 분석 담당)

- 언어, 수리, 사고력, 분석력, 논리력을 담당한다.

- 논리, 순서, 규칙을 좋아한다.

- 사물을 순차적으로 인식한다.

- 언어를 담당하는 측두엽은 초등학교 시기까지 주로 발달한다(초등학교
  시기가 언어 발달의 최적 시기임)

좌뇌적인 아이는 성실하고 꼼꼼한 성격이다. 과제를 끝까지 하려는 특
성을 보이며 익숙한 환경을 좋아한다. 호기심이 적고 사교성이 떨어진다.

: 좌뇌 발달 방법

- 언어에 많이 노출시키는 것이 중요하다.

- 책을 읽어준다.

- 그림책을 보여주면서 설명해준다.

- 오른손을 많이 사용함으로써 발달시킬 수 있다.

: 우뇌(감각, 직관 담당)

- 음악, 미술, 예술 등을 이해하는 능력을 담당한다.

- 우뇌는 사물을 동시에 인식한다.

- 사람의 표정을 보고 종합적으로 읽어낸다.

- 직관적이고 감각적인 분야를 담당한다.

- 카메라로 사진을 찍는 것처럼 통째로 저장하는 역할을 한다.

- 감정, 창의력, 집중력, 통찰력, 구성력 등 다양한 사고를 주관 한다.

- 이미지와 그림을 선호하고 전체적인 상황을 파악하게 한다.

- 인간이 컴퓨터와 비교했을 때 우위를 점하는 부분이다.

우뇌적인 아이는 사교적이며, 외부 지향적이며, 활동성이 강하다. 여러 외부 자극에 민감하게 반응하고 호기심이 강하다. 끈기와 일관성이 부족하고 성실성이 낮다.

: 우뇌 발달 방법

- 놀이, 상호작용, 스킨십, 경험, 상상 등으로 발달시킬 수 있다.

- 왼손을 많이 사용함으로써 발달시킬 수 있다.

- 어렸을 때 음악을 많이 듣고 그림들을 많이 보면 예술 능력이 발달된다.

- 우뇌 발달은 0세부터 만 6세까지 발달(우뇌우세 시기)

참고사항

- 남성의 뇌: 운동과 공간 지각력이 뛰어남, 사냥꾼에 적합함
- 여성의 뇌: 언어와 직관력이 뛰어남, 상대의 감정을 읽는데 뛰어남, 좌우뇌 동시 사용 가능

뇌를 발달시키는 방법

- 지적 자극을 준다.
- 아이에게 책을 읽어준다.
- 아이의 호기심을 발달시켜준다.
- 정서적 안정감을 유지시켜준다.
- 좋은 냄새와 미각은 뇌 발달을 촉진한다.
- 엄마와 정서적 유대감이 두뇌 발달에 중요하다(안정적 애착의 중요성).
- 피부 자극을 통해 오감, 뇌 호르몬 분비를 촉진한다.
- 피부는 제2의 뇌이며 피부 자극은 인지, 정서 발달에 좋다.
- 엄마가 자주 보듬어주고 쓰다듬어 주는 것이 좋다.
- 아이의 말에 즉각적으로 반응해준다(편도와 해마 활성화).
- 일방적인 영상보다는 대화를 통한 상호작용을 하는 것이 좋다(외국어 공부).
- 자주 아이의 피부를 마사지해준다.
- 충분한 피부 자극은 뇌 발달을 시킬 뿐만 아니라 신체적 발달에도 중요하다.
- 충분한 영양섭취, 수면이 시냅스 발달을 촉진한다.

- 밖에서 마음껏 뛰어놀게 한다(집중력과 기억력 증진).

- 야외 운동을 통해 신체적인 발달과 두뇌 발달을 유도한다.

- 운동은 혈액을 원활하게 하여 공부 두뇌를 발달시킨다.

- 왕성한 신체활동을 통해 신경 물질을 활발하게 분비시킨다.

- 음악은 청각 등 여러 뇌 영역을 발달시킨다.

- 음악에 의한 뇌의 자극은 9세까지 영향을 미친다.

- 아이가 손놀림으로 지능과 창의력을 발달시킨다.

- 왼손잡이는 선천적으로 결정된다.

- 우뇌가 잘 발달하면 좌뇌도 발달하게 된다.

- 태어난 후 5년간 뇌의 90%가 발달하므로 이 시기의 경험이 중요하다.

: 운동의 효과

- 기억력과 집중력을 발달시킨다.

- 사고력을 키워준다.

- 끈기를 키워준다.

- 자기 조절력과 사회성을 키워준다.

- 자존감을 키워주고 스트레스에 강한 아이가 된다.

: 독서의 효과

- 영유아기에 책을 읽어 주면 뇌를 자극해 상상력과 창의력을 키운다
  (딥러닝).

- 동화책을 읽어주면 두정엽, 측두엽, 후두엽이 활성화된다.

- 책을 보지 않고 듣기만 해도 뇌가 활성화된다.

손가락과 뇌

- 정교한 손놀림은 두뇌 발달의 원동력이다.
- 손을 다양하게 사용하면 뇌의 정교한 신경망 회로가 창조된다.
- 단순히 손만 움직이는 것이 아니라 생각하면서 움직이면 뇌 부위가 더 많이 활성화된다.

: 시냅스(신경세포 연결)

- 유아 두뇌 발달에 중요한 것이 시냅스다.
- 시냅스는 정보를 교환하는 곳이다.
- 수정 후 7주부터 시냅스가 생성되기 시작한다.
- 4~5세 시기에 시냅스의 수가 어른의 두 배로 늘어난다.
- 똑똑하다는 것은 시냅스가 얼마나 정교하게 발달했는가이다.

참고사항

- 뉴런(neuron): 신경계를 구성하는 신경세포, 신경계의 구조적 기능적 단위, 감각뉴런, 연합뉴런, 운동뉴런의 종류가 있음.
- 시냅스(synapse): 뉴런 상호 간의 접합 부분(신경회로)
- 감각뉴런: 외부 자극을 감각기관에서 받아 중추신경계로 전달하는 뉴런
- 연합뉴런: 중추신경계를 이루고 있는 뉴런
- 운동뉴런: 중추신경계로부터 반응을 받아 근육에 전달하는 뉴런

뇌 발달의 결정적 시기(critical periods)

- 뇌 중량 증가: 0세 25%, 1세 50%, 3세 75%, 6세 90% 발달, 신경회로 발달(0~12세까지)

- 5~6세까지 뇌 발달에서 아주 중요한 시기이다.
- 영, 유아 시절에는 개념, 언어, 감각 등을 풍부하게 발전시켜야 한다.
- 만 12세 전까지 독서 습관 등을 키우는 것이 중요하다.

뇌 발달의 결정적 시기는 생후 8개월부터 6세 이전이며, 이 시기가 뇌의 신경 회로 형성이 가장 활발하다. 그 후에는 서서히 둔화되면서 12세까지 뇌의 신경회로가 늘어난다. 6세 때 딥 러닝의 뇌가 거의 완성되므로 어릴 때부터 독서 교육을 시킬 필요가 있다.

: 딥 러닝(deep learning)

외부 데이터를 분석해서 스스로 의미를 찾는 학습 과정을 말하는데, 기계가 스스로 이미지를 추출해 판단하는 것을 말한다. 이는 신경망이 깊으면 깊을수록 즉, 학습 단계가 세분화될수록 인공지능의 성능이 향상된다.

: 가지치기(pruning)

- 시냅스는 4~5세 시기부터 수가 감소하기 시작한다.
- 시냅스는 16세에 그 수가 절반으로 줄어든다.
- 잘 쓰지 않는 시냅스는 없어진다.
- 가지치기를 당하지 않기 위해 다양한 자극에 노출되는 것이 중요하다.
- 어릴 때 지나친 휴대폰 사용, TV 시청, 비디오 보기는 피해야 한다.

: 뇌의 활성화와 장수

- 즐거울 때 지적능력이 우수해서 복잡한 문제의 해결에 좋으며, 더 건강하고 장수한다.
- 명랑할 때 신경 물질의 전도가 활발해져 면역기능과 학습효과가 높

아진다.

- 뇌의 신경회로는 쓰면 쓸수록 두꺼워져 정보유통이 원활해진다.
- 삶의 목표와 열정은 뇌 기능을 활성화시켜, 생활에 활력을 주고 창조적으로 변화시킨다.
- 삶의 목표와 열정을 가지고 인생을 즐겁게 살면 장수한다.
- 걷기 운동은 뇌 세포를 회복하는 물질을 분비한다.
- 뉴런은 태어날 때 숫자가 어른이 돼도 크게 변동 없다.
- 뇌에 과도한 자극을 주면 뇌 기능이 손상된다.

① 0~2세

- 입으로 빨고, 맛보고 만지고 소리 지른다.
- 모든 물체를 입으로 가져간다.
- 오감을 통해 물체를 확인하는 것이 두뇌 발달에 중요하다.
- 엄마와 정서적인 안정감이 아이의 활동을 증가시킨다.
- 엄마와 애착 관계가 우뇌 발달에 영향을 준다.

② 2~4세

- 감각적인 뇌가 활발하게 발달하는 시기이다.
- 보고, 듣고, 만지는 체험을 다양하게 유도하여, 뇌 발달을 촉진시킨다.
- 운동을 통해서 대근육을 발달시키고, 장난감 놀이를 통해 소근육도 발달시킨다.
- 놀이를 통해 거울 뉴런, 어휘력, 창의력, 자기 조절력 등이 발달한다.
- 이 시기에는 글자 공부 등은 적합하지 않다.
- 바른 생활습관을 교육시킨다.

③ 4~6세

- 다양한 경험은 우뇌의 상상력과 창의력을 발달시킨다.

- 도덕성 교육과 예절 교육을 실시한다.

- 아이에게 적절한 질문을 통해서 상상력과 창의력을 발달시킨다.

- 반복적이고 획일적인 교육은 가급적 피한다.

④ 7~12세

- 좌뇌가 발달한다.

- 언어영역이 급격히 발달한다.

- 수학이나 과학을 배울 수 있다.

- 두뇌구조도 복잡해지고 처리속도가 빨라진다.

뇌 발달 및 기타

: 전두엽의 특성 및 발달시키는 방법

• 깊은 사고, 관장, 계획, 추리, 유추를 담당한다.

• 전전두엽 기능 발달 시 사고력, 사회성, 통찰력의 발달 및 충동억제가 가능하다.

• 전두엽 손상 시 우울증 및 공격성이 증가한다.

• 운동, 독서, 명상, 긍정적 마인드 등을 통해 전두엽 발달을 유도할 수 있다.

• 존댓말 사용법과 공공질서에 반하는 행위 금지 등을 가르친다.

• 어떤 문제에 대해 생각하는 습관을 길러주려고 노력한다(사고력 키워 주기).

전전두엽

마지막으로 성숙되는 부분임(18~21세). 일을 관리, 계획, 합리적인 의사 결정, 이성적, 논리적 행동의 근간임. 전전두엽 손상 시 감정절제 능력이 저하 되고 난폭해짐.

: 뇌를 긍정적인 방향으로 조절하는 방법

- 적극적으로 몸을 움직이면 뇌를 긍정적인 방향으로 바꿀 수 있다.
- 밖으로 나가 적극적으로 사람을 만나고 활동하고 움직여라.
- 소리를 질러라.
- 절대 부정적인 암시를 뇌에게 보내지 마라.
- 절대 "안 될 거야"라는 말은 입 밖에 내지 말라.
- 뇌는 칭찬이나 긍정적인 평가를 받으면 좋아한다.
- 자신이 잘하는 분야를 찾아내서 남으로부터 칭찬받도록 유도한다.
- 실현 가능한 목표를 정하라.
- 끝까지 해내면 뇌가 좋아한다.

: 뇌 발달과 놀이의 중요성

- 아이들에게 놀이는 사회성과 각종 능력을 키우는 매우 중요한 과정이다.
- 부모는 아이들과 함께 놀아주는 것을 필수적으로 해야 한다.
- 놀이는 상황 판단력, 전두엽을 발달시킨다.
- 놀이는 사고력과 감정적 발달을 가능하게 한다.
- 놀이를 통해 자기규제, 지능, 신체를 발달시킨다.

: 노는 방법 및 기타 부수 효과

- 아이 위주로 아이의 친구가 되어 화끈하게 놀아준다.
- 아이는 친구들과 놀이를 통해 사회성, 인간관계 맺는 법, 남에 대한 배려 등을 발달시킨다.
- 4차 산업혁명 시대에 노는 것이 창조성에 중요하다.
- 색다른 놀이가 창의성을 키운다.

: 미국 놀이 전문가 스튜어트 브라운

- 뇌를 형성하고 지능과 적응력을 발달시킨다.
- 창조와 혁신의 기초가 된다.
- 놀이는 행복과 연관이 있다.
- 노는 것은 아이에게 필수적인 요소다.

: 뇌 피로 현상

- 패기가 없고 의욕이 없다.
- 능력이 떨어지고 마음도 불안해진다.
- 모든 일을 뒤로 미룬다.
- 지루한 이야기를 들으면 뇌가 피곤해진다.
- 부정적인 이야기를 들으면 뇌의 피로가 가속된다.

: 뇌 피로를 해소하는 법

- "꾸물거리지 마!" 같은 부정적인 이야기를 하지 않는다.
- 웃고 즐거운 대화를 한다.
- 평소 좋아하는 취미 운동을 한다.
- 자연과 접하면서 신선한 공기를 마신다.

주기적으로 휴식을 취하고 놀이, 취미, 산책, 여행 등을 통해 뇌의 피로를 풀어주고, 충전하는 시간을 가져야 한다. 즉 공부와 노는 것의 균형을 취하는 생활이 매우 중요하다.

: 뇌를 훈련하는 법

- 건강한 정신을 유지하기 위해서는 평소 뇌를 훈련시켜야 한다.
- 주기적으로 명상을 통해서 뇌의 피로와 각종 스트레스를 해소해야 한다.
- 명상을 장기적으로 하면 정상 노화에 따른 인지저하를 막을 수 있다.
- 뇌에 일정한 반복훈련을 시키면 새로운 신경세포가 생성된다.
- 뇌 훈련과 관련된 교육, 게임, 학습 관련 기기 등을 이용해 뇌 훈련을 시킨다.

2 올바른 가정교육

가정교육

- 가정생활에 적극적으로 참여시킨다.

- 여러 가지 집안일에 참여하도록 유도한다.

- 일찍 자고 일찍 일어나게 한다.

- 물건을 아껴 쓰도록 한다.

- 예의를 잘 지키도록 한다.

- 이웃과 인사하고 지내도록 한다.

- 올바른 말을 쓰도록 한다.

- 집안 행사에 참여시킨다.

- 저녁 식사 준비에 일부를 맡도록 한다.

"자녀가 집안일에 자발적으로 참여해서 하면 책임감, 자신감, 성취도를 높일 수 있다."

- 월스트리트 저널(WSJ)

관계 교육

- 자녀의 친구에 신경을 써준다.

- 이웃과 교류하며 친하게 지낸다.

- 공공시설을 내 것처럼 아껴준다.

- 공공시설 이용한 후 뒷사람을 생각해서 깨끗하게 해 놓는다.
- 식사 시간을 통해 사회성, 언어 발달, 식사예절 등을 가르친다.
- 저녁 식사 시간을 통해 하루에 일어났던 일에 대해 서로 이야기를 나눈다.
- 매주 하루 정도 저녁 식사 후에 가족 간에 토론 시간을 갖는 것이 좋다.
- 토론 시간에는 나름대로 주제를 정해 토론하도록 한다.
- 어떤 문제가 발생했을 때 그 문제를 어떻게 해결했는가에 관해 이야기하고 서로 피드백을 해준다.

인생 성공을 위해 갖춰야 할 것

- 튼튼한 육체를 유지하는 것이 가장 중요하다.
- 튼튼한 육체를 유지하기 위해 운동을 장려한다.
- 정신과 마음을 항상 수양해야 한다.

음식 섭취

- 슬로우푸드를 먹인다(된장찌개, 청국장, 나물, 야채, 장아찌).
- 건강에 좋은 음식은 한국 전통 음식이다.
- 정크푸드는 먹지 않도록 한다.
- 가급적 외식을 삼간다.

건강하게 100세 이상 살아가기 위한 교육

- 건강이 경쟁력이 되는 시대인 만큼 자녀의 건강에 특히 신경을 써야 한다.

- 건강한 육체를 유지하기 위해 운동은 우리 삶의 일부가 되어야 한다.

- 설탕, 밀가루, 소금의 섭취를 절제해야 한다.

- 과자나 빵, 기타 국수 등 밀가루가 들어간 음식은 섭취를 즐인다.

- 설탕이 많이 들어간 각종 음료수, 특히 콜라를 먹지 않도록 유도한다.

- 김치, 국물 등 짠 음식 섭취를 피한다.

- 과잉 탄수화물 섭취를 피한다(중성지방 증가).

- 과식을 절대적으로 피한다.

- 가급적 야식도 삼간다.

- 육류의 동물성 기름(포화지방산) 섭취는 가급적 피한다.

- 모든 패스트푸드 음식을 피한다.

- 각종 색소가 들어간 음식을 피한다.

- 각종 화학조미료, 첨가제가 들어간 음식과 짜고 매운 음식을 피한다.

- 인공조미료, 설탕, 소금 등을 많이 사용한 식당에서는 식사하지 않는다.

- 야채, 과일을 자주 섭취한다.

- 설탕 함유가 높은 콜라, 과일주스 등의 음료수 섭취를 자제한다.

- 담배는 처음부터 배우지 않도록 교육한다.

- 술은 적절하게 자제하도록 가르친다.

- 알코올 중독자 상당수가 10대에 시작했다는 사실을 주목하고 교육해야 한다.

- 음주는 청소년기의 아이들 뇌에 치명적인 현상인 뇌의 마비를 일으킨다.

- 장수시대에 건강을 유지하기 위해 유산소 운동 및 근육 운동을 열심히 한다.

- 하루 식후 세 번씩 3분 이상 치아를 정성 들여 닦도록 철저히 교육시킨다.
- 외출에서 돌아오면 반드시 손을 깨끗이 씻도록 한다.
- 음식을 골고루 섭취하도록 한다.
- 매일 물을 충분히 섭취한다.
- 식사는 천천히 오래 씹도록 한다.

: 균형 잡힌 식사를 한다

5대 영양소(탄수화물, 단백질, 지방, 비타민, 미네랄) 매일 섭취

매일 균형 잡힌 식사 구성

밥(곡류), 고기류(생선, 달걀, 콩 포함), 채소류(버섯, 해조류 포함), 과일류, 유제품(유유, 요구르트)을 매일 적정 비율 섭취

컬러 푸드를 섭취하자(암 예방, 노화 억제)

- 빨강: 토마토, 사과, 팥, 수박, 고추, 딸기, 파프리카, 석류, 복분자
- 주황색: 당근, 호박, 오렌지, 고구마, 감
- 흰색: 마늘, 양파, 무, 양배추, 도라지, 인삼, 굴
- 노랑: 바나나, 옥수수, 자몽
- 녹색: 배추, 브로콜리, 녹차, 부추, 솔잎, 시금치, 깻잎, 올리브유, 매생이
- 보라: 자두, 포도, 가지, 블루베리
- 검정: 검은콩, 검은깨, 검은 쌀, 메밀

면역력 높이는 식품

홍삼, 버섯, 양파, 꿀, 마늘, 양파, 생강, 단호박, 사과, 감, 고등어, 당근, 무, 발효 음식

트랜스 지방(혈관 질환, 암 유발)

햄버거, 피자, 빵, 치킨, 팝콘, 도넛, 페이스트리, 생크림, 마가린 쇼트닝으로 만든 음식

기름진 음식(고칼로리 음식)

돼지고기 삼겹살, 쇠고기, 닭고기, 오리고기, 개고기, 피자, 햄버거, 치킨, 버터, 치즈, 라면, 기름에 튀긴 음식(튀김 오징어, 감자튀김, 새우튀김)

건전하고 올바른 생활 유도하는 방법

- 독서의 즐거움을 배우도록 한다.
- 평생 공부하고 배우는 즐거움을 갖도록 한다.
- 건전한 취미 생활을 갖도록 유도한다.
- 운동을 장려해서 운동에서 즐거움을 갖도록 유도한다.
- 항상 즐겁고 행복한 가정생활을 만드는 데 초점을 둔다.
- 건전한 이성을 사귀는 것을 장려하고 도와준다.
- 다른 사람과 원만한 관계를 맺도록 유도한다.
- 인생에서 자신만의 꿈을 향해서 살아가도록 도와준다.
- 사회 발전에 기여하는 삶을 살도록 유도한다.
- 결혼은 반드시 '부모 자격증'을 소지한 사람과 하도록 한다.
- 부부생활 하는 법을 배운다.
- 인생학교 등에서 인생을 올바르게 살아가는 법을 배운다.
- 큰 뜻을 품도록 유도한다.
- 가족의 소중함을 느끼도록 하기 위해 가족과 함께 즐거운 시간을 자주 갖는다.

• 가족과 즐거운 여행을 자주 한다.

사기

다단계 피라미드 사기, 고수익을 유혹하는 금융사기(다단계 사기), 몸캠 피싱, 기타 미리 돈을 보내주면 뭔가 혜택을 주겠다는 사기, 투자하면 대박이 난다는 것 등 우리 주변의 갖가지 사기 유혹에 대해 교육을 시킬 필요가 있다. 한탕주의, 일확천금을 기대하는 것은 인생 파멸의 지름길이다. 사람의 말보다 행동을 믿도록 해야 한다. 절대 자신의 통장을 넘겨주거나 명의를 빌려주어서는 안 된다는 것을 교육시킨다. 또한 개인 정보를 넘기는 행위를 절대 해서는 안 된다는 점을 주지시킨다.

: 피싱(phishing)[7]

금융기관 등의 웹사이트나 거기서 보내온 메일로 위장하여 인증번호, 신용카드번호, 비밀번호를 유도하여 개인정보를 빼내어서 돈을 인출해간다. 그 수법은 무차별적으로 이메일을 보내 개인정보가 유출되었다고 말하고 즉시 비밀번호를 바꾸라고 유도한다. '비밀번호 바꾸기'를 클릭하는 순간 가짜 사이트로 이동하게 된다. 여기서 모든 개인의 정보가 유출된다.

보증 서주기

• 친구 등의 요청으로 보증을 함부로 서주어서는 안 된다는 것을 가르친다.

• 특히 연대보증은 무한책임의 가능성이 높으므로 주의해야 한다.

---

7 피싱은 개인정보(private data)와 낚시(fishing)의 합성어다.

중독 폐해

- 아이가 쾌락에 빠지거나 마약, 각종 도박, 음주, 게임 등에 빠지지 않
도록 유도해야 한다.
- 일상생활에 지장을 줄 정도의 지나친 취미 생활도 하지 않도록 한다.

아이 떼쓰기에 대처하는 법

아이는 자신의 욕구를 충족하기 위해 혹은 자신의 의사를 관철하기 위해 떼를 쓰게 된다. 특히 활동적이고 에너지가 왕성한 아이에게서 많이 나타난다. 떼쓰기는 아이의 자연스러운 발달 과정이며, 긍정적인 측면과 부정적인 측면을 가진다. 떼를 써서 부모로부터 원하는 것을 얻어내면 떼쓰기 현상은 반복된다.

특히 자아의식이 강해지는 3~5세까지 떼쓰기가 강해지는 시기이다. 이때는 독립성과 의존성이 동시에 나타난다. 아이가 독립적인 존재로 인정받고 싶어 하는 마음을 어느 정도 존중하면서 아이를 다루어야 한다.

아이가 떼쓰는 원인

- 자신의 욕구를 말로 제대로 표현하지 못함
- 자신의 과격한 감정표현
- 자신의 욕구가 좌절된 경우
- 부모의 사랑과 관심을 원할 경우
- 완벽주의 부모로부터 벗어나기 위한 행동
- 아이가 불안정할 때
- 아이가 불안하고 두려움을 느낄 때
- 아이가 배가 고프거나 몸이 불편할 때

- 아이에게 융통성을 주지 않는 경우
- 부모로부터 행동원칙을 배우지 못한 경우
- 일관성 없이 아이를 다룬 경우
- 아이를 부모가 일방적으로 통제한 경우
- 부모가 과격한 행동을 평소에 보여준 경우

떼쓰기의 성격

떼쓰기를 무조건 나쁘게 규정하는 것은 좋지 않다. 아이의 감정과 욕구의 표현이므로 진지한 자세로 임해야 한다. 부모는 아이의 욕구와 감정을 잘 파악해서 적절하게 대처해야 한다. 엄마는 아이가 왜 떼를 쓰는지 그 원인을 파악하려고 노력해야 한다. 이를 위해서 엄마는 아이를 평소에 잘 관찰하는 것이 중요하다. 그리고 아이의 욕구를 해결해주는 것이 필요하다. 떼쓰기는 아이 발달의 자연스러운 과정이라는 것을 명심하고 신중하면서도 여유 있게 대처하는 것이 필요하다. 아이의 떼쓰기는 그 원인에 따라 엄마의 대처 방법을 다르게 해야 한다.

떼쓰기의 분석

격한 감정을 표현하지 못하고 지나치게 온순한 성격의 아이는 나중에 격한 감정을 표현하고 조절하는 방법을 배우지 못해 나중에 커서 문제가 발생하게 된다. 떼쓰기는 아이의 감정과 욕구의 표현이므로 이해해주는 것이 필요하다. 떼를 쓰면서 아이는 감정이 튼튼해진다. 떼쓰는 원인을 잘 파악해서 거기에 적절한 대응을 하는 것이 현명하다.

: 스트레스로 인한 떼쓰기

분노나 좌절 등과 같은 감정적인 고통 속에 아이가 있을 때는 엄마가 야단치거나 화를 내거나 무시하는 것은 바람직하지 않다. 스트레스를 진정시킬 수 있도록 달래주고 위로해 준다. 아이의 입장에서 생각한다.

: 불안, 불만, 두려움, 스트레스로 인한 떼쓰기 대처법

- 아이에게 심리적 안정감, 편안함, 믿음을 주려고 노력한다.
- 엄마가 먼저 침착해야 한다.
- 부드럽게 감싸준다.
- 그 원인을 잘 파악하여 이를 해소시켜준다.
- 관심을 딴 곳으로 돌리도록 유도한다.
- 선택하도록 한다.
- 아이를 혼자 있게 하지 않는다.
- 예민한 아이는 짜증을 잘 내기 때문에 엄마는 이를 잘 해소시켜준다.

: 자기 멋대로 하려고 하는 떼쓰기

- 달래주지 말고 철저하게 무시한다.
- 이유 없이 떼쓰고 억지를 부리는 것은 철저하게 무시한다.
- 아이와 타협하지 않는다.
- 설명이나 설득을 하지 않는다.
- 엄마는 당황해서는 안 된다.
- 엄마는 당당하게 대처하면서 주의와 경고를 준다.
- 아이의 눈을 똑바로 쳐다보면서 "안 돼"라고 낮은 목소리로 말한다.
- 아이가 주의를 주었음에도 계속 떼를 쓰면서 완강하게 버티면 행동으로 옮긴다.

- 아이를 들어서 한적한 곳으로 데리고 가서 훈육을 한다.
- 사전에 마트에 가기 전에 지켜야할 사항을 교육시킨다.
- 일관성을 유지하여 떼는 절대 통하지 않는다는 점을 확고하게 주지시킨다.
- 아이가 진정되면 안아준다.

아이의 투정

- 아이의 투정을 마냥 받아주어서는 안 된다.
- 아이의 요구 조건을 무조건 받아주면 부모를 쉽게 생각한다.
- 이런 환경에서 자란 아이는 예의와 존경심을 배우지 못한다.

지혜로운 부모

- 아이에게 관대하지만 경우에 따라서는 단호한 태도를 보여준다.
- 아이에게 분명히 지켜야 할 것들을 가르쳐준다.
- 부모의 권위, 예의범절, 식사 시간, 간식 시간, 잠자는 시간 등은 엄격하게 지키도록 하고 일관성을 유지한다.
- 일관성이 없는 부모는 아이가 반항심을 갖게 된다.

떼쓰는 시기

만 2세가 되면 자아에 대한 의식이 생기면서 자기주장을 하게 된다. 이때 자기주장이 받아들여지지 않을 경우 떼를 쓰게 된다.

떼쓰기 대처법

아이의 감정을 표현해주고 공감해 준다. 안 되는 이유를 짧게 말해준다. 부드럽지만 단호하게 "그렇게 하면 안 돼"라고 말해준다. 그리고 난 후 대안을 제시한다. 계속 떼를 쓰면서 소리치면 낮은 목소리로 경고한다. 그 이후에도 계속 소리치면 더 이상 반응을 보여주지 않고 완전히 무시하거나 행동으로 옮긴다.

6세부터 존댓말 교육을 한다. 엄마에게 공손하게 말하지 않을 경우 절대 들어주지 않는다. 아이가 막말을 할 경우 일절 반응을 하지 않고 완전히 무시해버린다. 아이가 부모에게 버릇없는 행동도 나쁜 행동임을 단호하게 교육한다. 장난감을 사는 것에 대해 사전에 규칙을 정하고, 이에 위반하는 경우에는 아무리 떼를 써도 사주지 않는다.

아이에게 규칙을 상기시켜주고 충분한 시간을 줘서 감정이 누그러지게 한다. 아이가 충분히 울도록 한 후 울음이 그치면 기다렸다가 나중에 안아준다.

2세 전까지는 아이에게 위험한 물건은 모두 치워서 아이가 다치지 않도록 해야 한다. 아이가 원하는 욕구를 마음껏 충족시키도록 하는 것이 좋다. 이 시기에는 부모는 충분한 사랑을 주는 것이 중요하다. 만 2세 이후부터는 안 되는 것은 말로 간단하게 설명해준다. 잘못된 행동을 할 때마다 단호하게 알려준다. 3세 이후부터는 질서를 받아들여야 하는 시기이다. 이때부터 자기 조절능력을 키워야 한다. 적극적으로 훈육을 통해서 아이의 잘못된 행동을 교정해주어야 한다.

무시하기는 아이에게 감정을 스스로 조절할 수 있는 기회를 제공한다. 그리고 부모의 과도한 감정 표출을 자제할 수 있다. 아이의 감정이 가라앉은 후에 아이를 꼭 껴안아 준다. 하지만 아이가 너무 오래 울지 않도록 주의한다.

떼쓰기를 줄이는 방법

- 평소에 아이에게 자율권을 준다.
- 부모가 아이 앞에서 화를 내거나 감정을 조절하지 못하는 행동을 보여주어서는 안 된다.
- 아이의 말에 귀를 기울이고 잘 들어준다.
- 장점을 찾아 칭찬과 격려를 해준다.
- 아이에게 선택권을 준다.
- 일정한 원칙과 행동의 범위를 정해준다.
- 하지 말아야 할 것과 해도 되는 행동을 명확하게 구분해준다.
- 아이의 부정적인 행동은 무시하고 긍정적인 행동은 격려해준다.
- 아이가 난리를 쳐도 엄마는 동요하지 않고 버티면 아이는 스스로 감정을 가라앉힌다.

말썽부리는 아이 고치는 법

- 누구나 잘하는 것이 있다. 그러므로 잘하는 것을 칭찬해준다.
- 조용히 아이를 불러 "나는 네가 제일 예뻐"라고 칭찬해준다.
- 야단을 치기보다는 더 안아주고 사랑을 주면 아이는 변한다.

연령별 거짓말 대처법

- 만 3세 이후에 거짓말을 시작하지만, 여기에 대해 질책할 필요는 없다.
- 만 4세에는 거짓말에 대해서는 부모가 인식하고 있다는 것을 알리는

것으로 족하다.

- 만 6세 이후 도덕교육이 필요한 나이이므로 거짓말에 훈육이 필요
하다.

아이가 거짓말을 했다고 흥분해서는 안 된다. 감정을 억제하고 차분하게 거짓말의 잘못된 점을 지적한다. 거짓말을 했다고 아이의 인격 자체를 무시하는 언행을 해선 안 되며, 지나치게 야단을 치거나 체벌을 해서도 안 된다. 거짓말은 아이의 자연스러운 발달 과정이므로 지나치게 흥분하거나 분노를 표출하는 것은 바람직하지 않다. 차분한 어조로 거짓말을 하는 것은 잘못된 것이라는 점을 일관되게 교육을 해야 한다.

아이끼리 싸울 때

- 아이끼리 싸울 때는 개입을 자제한다.
- 아이가 잘못된 행동을 할 때는 개입해서 이를 바로 잡는다.
- 해결책을 제시하기보다는 아이 스스로 해결책을 찾도록 도와준다.
- 부모가 심판자가 아니라 중재자 역할을 해야 한다.
- 서로 상대방의 입장에서 생각해 보도록 한다.
- 어떤 식으로 해결하는 것이 좋은지 물어본다.

일반적인 사춘기의 특징

- 부모로부터 벗어나려는 시기이다.

- 심리적으로 불안정한 시기이다.

- 부모와 대등한 관계로 접어들면서 부모의 권력이 무너지는 시기이다.

- 어른에 대해 적대적인 성향을 보이는 시기이다.

- 짜증과 화를 잘 내고 신경질을 부린다.

- 신체적, 생리적으로 성숙하나, 심리적, 사회적으로는 미숙한 상태이다.

- 본능적 충동적 행위가 증가한다(전두엽의 미발달).

- 외모에 신경 쓰는 시기이다.

- 타인과 갈등, 혼돈, 방황의 시기이다.

- 15~16세 전후, 자아거념의 혼돈을 느끼고 진로, 이성 문제로 고민한다.

- 18~19세 자아통합이 서서히 이루어지면서 안정된 상태로 돌아간다.

기타 사춘기에 나타나는 현상

: 자아중심성(ego centrism)

- 세상이 자신을 중심으로 돌아간다고 생각한다.

- 주변의 사람들이 자신을 바라보고 있다고 생각한다.

- 자신의 생각에 사로잡혀 있으며, 타인의 관점을 이해하지 못한다.

- 청소년 중반기에 타인과 유사점과 차이점을 인식하면서 자아중심성
  은 점차 사라진다.

: 사회인지 발달(social cognition)

- 자신과 타인의 관계, 타인의 감정, 생각 등을 이해하는 능력을 말한다.

- 타인과 정서적 교감을 통해 점차 발달한다.

: 친구가 매우 중요함

- 부모로부터 벗어나 친구를 중요하게 생각한다.

- 친구는 아이 인생에 중요한 자산이 되므로, 좋은 친구 관계를 유지하
  도록 격려해준다.

- 친구들에게 인정받고 어울리는 것을 매우 중요하게 생각한다.

- 또래 집단의 압력을 받으며 그들에게 무시당하지 않으려고 애를 쓴다.

- 친구들로부터 인정받는 것이 그 무엇보다 우선한다.

청개구리 성향

아이들은 어른들이 말하는 것과 반대로 행동하는 경향이 있다. '추우
니 잠바를 입고 가라'고 말하면 반팔 소매에다 맨발에 슬리퍼를 신고 나
간다. 부모가 옳은 이야기를 한다는 것을 알면서도 일부러 반대로 행동
한다. 그 이유는 부모의 말을 들으면 내 인생이 없어진다고 생각하고 있
기 때문이다. 또한 부모가 공부하라고 말하면 아이는 공부를 하려고 마
음을 먹었다가도 공부하기가 싫어진다. 남이 이야기하면 하고 싶은 마음
이 없어진다. 아무리 옳은 이야기라고 하더라도 부모는 말을 자제할 필요
가 있으며, 인내심을 갖고 기다려줄 필요가 있다. 부모는 때에 따라서는
반대로 얘기해주는 것도 한 방법이다.

아이가 설사 나쁜 아이와 어울리고 못된 짓을 하더라도 너그럽게 용서하고 항상 사랑으로 감싸야 한다. 조건 없는 사랑만이 아이를 변화시킬 수 있다. 아이에게 올바른 이야기를 주지시키고 잔소리해봐야 아이는 청개구리 심리를 가졌기 때문에 옳은 소리를 듣지 않고 반대로 엇나갈 것이다. 어릴 때부터 부모와 자식 간의 유대관계가 좋은 경우에는 아이가 말썽을 부리다가도 다시 부모와 관계가 좋아지기 때문에 크게 걱정할 필요가 없다.

말썽부리기(총량 불변의 법칙)

아이는 반드시 부모의 속을 썩이게 된다. 자라면서 부모의 속을 어느 정도 썩이는 것은 아이의 정상적인 발달 현상이다. 그러므로 아이가 부모의 말을 잘 듣지 않고 말썽을 피우는 것을 부모는 크게 놀라거나 충격을 받을 필요는 없다. 만약 부모의 말을 100% 잘 듣는 아이라면 더 큰 문제가 발생할 수 있으며 바람직한 아이의 발달 모습은 아니다.

만약 초등학교, 중학교 시기에 말썽을 부리지 않는다면 고등학교에 가서 사고를 더 크게 치게 되며, 그렇지 않을 경우 성인이 되어서 대형 사고를 치게 된다는 사실을 인식할 필요가 있다. 아이가 청소년기에 사고를 치고 부모의 속을 썩이는 것은 자연스러운 것이므로 부모는 여유를 갖고 이에 지혜롭게 대처하는 것이 필요하다. 만약 청소년기에 사고를 치지 않는다면 성인이 되어서 더 큰 문제를 야기할 수 있다는 점을 우려해야만 한다.

자아 정체감의 발달

- 청소년기에는 전두엽의 미발달로 감정이 격하다.
- 자신의 정체감을 찾기 위해 방황하게 된다.
- 자신의 정체감을 찾으면 안정기에 접어든다.
- 정체감을 찾으면 신념, 가치관, 진로 등을 결정할 수 있으며, 인생을 장기적인 관점에서 살게 된다.
- 정체감을 확립하기 위해서는 자율성, 독립성, 정서 안정 및 다양한 경험이 필요하다.

충동적 행동

이성이 지배하고 있을 때는 정상적인 행동을 하게 된다. 하지만 감정이 개입되면 평정심을 잃고, 이성이 위축되고, 우발적이고, 충동적인 행동을 하게 된다. 엄마의 잔소리에 극단적인 행동을 하는 경우가 바로 그것이다.(전두엽의 미발달이 원인)

비행 및 가출

가출은 대개 집안이 화목하지 못한 가정에서 많이 발생한다. 또한 부모에 대한 불만의 표시로 또는 자신의 존재감을 드러내고자 가출한다. 부모와 자식 간의 좀 더 친밀하고 화기애애한 관계를 유지하도록 한다. 평소에 부모가 모범적인 모습을 보이고, 가족 간에 친밀한 관계를 유지하면 가출을 예방할 수 있다. 가출했다가 집으로 다시 돌아오면 부모는 자녀를 격려해준다. 부모는 집에 돌아온 자녀와 친밀한 관계를 만들도록 더욱 노력을 기울여야 한다.

사춘기는 부모와 멀어지는 시기

아이는 부모에게 반항하고 자기 뜻대로 하려고 한다. 이때 억지로 잡으려면 더 멀어진다. 형, 언니들을 아이의 멘토로 만들면 좋다. 언젠가는 다시 부모에게 돌아오므로 크게 걱정할 필요는 없다.

부모는 자녀에게 항상 관심을 표해주고 공감해준다

아이가 무슨 말을 하든지 부모는 반드시 끝까지 들어주어야 한다. 자녀가 겪고 있는 문제를 최대한도로 경청해주어야 한다. 아이의 말만 충분히 들어만 줘도 문제는 대부분 해결된다. 그리고 자녀의 입장에서 이해해주고 공감해주는 것이 매우 중요하다.

자녀가 남으로부터 고통을 당했을 때

자녀를 지지해주고 "너는 잘못한 게 없다"고 얘기해 준다. 가장 큰 피해자는 바로 자신의 자녀다. 그러므로 자녀의 상처를 어루만져 주고 치유해주는 것이 부모가 해야 할 가장 중요한 일이다. 자녀의 말을 잘 들어주어 감정들을 풀도록 도와준다. 솔직하게 얘기해준 것에 대해 칭찬해주고 꼭 안아주면서 위로를 해준다.

호르몬 부조화, 심리상태 불안정

짜증을 잘 내고 감정 기복이 심하다. 부모를 무시하고 부모에게 도전한다. 이 경우 아이에게 잔소리나 간섭을 줄이고 인내심을 갖고 자녀를 이해하려고 노력한다. 자녀의 잘못에 집중하지 말고, 현재의 상황에 대해 부모가 생각하거나 기대하는 것을 자녀에게 분명하게 말해준다. 이때 다음과 같이 말을 간결하게 한다.

- 엄마는 네가 엄마와 약속한 것을 지켰으면 좋겠다.
- 엄마는 네가 계획표대로 생활하면 좋겠구나.
- 엄마가 힘드니까 이것 좀 도와주면 좋겠구나.
- 컴퓨터를 한 시간만 하면 좋겠구나.
- 힘든 것은 이해하지만, 숙제부터 먼저 하는 것이 좋겠구나.
- 엄마는 네가 12시 전에는 들어왔으면 좋겠다.

아이가 비싼 옷을 사달라고 조를 때

무조건 반대보다는 아이의 의견과 생각을 충분히 들어주고 함께 의논하는 자세를 보여준다. 무조건 아이가 원하는 것을 다 들어주기보다는 부모의 분명한 생각과 기준을 말해주면서 서로 윈윈할 수 있는 방법을 모색한다. 이때 아이의 마음을 이해해주고 부모의 형편을 솔직하게 이야기해준다.

우상화

공부에 대한 스트레스로 인해 뭔가에 집착하면서 스트레스를 풀려고 한다. 청소년기에는 자신의 정체성을 찾는 과정에서 유명한 연예인들을 좋아하고 모방하려고 하는 특성을 보인다. 우상화는 좋아하는 연예인에게 강한 애착과 존경심을 갖는 것을 의미한다. 또한 모든 것을 하나하나 따라하는 모방의 행태를 보이게 된다. 연예인들이 성공하기까지 숨은 노력에 대해 알려주면서 노력의 중요성을 알려준다.

술, 담배 중독 현상

평소 술과 담배의 해독성에 대해 얘기해준다. 특히 우울한 아이가 음주나 흡연 중독에 빠질 가능성이 높다. 평소 가정이 화목하고 부모와 관계가 좋으면, 음주나 흡연에 중독될 가능성은 거의 없다. 부모가 평소 술과 담배에 대해 모범을 보여준다.

이성 관계

자연스러운 현상이므로 건전한 이성 관계를 갖도록 유도한다. 상대에 대한 이해와 배려 그리고 책임감이 중요하다는 점을 가르친다. 건전한 이성 관계를 유도하기 위해 주의할 사항에 대해 말해준다. 지나친 스킨십은 자제하도록 분명한 한계를 정해주어야 한다. 이성 문제에서는 부모에게 숨기는 것이 없도록 자녀와의 관계가 원활해야 한다. 그리고 적절한 부모의 조언이 필요하다.

사춘기 대처법

성급하게 해결책 제시, 훈계, 비판 보다는 자녀의 이야기를 충분히 들어주는 것이 가장 바람직하다. 잘 들어주고, 공감해주고, 중간에서 자녀의 말을 잘라서는 안 된다. 부모와 자녀 사이의 타협과 조정을 하는 것이 필요하다.

아이가 짜증낸다고 해서 부모가 화를 내거나 해서는 안 된다. 청소년기의 일시적 현상이라는 것을 인식하고, 너그럽게 대처하면서 여유를 가지고 정상적인 상태로 돌아올 때까지 기다려주어야 한다. 아이의 감정을 이해하고 공감해주는 것이 필요하다. 그런 다음 부모의 생각을 자연스럽게 이야기해준다.

자녀와 갈등을 일으키는 원인은 아이를 믿지 못하는 데서 온다. 아이가 잘못되면 어쩌나 하는 불안감으로 아이를 야단치면 아이와 관계는 더욱 악화된다. 그리고 아이의 반항이나 도전은 청소년기의 자연스러운 현상이므로 부모는 크게 놀라거나 당황해할 필요는 없다.

아이를 내 멋대로 좌지우지하던 시기는 이미 지나갔다. 중학교 시기부터는 아이를 독립된 인격체로서 존중하고 대등하게 대해 주어야 한다. 아이의 의견을 경청하고 존중하면서 부모의 의견을 분명하게 제시해주는 자세가 필요하다. 부모는 절대 아이에게 감정을 표현하는 행위를 해서는 안 된다. 아이에게 화가 나면 대화를 중단하고, 화를 가라앉힌 후에 차분하게 대화를 해야 한다.

청소년기의 아이와 갈등은 사실 그 전에 부모가 아이의 의사와는 상관없이 마음대로 지시하고 명령하던 것에 대한 반발이다. 아이도 독립된 인격체로서 대우받고 자신의 일은 자신이 생각하고 결정하고 싶어 한다. 평소에 민주적으로 키우고 아이를 존중해 준 부모는 아이와 원만하게 사춘기를 보낼 수 있다.

부모가 정서적으로 안정되고 일관성을 항상 유지하면서 자녀를 대하면 자녀와 충돌을 줄일 수 있지만 그렇지 않을 경우 자녀와 충돌을 하게 된다. 청소년기 아이들의 행동을 자연스럽게 받아들이는 태도가 중요하다. 아이들이 성장했는데 어린아이로 취급해서는 안 된다. 그렇다고 완전한 어른으로 된 것이 아니므로 적절한 부모의 관심과 조언이 필요한 시기다.

사춘기 여자아이의 경우 외모, 학업, 친구 관계 등에서 스트레스를 많이 받으며 자존감이 많이 떨어진다. 그러므로 부모는 딸에게 말하는 것을 주의해야 한다. 특히 아빠의 경우 딸에게 잔소리를 해서는 안 된다. 아빠는 딸에게 부정적인 방식으로 이야기하는 것을 피하고, 긍정적이고 격려해주는 말만 해준다. 딸이라고 해서 아빠가 과보호하려는 경향은 결코 바람직하지 않다.

청소년기에는 부모의 말이 통하지 않고 친구의 영향력이 커지는 시기이다. 그러므로 이 시기에는 부모가 아무리 좋은 이야기를 해도 반감만 사고, 잔소리로만 들린다. 이때는 겐토나 롤 모델을 소개하는 것이 좋다. 잔소리를 하는 대신에 자녀의 마음을 어루만지는 엄마의 따뜻한 마음을 전하는 편지 등을 사용해서 소통을 시도하는 것이 바람직하다.

글로벌 리더로 키우기

글로벌 리더의 요건

- 정직해야 한다.

- 도덕성을 갖추어야 한다.

- 책임감이 있어야 한다.

- 인성을 갖추어야 한다.

- 감성을 갖추어야 한다.

- 문제 해결력을 키워야 한다.

- 소통능력을 갖춰야 한다.

- 다른 사람을 존중해야 한다.

- 다른 사람과 협업하는 능력을 키워야 한다.

- 영어를 자유자재로 구사해야 한다.

- 세계의 역사와 문화에 대해 공부해야 한다.

- 국제적인 매너를 익혀야 한다.

- 사교춤을 출 줄 알아야 한다.

- 다른 문화를 존중해야 한다.

- 꿈과 비전을 가져야 한다.

- 열정이 있어야 한다.

- 솔선수범하고 남을 돕는 박애 정신을 가져야 한다.

전혜성 박사[8]의 리더십

자녀 현황

- 고경주: 미국 버락 오바마 행정부 보건부 보건담당 차관보

- 고홍주: 국무부 법률고문

- 고경신: 중앙대 자연과학대학장

- 고영신: 예일대 로스쿨 교수

- 고동주: 의사

- 고정주: 일러스트레이터

6자녀 모두 예일대와 하버드대를 졸업시키고 한 가족에 박사 학위가 11개나 된다.

전혜성 박사의 자녀 교육법

"나는 한 번도 아이들을 위해 희생한 적이 없다. 나의 행복을 포기하지 않았다. 오히려 나의 삶의 주체가 되기 위해, 항상 공부하고 봉사하는 어머니가 역할 모델이 될 것으로 생각했다."

"집에서 아이를 키우건 직장에서 나가서 일하건 부모가 모두 스스로 선택하는 자신의 인생이 있어야 한다. 이것이 부모와 아이가 모두 행복해지는 방법이다."

전혜성 박사의 진정한 리더십(Authentic Leadership)

스스로를 섬기고, 타인을 섬기고, 세상을 섬긴다. 부모가 타인을 위해 봉사하는 모습을 보여, 나와 남이 모두 잘되는 '공동의 가치'를 추구하는

---

8 이화여대 영문과 2학년 재학 중 미국 유학, 보스턴 대학원에서 사회학 박사와 인류학 박사 학위 취득, 4남 2녀를 키우면서 예일대 교수, 미 학술원 임원, UNESCO 세계정보시스템 미국 대표, 백악관 세계여성의 해 임원으로 활동

법을 자녀에게 가르친다. 타문화와 더불어 살아야 하는 세계화 시대에 남과 공존하는 법을 배우지 못하면 리더가 될 수 없다.

① 뚜렷한 목적과 열정을 가르쳐라

뚜렷한 목적과 확고한 의지를 갖췄다면 성공과 행복은 따라온다.

부모는 아이가 하고 싶은 길을 찾도록 길을 제시하고, 아이를 믿고 응원해야 한다.

② 맡은 바를 다할 때 자기 완성도를 이룬다

부모는 아이가 자기가 맡은 일을 모두 수행할 수 있는 힘을 길러주어야 한다.

③ 일생에 걸쳐 정체성을 재정립시켜라

자신의 정체성을 분명하게 확립해야 한다. 자신이 누구이고 무엇을 원하고 어떤 일을 할 때 가장 행복한가를 알아야 한다. 자신을 잘 알아야 다문화 시대를 적응할 수 있다.

④ 덕이 재주를 앞서야 한다

재능에 앞서 덕을 갖춰야 한다. 반드시 재능은 남을 위해 쓰도록 해야 한다. 자신의 재능을 남을 위해 베풀 때 더없는 기쁨을 얻는다.

⑤ 창의적 통합력이 아이를 살린다

유연한 사고로 다른 문화와 가치관을 흡수 통합해서 이를 자신에 맞게 창조해야 한다. 내 것만 고집해서는 안 된다.

⑥ 역사적이고 세계적인 안목을 길러라

세계 여러 나라의 문화를 이해하고 다양성을 존중하는 태도를 길러야 한다. 어릴 때부터 다양한 나라의 문화를 접하고, 서로 비교하는 기회를 많이 갖도록 부모는 노력해야 한다. 세계적인 리더의 자질을 기르기 위해 역사적 안목과 세계적인 시각을 갖도록 한다.

⑦ 진실한 힘을 얻는 대인관계의 힘을 경험하게 하라

누구에게나 편안하게 다가가고 자신으로 인해 남을 빛나게 하는 인간관계를 맺도록 노력한다. 진실한 인간관계는 가정으로부터 시작되며 이를 바탕으로 남과 더불어 사는 법, 인간을 존중하는 법을 가르쳐 세계에서 통하는 리더로 아이를 키워야 한다.

삼 남매 하버드, MIT 장학생으로 키운 이숙정 교육법

글로벌 리더로 키우는 법

① 글쓰기 실력을 길러라

쓰기는 듣기와 어휘력뿐만 아니라 사고력도 키운다.

② 자녀는 부모의 거울이다

부모가 독서 하면 아이들이 책을 읽고, 부모가 TV를 보면 아이들도 따라서 TV를 본다.

③ 악기를 가르쳐라

악기를 반복해서 연습하는 과정에서 인내력을 키울 수 있다.

④ 성실성이 중요하다

그녀는 항상 새벽 5시에 일어났다. 운동을 하고 난 후 아침 식사를 준비해놓고 출근한다. 퇴근 후 저녁을 하고 식사 후에 TV를 켜지 않고 다함께 책을 보거나 이야기를 나눈다. 매일 반복되는 부모의 패턴을 보면서

'성실'이라는 가치를 배우게 된다.

세 남매를 모두 명문대 장학생으로 키운 이숙정 씨는 단순히 '좋은 성
적'이 아니라 '성실한 인생'을 살아야 한다는 가르침으로 자녀를 훌륭한
글로벌 리더로 키워냈다.

박상현 교수의 글로벌 리더가 되기 위한 3가지 교육법

① 그날 해야 할 일은 반드시 그날 하도록 습관을 들인다.
② 학원보다 부모와 함께하는 학습이 더 중요하다.
③ 부모가 항상 아이를 위해 최선을 다한다는 것을 보여준다.

엄마가 전업주부라 항상 집에서 아이를 맞이했다. 초등학교 6년 동안
학원 보내지 않고 학습지를 한 것이 전부다. 학습지는 반드시 그날 하도
록 시켰다. 컴퓨터 게임을 딱 정해진 시간만 하도록 했다. 주말이면 주말
농장을 가꾸고 낚시나 여행을 다녔다. 항상 든든한 부모가 있다고 생각
하게 하고 편안한 마음을 갖도록 하여 공부에 전념할 수 있도록 했다.

6 ｜ 자녀를 어떤 아이로 키울 것인가

부모들의 일반적인 생각

- 부모는 막연히 아이를 잘 키우려고 한다.
- 부모는 다른 아이이게 뒤떨어지지 않는 아이로 키우려고 한다.
- 부모는 공부 잘하는 아이로 키우려고 한다.
- 부모는 오로지 자식에게 올인한다.
- 부모는 자녀에게 많은 기대를 갖고 키운다.
- 부모는 명문대 들어가는 아이로 키우려고 한다.
- 부모는 대기업에 취직하기를 바란다.
- 부모는 자녀가 안정된 생활을 영위하기를 바란다.

완벽한 부모, 완벽한 환경은 존재하지 않는다

어떤 사람은 경제적 자원이 많을 수 있고, 어떤 사람은 적을 수 있다. 어떤 사람은 좋은 성격을 갖고 있고 어떤 사람은 그렇지 못하다. 어떤 사람은 부모를 갖고 있고 어떤 사람은 부모가 없다. 어떤 사람은 좋은 환경에서 자랐고, 어떤 사람은 그렇지 못하다. 사람은 누구나 좋은 점도 있고 좋지 않은 점도 있다. 사람이 좋은 점만 가지고 있는 경우는 결코 없다.

이것은 누구나 완벽한 상태에서 아이를 키울 수 없다는 사실을 말해준다. 누구나 다 부족한 점을 갖고 아이를 키울 수밖에 없다. 그러므로 경제적으로 여유가 있건 없건, 남에 비해 우리 집안이 부족하든 그렇지 않든 간에, 그 점을 너무 의식할 필요는 없다. 내가 주어진 환경 속에서 나만의 장점을 최대한 살려서 자녀에게 전수해주는 것이 가장 현명할 것이다.

아이는 누구나 한 가지씩 잘하는 재능을 갖고 태어난다. 아이마다 타고 난 재능, 적성, 소질 그리고 성향이 다르다. 그러므로 아무리 부모가 원하 는 방향으로 이끌려고 해도 아이와 맞지 않으면 거의 불가능하다. 공부든 음악이든 운동이든 무엇이든 부모가 원하는 대로 이끌고 가기는 어렵다. 중요한 것은 부모가 아이의 적성과 재능을 발견해서 키워주는 것이다.

기본적인 인간성에 초점을 맞춰 해야 한다. 공부를 잘하고 수학을 잘하 고, 영어를 잘하고, 운동을 잘하고, 예능을 잘하는 아이로 키우기에 앞서 근본적인 인간의 기본자세에 초점을 맞춰 자녀 교육을 실시해야 한다. 무 엇보다도 먼저 인성 교육이 밑바탕이 돼야 아이의 재능을 꽃피울 수 있다.

다시 말해, 공부나 재능이 자녀 교육에서 제일 중요한 것은 아니라는 말이다. 그보다 더 중요한 것은 아이에게 인생에 대한 자세, 태도, 마음가 짐, 가치관 등을 어떻게 올바르게 심어줄 것인가 하는 점이다. 즉 자녀 교 육에서 소프트 스킬이 더 중요하다는 점을 인식해야 한다.

부모는 미래사회를 정확하게 예측할 수 없다. 완벽한 부모로서 역할을 할 수 있는 사람은 이 세상에 없다. 더군다나 부모도 이 세상을 다 알 수 없기 때문에, 부모가 자녀의 미래에 대해 이런저런 조언이나 충고를 한다 는 것은 사실상 불가능하다.

우리는 자녀의 미래에 대해 '이러저러한 길로 가면 미래가 안정적일 것 이다'라고 부모가 살아온 경험을 바탕으로 자녀에게 충고한다. 그러나 대 부분 그러한 것은 급변하는 미래에 맞지 않는 충고나 조언이 될 가능성 이 높다. 그러므로 자녀의 미래에 대해 조언이나 충고는 가급적 피하는 것이 좋다.

부모는 아이의 전 인생을 책임질 수 없다. 그러나 부모들은 아이의 전 인생을 책임지려고 노력한다. 그래서 아이가 성인이 되었어도 끊임없이 아이의 일에 간섭하고 부모 입맛대로 이끌려고 한다. 자녀들은 자신의 인생을 살지 못하고 부모가 원하는 인생을 살게 된다.

나중에 자녀는 부모의 간섭에 짜증과 불만을 품게 된다. 그리고 자녀가 자신의 인생이 잘못되면 부모의 탓을 하게 된다. 부모 또한 자녀의 인생이 잘못되면 괴로워한다. 부모는 아무리 애를 써도 항상 자녀보다 먼저 일생을 끝내게 되므로, 자녀의 인생을 전적으로 책임질 수 없다는 사실을 빨리 인식하는 것이 중요하다.

자신의 자녀에 대해서는 부모가 책임지고 교육시켜야만 한다. 아무리 자녀 교육에 관한 책에서 좋은 방향을 제시한다 해도, 그것이 반드시 내 자녀에게도 통하리라고 믿어서는 안 된다. 자녀 교육에 대한 전문가들의 책은 참고하는 선에서 보면 좋다. 자신의 자녀를 제일 잘 아는 것은 바로 부모라는 사실을 잊어서는 안 된다.

내 아이를 어떤 아이로 키우고 싶은가?

- 남과 비교하지 않고 아이를 키우겠다.
- 나는 건강한 아이로 키우고 싶다.
- 나는 성격이 좋은 아이로 키우고 싶다.
- 아이와 나는 별개다.
- 아이에게 공부를 비롯해서 일체의 기대나 욕심을 부리지 않겠다.
- 그래서 아이를 키우는 것이 너무도 행복하다.
- 아이는 같이 사는 동반자일 뿐이다.

- 아이의 인생은 아이 인생이고, 내 인생은 내 인생이다.

- 중학교부터는 엄마의 인생을 찾겠다.

- 내가 도와줄 수 있는 것은 제한되어 있다는 사실을 인식한다.

- 나는 인성이 좋은 아이로 키우겠다.

- 나는 독립심이 강한 아이로 키우겠다.

- 나는 자존감이 높은 아이로 키우겠다.

- 나는 도전적인 아이로 키우겠다.

- 나는 강한 아이로 키우겠다.

- 나는 말 잘하는 아이로 키우겠다.

- 나는 호기심이 강한 아이로 키우겠다.

- 나는 자립심이 강한 아이로 키우겠다.

- 나는 아이가 남에게 주눅 안 들고 당당한 아이로 키우겠다.

- 나는 아이가 자신이 좋아하는 것을 하는 아이로 키우겠다.

- 나는 행복하게 사는 아이로 키우겠다.

- 남과 잘 어울리는 아이로 키우겠다.

- 나는 아이가 나름대로 기술을 가진 아이로 키우겠다.

- 아이를 효도하는 아이로 키우겠다.

- 아이를 세계화 시대에 맞게 키우겠다.

- 이 세상에 기여하는 아이로 키우겠다.

- 나는 아이를 배려를 잘하는 아이로 키우겠다.

- 나는 긍정적인 아이로 키우겠다.

- 독서 습관을 갖게 해주겠다.

- 공부 습관을 갖게 해주겠다.

- 예의가 바른 아이로 키우겠다.

- 창의적인 아이로 키우겠다.

- 나는 아이에게 부자가 되는 방법을 전수해 주겠다.

- 운동을 하나 즐기는 아이로 키우겠다.

- 취미를 하나 갖도록 해주겠다.

- 악기를 하나 다룰 줄 아는 아이로 키우겠다.

- 아이를 연애 잘하는 아이로 키우겠다.

- 유머가 있는 아이로 키우겠다.

- 자녀가 하고 싶은 것을 밀어주겠다.

- 자녀 교육비보다 나의 노후가 더 중요하다.

- 자녀가 부모를 존경하는 아이로 키우겠다.

건강한 아이, 성격이 좋은 아이, 도전적인 아이, 독립심이 강한 아이, 사회성이 좋은 아이, 유머가 있는 아이, 잘 노는 아이, 호기심이 강한 아이, 인성이 좋은 아이, 예절이 바른 아이, 배려하는 아이, 공감을 잘하는 아이, 말을 잘하는 아이, 감정표현을 잘하는 아이, 자신감이 있는 아이, 자존감이 높은 아이, 공부 잘하는 아이 등 내 아이를 어떤 아이로 키우고 싶은지 서로 부부 간에 토론을 해야 한다.

: 어떤 부모가 되고 싶은가?

친구 같은 부모, 항상 내 편인 부모, 존경받는 부모, 자신감을 주는 부모, 너그러운 부모, 아이를 믿어주는 부모, 용기를 주는 부모, 조건 없는 사랑을 아낌없이 주는 부모, 자녀에게 기대하지 않는 부모, 늘 나를 지지해주는 부모, 늘 모범을 보이는 부모, 아이가 좋아하는 부모, 격려해주는 부모, 독립심을 키워주는 부모, 항상 미소를 보이는 부모, 늘 긍정적인 부모, 말보다 행동으로 보여주는 부모, 공부 잘하길 바라는 부모, 아이가 잘되길 바라는 부모, 성공하길 바라는 부모, 아이와 관계가 좋은 부모, 자녀에게 올인하는 부모, 자녀에게 걱정을 많이 하는 부모 등 아이에게 어떤 부모가 되고 싶은지를 한번 생각해봐야 한다.

7 아이를 원하는 방향으로 유도하는 법

아이에게 재밌고 즐거운 경험을 갖도록 하라

- 아이에게 뭔가를 가르치려면 그것을 배울 때 즐거움을 느끼도록 해야 한다.
- 아이에게 뭔가를 하게 하려면 그것을 했을 때 즐거움을 느끼도록 해야 한다.
- 아이가 무엇을 하든지 즐겁게 하라고 항상 말해주어야 한다.
- 기분이 좋을 때 학습효과가 높아진다(감정의 뇌와 전두엽이 활성화).
- 아이에게 좋은 기억으로 남게 되면 아이는 반복적으로 하게 된다.
- 아이가 부모를 좋아해야 부모는 자녀에게 뭔가를 가르칠 수 있다.
- 공부하면서 재밌고 즐거운 경험을 갖도록 한다.
- 독서 하면서 재밌고 즐거운 경험을 갖도록 한다.
- 영어 공부하면서 재밌고 즐거운 경험을 갖도록 한다.
- 수학 문제를 풀면서 재밌고 즐거운 경험을 갖도록 한다.
- 운동하면서 재밌고 즐거운 경험을 갖도록 한다.
- 남을 위해 베풀 때 즐거운 경험을 갖도록 한다.

아이는 어떤 것을 한 흐 성취감이나 즐거운 경험을 갖게 하면(내적 동기), 그것을 반복적으로 하려는 경향이 있다. 아이가 어떤 것을 할 대 좋아하는지, 어떻게 할 때 좋아하는지를 부모는 알아야 한다. 또한 아이가 어떤 일을 했을 때 부모가 칭찬해주고 인정해준다. 그리하여 아이의 기분을 좋게 만들어준다. 이러한 것은 아이로 하여금 좋은 기억으로 저장되면서 아이는 반복해서 이것을 하려고 하게 된다. 또한 기질을 파악하여야 한다. 아이는 어떤 성향의 아이인지를 잘 따져야 한다. 그 성향에 맞게 모든 것을 유도하면 아이를 원하는 방향대로 이끌 수 있다.

부모는 좋은 사람으로 인식되어야 한다. 그래야만 대화가 되고 아이를 잘 양육할 수 있다. 부모는 항상 나를 위해 존재하고, 내가 원하는 욕구를 잘 충족시켜주는 사람이라는 인식을 주어야 한다. 그러면 부모의 말을 잘 따르게 된다.

어떤 것을 가르치거나 행동을 유도할 때, 반드시 그것을 하면서 즐거운 경험을 갖게 한다. 그러면 아이는 그것을 반복적으로 계속하려고 노력하게 된다. 예를 들어 좋은 일을 해서 엄마로부터 칭찬을 받았을 때, 아이는 기분이 좋아진다. 이것은 좋은 기억으로 저장된다. 그러면 아이는 그 일을 반복적으로 하게 된다.

아기가 배고프거나 어떤 욕구가 있을 때 울음을 터뜨린다. 이때 엄마가 달려와 아기의 욕구를 만족시켜 준다. 그러면 아기는 엄마를 좋은 사람으로 기억하며, 어려운 있을 때마다 엄마에게 도움을 청한다. 책을 읽으면서 좋은 기분을 느끼면 좋은 기억으로 저장한다.

아이들은 좋은 기억에만 관심을 갖는다. 좋은 기억이 없는 것들은 관심이 없다. 이 좋은 기억은 억지로 집어넣어 줄 수가 없다. 좋은 기억을 만들어 주는 방법은 그것을 했을 때 아이의 욕구가 충족되어지는 경험을 하게 하는 것이다.

아이에게 좋은 사람으로 기억시키기

- 아이의 욕구를 잘 살펴 아이의 욕구를 만족시켜 준다.
- 그러기 위해서는 먼저 부모가 자녀의 행동을 항상 호기심을 갖고 관찰해야 한다.
- 어떨 때 아이가 불편해하고 싫어하는지를 유심히 관찰하고 또 관찰한다.
- 아이에게 감정을 잘 표출하도록 교육시킨다.
- 아이의 감정을 항상 그대로 받아준다(감정수용).
- 아이의 감정을 읽어준다.
- 아이의 감정을 공감해준다.
- 아이의 의견을 존중해준다.

아이의 욕구를 만족시켜 주고 아이의 감정을 잘 받아주고 공감해주는 것이 바로 부모가 아이에게 좋은 사람으로 기억되는 지름길이다. 양육에서 가장 중요시되는 선결 조건은 바로 아이로부터 부모가 좋은 사람으로 기억되어야 한다는 점이다. 아이와 관계가 좋지 않을 경우 어떠한 교육도 올바르게 시킬 수가 없다. 사람은 진실을 믿는 것이 아니라, 자신이 좋아하는 사람의 말을 믿는다.

아이가 짜증을 내면 엄마는 "뭐가 그렇게 불만이니?" "입혀주고, 먹여주고, 공부시켜주는데 왜 그렇게 짜증을 내?" 하면서 아이의 짜증을 받아주지 않고 도리어 화를 낸다. 그러면 아이는 엄마와 담을 쌓게 되고, 자신을 잘 이해해주는 친구에게 점점 더 몰입하게 된다.

놀이를 통해서 학습을 유도하기

- 책에 친숙해지도록 만들려면 책을 가지고 놀이한다.
- 숫자에 친숙하기 위해 숫자를 가지고 놀이를 한다.
- 영어에 친숙하기 위해 알파벳을 가지고 놀이를 한다.
- 아이들은 놀이를 좋아하므로 놀이를 이용해서 학습을 유도하는 것이 좋다.

부모를 존중할 줄 아는 아이로 키우기

- 부모가 먼저 아이를 존중해 준다.
- 아이를 진심으로 믿어준다.

효도하는 아이로 키우기

- 3세 때부터 성인예절을 가르친다.
- 부모가 효도하는 모습을 행동으로 보여준다.
- 웃어른에게 깍듯하게 예를 차린다.
- 아이에게 독립성과 자율성을 키워준다.
- 자녀를 존중해준다.
- 아이가 부모를 좋아하게 만든다.
- 자녀와 좋은 관계를 유지하도록 한다.
- 그렇게 하기 위해서 부모는 아이를 조건 없는 사랑으로 키워야 한다.

의사소통을 잘하는 아이로 키우기[9]

• 충분히 생각하고 조리 있게 정리해서 말하도록 훈련시킨다.

• 자신의 생각을 글로 써본다.

• 각종 단체 활동이나 동아리 활동에 적극적으로 참여시킨다.

• 토론에 참가한다.

• 다른 사람의 말을 잘 듣는 훈련을 시킨다.

• 남 앞에서 발표하는 기회를 자주 갖도록 한다.

창조적인 아이로 키우는 법

• 자유롭게 의사를 표현하도록 허용하기

• 공상하고 상상하는 것을 허용하기

• 스스로 결정하도록 허용하기

• 아이의 생각을 존중해주기

• 호기심을 격려해주기

• 책을 같이 읽고 독후감 토론하기

• 독서를 통해 창의력을 키워주기

창의적인 아이로 키우기

• 부모가 아이에게 질문을 던짐으로써 아이의 상상력을 키워줄 수 있다.

• 아이가 질문을 잘할 수 있도록 가르친다.

• 절대 실수를 야단치지 않는다.

---

9 조선일보 2016. 09. 19 기사 인용

- 실수했을 경우 그 원인을 찾도록 유도한다.
- 자유롭게 의사를 표현하도록 분위기를 만든다.
- 아이의 의사를 존중해준다.
- 아이와 친밀한 시간을 많이 갖는다.
- 궁금증과 호기심을 많이 갖도록 유도한다.
- 칭찬과 인정을 해준다.
- 혼자서 공상하는 시간을 갖도록 한다.
- 책을 같이 읽고 책을 중심으로 확산적 질문을 하게 한다.
- 아이가 집중할 때 방해하지 않는다.
- 정답을 강요하지 않는다.
- 선행 학습을 피한다.
- 백과사전을 비치한다.
- 메모지를 준비한다.
- 자신의 아이디어를 해볼 수 있는 자율성을 준다.
- 새로운 것을 시도해본다.
- 집을 창의력을 배양하는 장소로 바꾼다.
- 그림 그리기, 공작활동, 책 읽기 등을 유도한다.
- 아이가 만들어 놓은 것에 대해 비평보다는 창의적인 과정에 관한 질문을 한다.
- 창의적인 활동의 몰입을 방해하지 않는다.
- 잠을 자야 창의적인 아이디어가 떠오른다.
- 권위에 도전할 수 있도록 한다.

창의력 키워주기

- 창의력은 책을 읽는 데서 시작된다.
- 축적된 지식을 연결하고 조합해본다.
- 창의력의 바탕은 상상력이다.
- 창의력의 바탕은 감수성이다.
- 상상력의 바탕은 호기심이다.
- 아이의 독립성과 자유로운 기풍을 제공한다.
- 아이의 인격을 존중해 준다.
- 끊임없이 호기심과 궁금증을 갖도록 유도한다.

"창의성은 전통과 자유의 중간지대에서 나온다."　　　　　- 알랭 드 보통

"학생들이 실수하거나 실패했을 때 '틀렸다'고 하는 교육으론 창의력을 기를 수 없다."　　　　　- 래리 톰슨(링링대 총장)

질문하는 아이로 만드는 법

- 부모는 오늘 가장 잘한 일을 물어본다.
- 부모는 오늘 가장 잘못한 일을 물어본다.
- 왜 그렇게 생각하는지를 물어본다.
- 잘못한 일은 어디서 잘못된 것인지를 물어본다.
- 질문하는 것은 부끄러운 일이 아니라는 사실을 가르친다.
- 모르는 것을 질문하는 것이 나의 발전이라는 사실을 가르친다.
- 실수를 통해서 무언가를 배우도록 유도한다.

상상력

- '존재하지 않는 정보를 스스로 상상해 만들어내고 가상하는 능력'을 말한다.
- 이런 상상력을 키우려면 독서가 필요하다.
- 축적된 지식을 연결하고 조합할 때 상상력이 나타난다.
- 상상력과 창의력은 뇌 앞부분인 전전두엽에서 나온다.
- 독서는 전전두엽을 활성화시켜 상상력이 길러진다.
- 보지 않고 상상하는 것은 어렵다.
- 많은 것을 경험하고 보여준다.
- 아이에게 상상을 유도하는 질문을 자주 던진다.

건명원 교수진의 창의성 훈련 방법

- 익숙하지 않은 질문 던지기
- 이질적인 요소들을 충돌시키기
- 과도하게 어렵거나 많은 양의 정보를 처리하기

아이가 뭔가를 좋아하고 감동받는 것을 부모는 적극적으로 환영하고 성원해준다. 이것이 아이가 인생을 즐겁고 행복하게 살아가도록 하는 방법이다. 아이를 성공시키고 싶다면 부모는 아이가 감동할 기회를 찾아주어야 한다. 그리고 감동하는 것을 지지해주고 성원해주어야 한다. 아이는 감동하는 것을 계속하게 되고, 그리고 그 분야에서 성공하게 되는 것이다.

아이는 자신이 좋아하고 감동하는 것을 하면서 인생을 살아가게 된다. 아이는 자신이 좋아하는 것을 끊임없이 발전시키고 큰 업적을 이루게 된다. 그리하여 아이는 평생 행복한 인생을 살아가게 된다.

꿈을 가진 아이로 키우기

꿈의 의의

- 인생을 행복하게 살기를 원한다면 꿈이 있어야 한다.
- 인생에서 성공하고자 한다면 꿈이 있어야 한다.
- 꿈이 없는 인생은 죽은 인생이다.
- 꿈을 추구하는 삶은 의욕이 넘친다.
- 꿈은 평생 삶의 의미를 부여한다.
- 꿈을 가지면 인생이 달라진다.
- 꿈을 추구하는 삶은 행복하다.
- 꿈이 있으면 좌절하거나 방황하지 않는다.
- 스펙 쌓기에 앞서 꿈을 먼저 정해야 한다.
- 꿈은 인간을 성숙한 인간으로 만드는 하나의 방법이다.
- 우리는 나만의 진정한 꿈을 실현하기 위해 이 세상에 태어났다.
- 자신만의 꿈과 확고한 인생의 진로를 정하지 못하면 사람은 무기력해 진다.
- 꿈이 없는 삶은 죽음의 삶이며, 오래 살건 짧게 살건 아무 의미가 없 는 것이다.

꿈이 없는 사람

- 꿈이 없으면 인생을 방황하게 된다.

- 꿈이 없는 사람은 불쌍한 사람이다.

- 돈을 추구하거나 세속적인 것에 몰입한다.

- 오로지 출세, 성공, 부, 명예를 추구하는 데 혈안이 된다.

- 삶에서 회의에 빠지기 쉽다.

- 인생의 어려움이나 고난을 쉽게 극복하지 못한다.

- 쾌락이나 도박 등에 빠지기 쉽다.

- 정신적으로 불안정하기 쉽다.

- 역경이나 난관에 쉽게 좌절한다.

- 끊임없이 자신의 욕심을 내세우며 주위 사람들과 갈등을 일으킨다.

꿈과 공부

- 공부보다 꿈이 먼저다.

- 꿈이 있으면 스스로 공부한다.

- 꿈은 공부해야 할 강력한 동기를 부여한다.

"공부할 때 가장 중요한 것은 목표가 있어야 한다. 꿈이 있는 공부를 해야 한다."

- 쇼 야노

"진정 원하면 우주가 도울 것이다." - 파울로 코엘료의 소설 『연금술사』

꿈의 성격

- 꿈은 반드시 선이어야 한다.

- 꿈은 인간을 이롭게 하는 것이어야 한다.

- 꿈은 가치 있는 것이어야 한다.

- 꿈은 이타적이며 사회에 공헌하는 것이어야 한다.

- 꿈은 세상을 좀 더 나은 세상으로 발전시키는 것이다.

- 꿈은 죽을 때까지 추구하는 것이다.

- 꿈은 내가 이 세상에 태어난 목적을 분명하게 확인시켜주는 것이다.

- 꿈은 내가 살아가는 의미이자 목적이다.

- 꿈을 추구하는 삶만이 진정한 삶이다.

- 자신만의 즐거움을 추구하는 것은 꿈이 아니다.

- 꿈은 잘 먹고 잘살기 위한 것이 아니다.

- 권력, 돈을 추구하는 것은 꿈이 아니다.

꿈을 유도하는 질문들

- 너는 이웃을 위해 어떤 가치 있는 일을 하고 싶니?

- 너는 사회를 위해 어떤 가치 있는 일을 하고 싶니?

- 너는 나라를 위해 어떤 가치 있는 일을 하고 싶니?

- 너는 세계를 위해 어떤 가치 있는 일을 하고 싶니?

- 너는 인류를 위해 어떤 가치 있는 일을 하고 싶니?

꿈과 목표의 차이점

- 꿈: 추상적이고 영속적인 것이며 그리고 이타적이고 옳고 선한 것

- 목표: 구체적이고 사회 시스템의 일부인 것

- 진로: 꿈을 추구하기 위한 구체적인 활동 분야

꿈은 바로 장기적이그 영속적인 것이다. 꿈은 바로 나의 인생의 방향이

며 나의 영원한 목표이자 종착역이다. 꿈은 바로 나이며, 나의 정체성이며, 나의 존재 이유이다. 우리가 인생을 살아가는데 반드시 필요한 것은 바로 꿈이다. 꿈은 내가 살아가는 이유이며, 내가 죽지 않아야 할 이유이며, 또한 내가 죽어야 할 이유이다.

꿈은 내가 지금 건강해야 할 이유이며, 내가 식사를 해야 할 이유이며, 내가 잠을 자야 하는 이유이다. 꿈은 내가 공부해야 하는 이유이며, 내가 사람을 만나야 할 이유이다. 꿈은 내가 일해야 하는 이유이며, 내가 사랑해야 하는 이유다. 꿈을 위해 사는 것이 진정한 인간의 삶이다.

꿈이 없는 사람이 많다. 꿈이 없이 살아가는 사람은 땅바닥을 기어 다니는 개미의 삶이요, 지렁이의 삶이요, 하루살이의 삶과 다를 게 없다. 우리는 의미 없는 삶을 사는 동물들의 삶을 살다가 때가 되면 삶을 마감할 것인가. 우리는 잘 먹고 잘살기 위해 이 세상에 태어났는가. 그렇게 해서 오래 살든 짧게 살든 큰 의미는 없을 것이다. 그런 삶을 살 것인가. 당신이 진정 인간이 되기를 원한다면 오래 살든 짧게 살든 아무런 의미가 없는 삶을 살아서는 안 된다.

우리는 하루를 살더라도 의미 있고, 가치 있는 꿈을 추구하는 삶을 살아야 한다. 그것이 진정한 인간의 삶이요. 소위 사람들이 말하는 인격자요, 진정한 인간이라고 말할 수 있다. 자신에게 물어보자 '나는 진정한 인간인가 아니면 인간의 탈을 쓴 짐승인가?'

꿈은 더 이상의 사치가 아니다. 꿈은 내 인생을 빛나게 하는 화려하게 비추는 조명이 아니다. 꿈은 인간에게는 필수품이며, 살아있는 한 영원히 나의 동반자가 되어야 한다. 만약 여러분이 꿈이 없다면 지금부터 꿈을 찾고 그 꿈을 위해 사는 인생을 살도록 해야 한다.

우리가 모두 꿈을 가진 사람이 될 때 이 사회는 거짓과 부정부패가 없어지는 사회가 될 것이다. 우리 사회는 신뢰의 사회가 될 것이며 대한민국이 세계를 리드하는 명실상부한 선진국가가 될 것이다. 우리는 정직하고 아름다운 삶을 살도록 노력해야 한다. 다시 말해 꿈을 추구하는 삶을 살도록 노력해야 한다. 꿈이 있는 삶을 살아가는 것이 내가 이 세상에 태어난 목적이며, 내가 인간으로 살아갈 수 있는 유일한 길인 것이다.

- 꿈: 평생을 병든 사람을 치료하여 모든 사람에게 건강과 행복한 생활을 선사하겠다.
- 목표: 암 치료 전문 의사가 되겠다.
- 진로: 병원 및 의료 기관, 기타 의료 분야와 관련된 기관에서 암 치료를 위해 평생 헌신하겠다.

자신의 진로 찾는 방법

"무엇을 하고 싶은지 무엇을 좋아하는지를 찾아야만 한다. 찾는 것은 쉽지 않지만 반드시 찾아야 하고 또 그럴만한 가치가 있다."
- 쇼 야노

: 꿈은 반드시 장기적이어야 한다

우리는 단기적인 목표, 계획만 갖고 사는 사람이 수없이 많다. 그들에게 장기적인 목표는 불분명하다. 그들에게는 일생동안 추구해야 할 영속적인 꿈이 없다. 그러다보니 반에서 1등 목표를 세우고 마침내 그 목표를 달성했을 때 인생을 마감한다. 그 이유는 무엇인가? 그에게는 장기적인 인생의 꿈이 없었기 때문이다.

우리는 주로 단기적인 목표를 세우고 또 세운다. 그것이 바로 인생의 실패의 지름길이라는 것을 명심해야 한다. 목표나 꿈이 있냐고 물어보면 백이면 백사람 다 목표 혹은 꿈이 있다고 대답한다. 그러나 그들이 말하는 목표나 꿈은 오로지 눈앞에 단기적인 목표나 꿈을 말하고 있다. 5년 후 혹은 10년 후의 목표나 꿈을 말하고 있다.

단기적인 목표를 세운 사람들은 5년 후나 10년 후에 인생이 내리막길을 걷거나 파멸의 길을 걷게 될 수도 있다. 그 이유는 그 이후의 인생목표가 없기 때문이다. 그렇기 때문에 그는 일시적인 성공의 힘을 이용하여 참아왔던 탐욕스런 삶을 살아가게 된다. 그리고 파멸의 인생을 걷게 되는 경우가 많다.

이렇게 단기적인 목표를 세운다는 것은 그 목표가 달성된 후의 인생의 로드 맵을 준비하지 않았기 때문에 방황하거나 나쁜 길로 빠지는 경우가 생기게 되는 것이다. 세계 최고가 된 후 마약, 각종 범죄, 비이성적인 행위 등으로 인생의 나락으로 빠진 유명 인사들에 관한 뉴스를 우리는 접한다. 바로 이것이 단기적인 목표나 꿈을 세운 사람들의 흔한 모습이다.

: 꿈은 반드시 선하고 이타적인 것이어야 한다

인생의 꿈은 반드시 선하고 이타적이고 가치 있는 것으로 정해야 한다. 그래야만 꿈이 영속적인 것이 될 수 있고, 개인에게 행복과 보람을 줄 수 있다. 단지 명예, 돈, 권력을 추구하는 것은 진정한 의미의 꿈이라고 말할 수 없다. 그것은 꿈이라기보다는 단지 낮은 단계의 욕구를 충족하는 것뿐이다. 거기에는 남을 위한 이타적이고 큰 가치가 있는 것은 없다. 꿈이 이타적이고 가치 있는 것을 포함하게 될 때, 내가 평생 추구할 수 있는 에너지를 끊임없이 얻게 된다.

꿈을 통해서 우리는 남을 행복하게 하고, 보다 나은 사회를 만들고, 보다 좋은 세상을 만들게 된다. 그저 돈 많이 벌어서 잘 먹고 멋있게 살아보겠다는 것은 꿈이 절대 될 수 없다. 그것은 하나의 개인의 이익을 위한 목표일 뿐이다. 꿈이라는 것은 궁극적으로 다른 사람을 도와주고 사회에 공헌하는 것을 목표로 할 때, 우리는 비로소 그것을 꿈이라고 부를 수 있다.

꿈은 어떻게 정할 것인가?

- 꿈은 클수록 좋다.

- 최고를 꿈꿔라.

- 남이 가지 않는 길로 정해라.

- 자신의 적성과 재능에 맞추어라.

- 자신이 좋아하는 것으로 정해라.

- 반드시 사회에 공헌하고 가치 있는 것을 포함해라.

- 이를 위해 깊게 고민하고 사회를 관찰해야 한다.

- '무엇이 될 것인가'를 꿈꾸지 말고, 평생 어떤 일을 할 것인가'를 꿈꾸어야 한다.

꿈을 갖기 전에 반드시 자신을 탐구하라

- 나는 누구인가?

- 나의 처지는 어떤가?

- 내가 좋아하는 것은 무엇인가?

- 내가 잘하는 것은 무엇인가?

- 내가 못하는 것은 무엇인가?

- 나는 언제 행복한가?

- 인간관계는 어떻게 맺을 것인가?

- 나의 인생의 가치관은 무엇인가?

- 나는 어떻게 인생을 살아갈 것인가?

- 나는 무엇을 하며 인생을 살아갈 것인가?

- 나는 무엇을 성취하고 싶은가?

- 나는 이 세상에 무엇을 공헌할 것인가?

부모는 아이가 자신을 성찰할 수 있도록 유도해야 한다.

부모의 역할

- 자녀가 하는 일을 항상 지지해주고 격려해준다.

- 자녀가 자존감과 자신감을 갖도록 노력한다.

- 아이의 말을 주의 깊게 들어서 아이의 내면을 파악해서 조언한다.

- 꿈과 목표에 대해 자주 대화한다.

- 꿈은 자녀가 스스로 찾도록 한다.

- 아이가 말도 안 되는 꿈을 말해도 이를 존중해 준다.

- 부모가 먼저 꿈과 목표를 정하고, 이를 위해 노력하는 모습을 보여 준다.

- 아이가 다양한 경험을 갖도록 부모는 유도한다.

- 아이가 독서 및 다양한 경험을 통해 미래의 꿈과 진로를 모색하도록 유도한다.

- 세계의 훌륭한 위인들의 이야기를 읽도록 유도한다.

- 부모는 자녀가 인생의 꿈을 가질 수 있도록 관심과 격려를 아끼지 않는다.

- 아이가 꿈꿀 시간을 주어라(꿈 캠프 참가하기).

- 그러나 꿈을 강요해서는 안 된다.

- 꿈을 정하고 실현하는데 현재의 성적과 관계없다.

● 아이에게 멋진 출생 스토리를 만들어 얘기해준다.

: 초등학생 시기

많은 세상 경험을 통해 세상을 탐색한다. 세계 각국의 위인전을 읽으면서 자신의 꿈을 모색한다.

: 중학생 시기

꿈을 찾기 위한 구체적인 활동을 개시한다. 꿈을 찾기 위한 각종 프로그램, 행사, 캠프에 적극적으로 참여한다. 인생 멘토, 선배, 선생님, 전문가로부터 꿈에 대한 조언을 듣는다. 여행을 통해 세상을 탐색한다. 자신의 적성과 소질을 파악한다. 자신의 꿈을 설정한다.

: 고등학생

자신의 꿈을 실현하기 위해 어느 대학에 가야 할지를 정하고, 이를 위해 공부한다. 틈틈이 자신의 꿈을 실현하기 위해 현장을 방문한다.

: 대학생

자신의 꿈을 실현하기 위해 공부를 하면서 직접 그 분야에서 체험을 해 본다. 방학 등을 이용하여 해외여행을 해본다. 또한 자신의 꿈에 도움이 되는 분야에 아르바이트나 인턴 실습을 한다. 선배를 통해 자신의 꿈을 구체적으로 실현하기 위한 조언을 꾸준히 얻는다. 꿈을 실현하기 위해 인맥을 쌓는다.

- 자신 탐색 → 세상 탐구 → 꿈, 인생 진로 결정
- 진로 선택 시 기준: 좋아하는 분야, 잘하는 분야, 열정을 느끼는 분야

손정의[10]의 꿈

고등학생 때 세계적인 기업가가 되어, 이 세상에 큰 공헌을 하려는 큰 뜻을 세웠다.

: 꿈을 실현하기 위한 단계별 목표

- 20대에 이름을 날린다.

- 30대에 1,000억 엔 정도의 자금을 마련한다.

- 40대에 사업을 크게 일으킨다.

- 50대에 그 사업을 글로벌 기업으로 키운다.

- 60대에 사업을 후배에게 물려주고 사회에 공헌한다.

결론

- 인생을 사는 이유는 바로 꿈 때문이다.

- 나만의 꿈을 추구하는 삶이 바로 나의 정체성이다.

- 평생 꿈을 추구하는 삶을 살아라.

- 사람은 죽어서 이름을 남겨야 한다.

- 꿈이 있는 사람이 매력적인 사람이다.

- 성숙한 인간은 꿈을 추구하는 사람이다.

---

10 1957년 8월 11일 출생했다. 재일교포 3세, 일본 규슈의 사가현에서 무허가 판자촌지역에서 가난한 생선장수 아들로 태어났다. 고교 1학년 때 미국으로 유학. 명문 버클리대 분교 경제학부 졸업. 일본 최대 소프트웨어 유통회사이자 IT 투자 기업인 소프트 뱅크를 설립했다. 파산 위기에서 전자전시회에 참가해서 위기를 탈출. 이후 미국 야후 등 첨단업체에 투자해서 일약 세계적인 인터넷 재벌로 부상했다. 2004년 알리바바에 200억 원 투자해 3,000배의 수익을 거뒀다. 2040년까지 계열사 5,000개 시가총액 200조엔, 세계 10위 기업을 목표로 하고 있다.

- 내가 훌륭한 사람이 되어야 한다.
- 미래의 불확실성의 시대에 해답은 자신만의 꿈을 추구하는 삶이다.

자녀에게 반드시 진정한 꿈을 갖도록 교육시켜야 한다. 이 서상이 혼탁하고 어지러운 이유는 사람들이 진정한 꿈이 없기 때문이다. 우리는 좀 더 좋은 사회, 좋은 나라를 만들기 위해서는 사람들이 꿈을 가져야 한다. 꿈이 없는 사람이 너무 많기 때문에 사회가 억지가 난무하고 혼란이 가중되는 이유다. 나라가 발전하지 못하는 이유는 사람들이 진정한 꿈을 갖지 않고 사리사욕을 목표로 살고 있기 때문이다.

부모는 자녀가 평생 진정한 꿈을 추구하는 삶을 살도록 유도해야 한다. 이를 위해 부모는 아이가 어릴 때부터 이 세상을 위해 무엇을 하고 싶은지를 자주 질문하고, 아이가 꿈에 관심을 갖도록 해야 한다. 위인전을 읽게 해서 아이가 자신만의 꿈을 키우도록 도와주어야 한다.

성공으로 이끄는 5가지 핵심 요인

- 어떤 일을 끈기 있게 밀고 나가는 힘
- 실패하더라도 좌절하지 않고 다시 도전하는 정신
- 열심히 노력하면 반드시 향상된다는 믿음
- 꿈을 세웠으면 끈질기게 물고 늘어지는 정신
- 배짱과 자신감을 갖고 사람을 설득하는 힘

김주환 교수의 교육법(딸을 500점 만점에 495점 받게 키운 김주환 교수의 자녀 교육법)

- 하고 싶은 것을 하게 하라.
- 목표를 정했으면 끝까지 밀고 나가라.

성공한 사람이 가지고 있는 특성

- 감정이 풍부하고 감각이 뛰어남
- 긍정적인 마음
- 자신감
- 회복 탄력성
- 자신에 대한 사랑

- 자신에 대한 믿음

몰입능력 키워주기

- 강요하지 말고 자율성을 키워준다.

- 스스로 선택하게 하고 거기서 즐거움을 느끼도록 한다.

- 과도한 선행 학습을 하지 않는다.

- 좋아하는 일에 푹 빠지게 만들어라.

- 참고 기다려줘라.

- 꿈을 갖게 하라.

공부를 잘하게 유도하는 방법

- 배우는 것이 얼마나 즐겁고 좋은 것인지를 느끼게 한다.

- 아이의 질문에 성심성의껏 답변해준다.

- 아이의 대답에 답해주기 위해 부모는 늘 공부해야 한다.

- 배우는 것을 즐거운 놀이로 만들어 준다.

- 부모가 늘 책을 읽고, 공부하는 모습을 먼저 보여 준다.

- 다양한 책을 많이 읽도록 유도한다(독서습관 심어주기).

- 집에 백과사전을 비치해둔다.

- 답을 찾는 것이 보물찾기처럼 재밌고 설레는 것임을 느끼게 한다.

- 장래의 목표를 설정하고 노력한다.

- 스스로 계획을 세우고 자기를 평가하고 조절하는 능력을 키워준다(메타인지 능력).

- '공부를 왜 해야 하는지'를 아이에게 물어봐라.

- 그리고 아이가 스스로 답을 찾을 때까지 기다려준다.
- 정서적으로 안정된 아이가 공부를 더 잘한다.
- 아이에게 공부하는 방법을 알려준다.
- 아이의 특성에 맞게 공부하는 방법을 찾는다.
- 공부를 강요해서는 안 된다.
- 틀린 것은 반드시 짚고 넘어간다.
- 내적 동기를 부여한다.
- 칭찬보다는 노력하는 과정을 격려해 해준다.
- '너는 할 수 있어'라고 항상 격려해준다.
- 공부에 자신감을 갖도록 유도한다.
- 몰입하는 능력을 키워준다.

공부는 누구나 잘할 수 있다. 부모는 자녀에게 노력하면 잘할 수 있다고 격려해주고 자신감을 갖도록 해야 한다. 자녀가 공부에 자신감을 갖고 달려들어 노력하면, 누구나 공부를 잘하게 된다는 사실을 명심해야 한다.

내적 동기(internal motive)란?

외부의 지시에 의해 혹은 결과, 보상에 의해 어떤 과제를 하는 것이 아니라, 본인 스스로 하고자 하는 동기다. 즉 그 일을 하는 자체에 보람과 기쁨을 느끼는 것을 말한다.

: 내적 동기를 키워주기
- 아이가 하는 일이 얼마나 멋지고 훌륭한지를 칭찬해준다.

- 아이가 무엇인가를 열심히 할 때 그 노력하는 모습을 칭찬해준다.

- 약간 어려운 일을 아이가 성취하는 경험을 갖게 한다.

- 아이가 힘들어할 경우 부모가 약간 도와줘서 아이가 그 일을 성취하도록 도와준다.

- 성취감을 충분히 만끽시켜서 아이가 새로운 것에 자꾸 도전하도록 유도하고 격려해준다.

- 자신을 믿고 자기를 존중할 줄 아는 아이가 무엇이든지 열심히 노력하는 아이로 자란다.

- 외적인 동기부여를 하는 것보다는 내적인 동기부여를 하는 것이 바람직하다.

: 성공하는 사람으로 키우기

- 인성 교육을 철저히 시킨다.

- 공부보다 중요한 것이 인성이다.

- 공부는 중간 정도만 하면 된다.

- 대학은 이름 없는 지방대 정도만 나오면 충분하다.

- 학점은 대충 C학점만 받으던 된다.

- 공부는 대학에 가서 본격적으로 해도 늦지 않다.

- 성공하는 데 학벌은 중요하지 않다.

- 고등학교만 나와도 성공하는 데 아무 지장이 없다.

- 좋은 성격을 가진 아이로 키워라.

- 남을 위해 배려하고 친절을 베푸는 아이로 키워라.

- 남에게 기쁨을 주는 아이로 키워라.

- 남을 존중하고 남과 잘 지낼 수 있는 사회성을 길러줘라.

- 꿈과 목표가 있는 아이로 키워라.
- 자신이 좋아하는 것에 몰입하는 아이로 키워라.
- 재미를 추구하는 사람으로 키워라.
- 하고 싶은 것을 원 없이 하도록 한다.
- 잘 노는 아이가 성공할 가능성이 높다.
- 끈기와 근성 있는 아이로 키워라.
- 도전정신을 키워준다.
- 실패를 두려워하지 않는 태도를 키워준다.
- 쉽게 포기하지 않도록 동기를 부여한다.
- 어려운 과정도 즐기도록 독려한다.
- 남이 모두 반대하는 일을 찾아서 한다.
- 문제를 해결하고, 어떤 일을 스스로 해내는 성취 경험을 갖도록 유도해라.
- 대학 시절에 마음껏 하고 싶은 것을 하게 해서, 다양한 경험을 갖도록 한다.
- 좋은 사람을 만나는 것이 성공의 지름길이다.

: 좋아하는 것을 하게 하라

아이가 뭔가를 좋아하는 것은 미래가 있는 아이다. 아이가 좋아하는 것이 있다는 것은 열정이 있다는 것이며, 그것이 인생 성공의 모티베이션이 되는 것이다. 그러므로 아이가 성공적인 삶을 살기를 바란다면 아이가 흥미와 재미를 느끼는 것을 하도록 격려해야 한다.

: 앤젤라 리 덕워스 교수(미국 펜실베니아대 심리학과)의 인생 성공 연구

"성공하기 위해서는 재능보다 더 중요한 것은 바로 기개(Grit)다."

"노력하면 바뀐다는 믿음을 가져라."

"삶은 마라톤이다."

기개란?

- 자신이 세운 목표를 위해 꾸준히 노력할 수 있는 능력

- 자기가 하고 싶은 일을 끝까지 밀어붙이는 힘

- 실패하더라도 좌절하지 않고 끊임없이 노력하는 마음의 근력

- 어떠한 난관에 부딪히더라도 헤치고 나가는 힘

: 기개를 키우는 법

- 공부든 게임이든 무엇이든 하고 싶은 것을 하게 하라.

- 일단 자신이 하기로 마음을 먹은 것은 끝까지 밀고 나가도록 한다.

- 결과에 웃고 우는 것이 아니라 목표를 위해 꾸준히 노력하는 것을 중시한다.

- 삶을 성적이나 등수로 평가하지 말고, 계획한 것을 '얼마나 완수했는가'로 평가한다.

- 꿈을 실현하기 위해 수 년 혹은 수십 년을 노력하는 것이다.

- 삶을 단거리가 아닌 마라톤처럼 산다.

- 어릴 때 운동을 시킨다.

- 어릴 때 신나게 놀게 한다.

성공에 대한 전문가의 견해

리처드 브랜슨(버진그룹 창업자)

"나는 내가 하는 일이 재미있는지, 그 속에서 행복한지를 묻는다."

"나의 성공의 동력은 재미와 나 자신의 행복이다."

"고객이 대접받지 못하는 게으른 시장을 찾아 고객에게 최고의 경험을 대접하는 것이다."

양현석(YG 엔터테인먼트 대표)

"가장 재미있고 신나는 일을 하라."

"한계를 두지 않고 자신이 가장 잘하는 것에 집중하라."

"자신이 옳다고 판단되면 주저하지 않고, 과감하게 열정을 불태우는 것이 필요하다."

켄 란곤(홈디포 공동 창업자)

"세상을 경영하는 것은 C학점 학생들이다"

재닛 앨런 미국 연방제도이사회(FRB) 의장

"기개를 가지라. 능력이라 불리는 무언가가 있어야 성공한다는 믿음을 잘못된 것이다."

유형곤(라이프코치)

"세상에는 개선되어야할 것이 무한히 널려 있다."

미국 대기업 채용 기준

"의사소통 능력, 열정, 호감이 젊은이들이 지녀야할 보다 중요한 덕목이다."

지영석(엘스비어 회장)

"직장의 명성을 따지지 말고 좋은 사람과 함께 일하는 것이 더 중요하다."

"명문대 가려는 이유는 거기에 좋은 사람이 많이 있기 때문이다."

"좋은 환경에 가야 좋은 사람을 만날 확률이 높다."

"인생의 멘토를 만나서 그들의 조언을 들어라."

"인생에서 좋은 사람을 만나는 것이 성공의 지름길이다."

김용(세계은행 총재)

"성실, 헌신, 전념, 기개를 키워주는 것이 인생의 가장 중요한 요소이다."

: 성공인의 태도

① 어떤 일이든지 끝장을 보기: 어려서부터 아이가 뭔가를 하도록 원하면, 반드시 끝까지 열심히 해보라고 가르친다.

② 자율성: 남이 시켜서 하는 것은 크게 신이 나지 않는다. 자신이 원해서 하는 것은 즐겁게 열심히 할 수 있다.

③ 꾸준한 노력: 결과에 일회일비하지 않고 목표가 달성될 대까지 꾸준히 노력한다. 중간에 실패하더라고 좌절하지 않고, 잘못된 것을 보완 수정하면서 계속 앞으로 나아간다.

④ 하루하루 노력에 목표 설정: 하루하루 계획대로 최선을 다해 노력했는가에 목표를 둔다.

부모는 의지력, 좋은 습관, 끝까지 완수하는 능력을 키워주어야 한다.

: 성공으로 유도하는 기질 키워주기

- 운동을 시킨다.

- 자녀가 하고 싶은 것은 무엇이든지 하게 한다(게임이든 놀이든).

- 나쁜 짓만 아니면 그 무엇이든 자녀가 원하는 대로 하게 한다.

- 자녀에게 '하고 싶은 것을 하라'고 얘기해 준다.

- '재밌고 즐거운 일을 찾아서 하라'고 가르친다.

- 실컷 놀게 한다.

- 공부하라고 잔소리나 야단치지 않는다.

- 공부보다 인생 경험을 많이 쌓는 것이 더 중요하다.

- street-smart kid로 키워라.

- 자녀에게 자율성을 키워준다.

- 민주적이고 화목한 가정 분위기를 만들어준다.

- 아이의 재능이나 특기를 살려준다.

- 아이에게 칭찬을 많이 해준다.

- 신문을 읽게 하라.

- 기를 살려준다.

: 결론

부모는 아이에게 '노력하면 무엇이든지 해낼 수 있어'라고 늘 격려해준다. 특히 아이가 실수했을 때 질책을 하는 대신 '괜찮아'라고 격려해준다. 부모가 사소한 것을 가지고 끊임없이 잔소리나 질책을 하면 아이는 자신감을 잃어 의욕을 상실하게 된다. 또한 자신에 대해 부정적인 자아상을 가지게 된다.

공부든 어떤 일이든지 간에 부모는 자녀가 잘못하고 의욕을 상실할 때,

항상 격려해주고 너는 '할 수 있어' '너도 노력하면 분명히 잘할 수 있어'라고 말해준다. 그렇게 부모가 아이를 믿어주고 격려해주면 아이는 공부를 잘하게 되고 어떤 일에서도 성공적인 결과를 얻게 된다.

성공하기 위해서는 자신이 하는 일에 자부심을 가져야 한다. 자신이 하는 일이 가치 있고 의미 있는 일이라는 신념을 가질 때 강렬한 열정과 몰입의 에너지가 솟구치기 때문이다. 어떤 일이든지 열정과 몰입을 가지고 노력하다 보면 반드시 좋은 결과가 나오게 마련이다.

또한 자존감이 있어야 한다. 자신이 가치 있고 소중한 존재라는 마음가짐이 있어야 한다. 자신에 대해 자존감이 없는 사람은 무엇을 하든지 간에 그 일에서 결코 성공할 수 없다. 부모는 자녀가 자존감을 가질 수 있도록 노력해야 한다. 부모는 자녀가 소중한 존재라는 점을 인식시키고 잠재력을 믿고 항상 존중해야 한다.

자녀가 나중에 틀림없이 훌륭하게 되고 반드시 성공할 것을 추호도 의심하지 말아야 한다. 이 믿음은 부모가 죽을 때까지 계속되어야 한다. 자녀는 부모가 믿어주는 대로 성장하게 된다. 따라서 자녀가 실수해도 항상 격려하고 존중해준다. 그리고 부모는 자녀에게 조건 없는 사랑을 해주어야 한다.

: 성공한 사람들의 조언

- 꿈을 크게 가져라.
- 구체적인 목표와 방향을 잡고 단계별 계획을 세워 실천하라.
- 주인 의식을 가져라.
- 하고 싶은 일을 하라.
- 최고를 추구하라.

- 열심히 일하라.

- 자신의 분야에 대해 끊임없이 공부하라.

- 자신의 분야에 전문가가 되라.

- 고객 서비스에 헌신하라.

- 성공한 사람들을 많이 만나라.

- 미래를 위해 10%를 투자하라.

- 정직하라.

- 건강에 신경 써라.

- 인내심을 가져라.

: 로저 뱁슨의 4가지 성공요건

인생목표 세우기, 심신의 건강유지, 지속적인 능력 계발, 명상과 인격 수양

10

행복한 아이로 키우기

자녀 교육의 목적은 아이의 행복

우리는 행복을 추구한다. 마찬가지로 자녀 교육의 목적도 자녀가 인생을 행복하게 살아가도록 하는 데 그 목적이 있다. 행복은 부모가 아이에게 줄 수 있는 가장 중요한 선물이다. 우리 사회나 가정, 모두 인생 성공에 목표를 두고 살아가고 있다. 이것은 잘못된 목표다. 모든 목표는 개개인의 행복에 초점을 맞추어야 한다.

행복의 의의

- 우리는 인생을 행복하게 살기 위해 태어났다.
- 자신의 인생을 행복하게 만드는 것은 우리의 의무다.
- 미래의 출세와 성공을 위해 행복을 희생시켜서는 안 된다.
- 미래의 불확실한 행복을 위해 현재의 행복을 희생해선 안 된다.
- 공부 잘하고, 좋은 학교 나오고, 좋은 회사 다니는 것이 반드시 행복을 의미하지 않는다.
- 물질주의 행복은 일시적인 것이며, 자존감을 저해한다.
- 행복은 힘든 시기를 극복할 수 있는 원천이다.
- 행복한 사람이 능력도 좋고 연봉도 높다.
- 행복한 사람이 건강하고 장수한다.

- 행복한 사람이 성공한다.

행복의 길

- 행복은 현재 이 순간에 있다.
- 행복은 내가 마음으로 열심히 찾아야 한다.
- 행복은 내 마음에서 오는 것이다.
- 그러므로 누구나 행복해 질 수 있다.
- 일상생활에서 감사의 마음을 갖자.
- 일상생활에서 행복을 찾자.
- 행복을 찾으려는 노력과 시간을 아낌없이 투자하자.
- 용서하는 마음을 갖자.
- 남을 위하는 것이 바로 행복이다.
- 감사의 일기를 매일 쓰자.
- 좋은 대인관계를 갖자(단짝 친구 필요).
- 행복에 대해 공부한다.
- 진정한 행복은 남을 행복하게 해주는 것이다.

행복에 관한 전문가들의 견해

- 슈바이처: 성공은 행복의 길이 아니다. 행복이 성공의 길이다.
- 데이비드 마이어스: 행복의 척도는 가깝고 친밀한 단짝 친구의 존재 여부이다. 풍요로운 인간관계만큼 행복한 삶을 위해 중요한 것은 없다.
- 오그 만디노: 행복이란 쟁취하는 게 아니라 베풀 때 찾아온다는 것

을 기억하라(altruism).

- 이기숙 교수: 자신에 대한 믿음과 자신감, 자기 자신에 대한 사랑이 행복을 가져다준다.
- 크리스틴 카터: 행복이 최우선 가치가 되어야 한다.

유형곤의 행복론

- 자신이 좋아하는 것을 할 떠 행복하다.
- 몰입하고 집중할 때 행복하다.
- 자신의 일이 있을 때 행복하다.
- 가치 있고 보람된 일을 할 때 행복하다.
- 꿈을 갖고 이를 위해 노력할 때 행복하다.

행복한 사람이 되려면

- 현실에 만족하고 감사할 줄 아는 사람이 되자.
- 미래의 꿈을 향해 노력하는 사람이 되자.
- 균형 있는 삶을 살아가는 사람이 되자.
- 항상 인생에 대해 공부하는 자세를 갖는 사람이 되자.
- 자기관리를 잘하는 사람이 되자.
- 행복에 대해 공부하는 사람이 되자.
- 사람은 행복에 대해 공부한 만큼 행복할 수 있다.

그랜트 연구(Grant Study)

- 조지 베일런트 교수

- 1937년 하버드 법대생 268명 삶을 40년간 연구

- 30% 성공의 길, 30% 실패의 길(비참한 삶, 정신질환, 알코올 중독)

수재들도 평범한 사람과 다를 바 없다

• 공부 잘한다고 인생의 행복이 보장되는 것은 아니다(행복은 IQ와 무관).

• 행복을 느끼는 것은 주관적인 것이다.

• 부모가 해줄 수 있는 것은 제한되어 있다는 점을 받아들여야 한다.

긍정심리학자 마킨 셀리그만

• 과거와 미래에 대한 긍정적으로 느끼며 살아가는 삶

• 자신의 일에 열정적으로 참여(적극적인 삶)

• 의미 있는 삶(사회봉사, 사회 발전에 기여)

• 오감, 쾌락은 일시적인 것이다.

조지 베일런트 교수

• 고통을 감내하는 능력

• 좋은 인간관계 능력

• 행복한 삶은 지적능력이나 사회적 계급이 아니다.

• 소중한 인간관계를 잘 키워가도록 자녀에게 가르칠 필요가 있다.

록펠러

"나는 사람이 돈 때문에 행복을 얻는 것이 아니며, 행복은 단지 다른 사람을 도움으로써 얻게 되는 느낌이라고 믿는다."

행복한 아이로 키워라

• 아이가 어릴 때부터 행복을 경험시켜라.

• 아이들에게 의식적으로 감사하는 마음을 갖게 유도한다.

• 어렸을 때 행복을 경험해야 행복을 알게 된다.

• 사랑도 받아본 사람이 사랑을 줄 수 있다.

• 행복한 사람이 성공과 출세를 할 수 있다.

• 행복은 부모가 줄 수 있다.

• 행복한 아이로 키우는 것은 세상을 더 살기 좋은 사회로 만드는 일이다.

행복의 전염성(UC 샌디에고 대학 정치학자와 하버드 대학 사회과학자가 행복 전염성 논문 발표)

• 행복은 전염성이 강해서 행복한 사람이 행복을 전염시킨다.

• 엄마가 행복하면 자녀도 엄마의 행복에 전염된다.

• 엄마가 행복해야 자녀에게 행복을 줄 수 있다.

• 자녀가 엄마에게 바라는 것도 엄마가 행복하게 사는 모습이다.

엄마가 먼저 행복한 생활하기

• 자녀의 행복을 돌보기 전에 자신의 행복을 먼저 돌봐야 한다.

• 나만의 시간을 가져야 한다.

• 나의 행복을 위해 자신의 일부를 투자하자.

• 가끔 친구들과 만나 즐거운 시간을 갖는다.

• 가족과 스킨십을 한다.

- 운동한다.

- 자신의 죄책감에서 벗어나자.

- 스스로 행복해지도록 노력하자.

행복한 가정이 바로 아이의 행복이다

- 부모가 먼저 본을 보이자.

- 부부간 행복한 모습을 보여줘라.

- 자녀와 행복한 시간을 가져라.

- 행복한 가정을 만들어라.

- 가족끼리 격려하고, 마주 보고, 웃고, 소통하라.

- 자율성을 주고 주도적으로 뭔가 하도록 격려하라.

- 아이에게 행복한지 물어보라.

행복한 아이로 키우기 위한 조건

- 행복한 가정을 만든다.

- 좋아하는 취미를 갖도록 한다.

- 좋아하는 운동을 즐기도록 한다.

- 악기를 하나 다룰 수 있도록 한다.

- 독서 습관을 갖게 한다.

- 좋은 인간관계를 갖도록 한다.

- 좋은 친구들을 사귀도록 한다.

- 공부하라고 강요하지 않는다.

- 최대한 많이 경험하고, 그 속에서 재미를 찾는다.

- 낙천적이고 긍정적인 성격을 갖도록 한다.
- 늘 배우는 자세를 갖도록 한다.
- 일상생활에서 행복을 느낄 수 있는 능력을 키워준다.
- 늘 감사하는 마음을 갖도록 유도한다.
- 아이가 좋아하는 것을 찾아서 하도록 도와준다.
- 남과 비교하지 않는 자세를 갖도록 해준다.
- 남의 잘못을 언급하지 않도록 한다.
- 자존감을 느끼도록 도와준다.
- 인간이 평등하다는 것을 가르친다.
- 몰입의 기쁨을 배우도록 한다.
- 낙관적 마음 혹은 비관적인 마음은 모두 어릴 때 길러진다.

정서 지능과 행복과의 관계

- 행복한 사람들은 감정을 잘 다스리고, 어려움에 좌절하지 않고 다시 일어난다.
- 감정을 잘 다스리는 것이 정서 지능이다.
- 정서 지능은 학습을 통해 높일 수 있다.

: 정서 지능을 키워주는 방법

- 애착 관계 형성이 중요하다.

- 아이가 감정을 잘 표현하도록 도와준다.

- 부정적인 감정을 잘 다스리고 표현하는 법을 가르친다.

애착 높이기

- 아이가 원하는 것에 잘 반응해 준다.
- 아이에게 안정적인 반응을 준다.
- 아이에게 따뜻한 말투를 사용한다.
- 애착 종류: 회피, 불안, 안정 애착

: 애착이 잘된 아이의 특성

- 건강하고 자신감이 있다.
- 독립적이고 성취 지향적이다.
- 좌절할 때 적극적으로 도움을 요청한다.
- 마음의 평화를 추구한다.
- 규율 잘 지키고, 수업시간에 집중한다.

나쁜 감정 다루기

- 아이의 현재 감정을 읽어준다(아이의 감정이 진정됨).
- 부정적인 감정을 느끼는 이유를 이해하도록 도와준다.
- 부정적인 감정을 해소하는 방법을 찾도록 도와준다.
- 나쁜 행동을 해서는 안 된다고 가르친다(욕하기, 물건 집어 던지기, 소리 지르기, 남 때리기).

: 화를 조절하는 방법

- 화나는 감정을 무조건 억제하거나 혹은 폭발시키면 나쁜 결과를 초래한다.
- 화나는 감정을 상대에게 적절하게 전달하는 것이 중요하다.

- 어릴 때부터 다른 사람과 원만한 관계를 맺으며 살아가는 것을 가르
  친다.
- 정서 조절 능력은 어릴 때 부모로부터 배워야만 한다.
- 화가 났을 때 분노를 표시하는 것 대신에 상대를 기분 나쁘게 하지
  않으면서, 합리적인 방식으로 자신의 의사를 전달하는 연습을 한다.
- 긍정적인 가치에 시간을 투자한다.

행복 훈련

① 부정적인 생각을 행복한 마음으로 즉각 바꾸기: 먼저 행복을 경험해
  야 한다.

② 행복 훈련이 필요하다: 스스로 무엇을 할 때 행복한지를 찾아야 한
  다(무엇이 행복한지 알면, 행복하기 위해 그것을 하면 된다).

③ 행복한 저녁 식사 시간을 갖자: 가족과 함께 즐거운 저녁 식사를 한
  다. 식사 시간에 감사의 기도를 한다. 그날 가장 재미있고, 즐거웠던
  일을 서로 이야기 한다.

④ 모든 인생의 가치를 행복에 두고 결정한다: 사람은 행복하게 살기 위
  해 태어났다. 모든 일을 행복하고 재미있게 하도록 유도한다. 인생의
  목표와 꿈은 행복을 위한 것이어야 한다. 어떤 것을 하든지 그것을
  하는 것이 행복이라는 점을 깨달아야 한다.

우리는 모든 행위를 너무 진지하고 엄숙하게만 하려고 한다. 모든 일
을 사생결단의 각오로 임한다. 그러다 보니 스트레스가 쌓이게 된다. 모
든 행위를 할 수 있다는 것이 바로 행복인데도 말이다. 공부한다는 것은
얼마나 행복한 일인가. 아이들과 같이 모여 학교 생활하는 것이 얼마나

즐거운 일인가. 우리는 모두 삶의 자체가 행복하고 즐거운 일이라는 것을 깨달아야 한다.

11

미래가 요구하는 능력

미래는 창조적이고 혁신적이고 비판적인 능력을 요구하고 있다. 또한 직접 문제를 해결하고 다른 사람과 협업할 수 있는 능력을 길러야 한다. 친구는 경쟁자가 아니며 협력하는 관계라는 점을 인식해야 한다. 가장 중요한 것은 창의성을 길러주는 것이다. 인간만의 특성인 감성 지능, 판단력, 도덕성 등이 중요해지며, 독립적이고 유연한 사고를 할 수 있도록 해야 한다.

창의적인 능력(Creativity)

- 아이가 엉뚱한 짓을 하는 것을 당연하게 여긴다.
- 이 세상에 존재하지 않는 것을 생각하도록 해야 한다.
- 가끔 딴 생각하는 것을 뭐라고 하지 않는다.
- 빈둥거리는 시간을 가져야 한다.
- 아이가 질문하는 것을 장려한다.
- 학교에서 수업시간에 창밖을 보는 것을 지적하지 않는다.
- 창의력은 독서를 통해서 키울 수 있다.
- 축적된 지식을 서로 연결하고 조합해본다.
- 아이의 생각을 존중해준다.
- 아이가 자신만의 의견을 피력하도록 유도한다.

- 수직적인 분위기보다는 수평적인 분위기를 만들어야 한다.

- 좋아하는 일을 마음껏 하게 한다.

비판적 사고(Critical thinking)[11]

- 합리적이고 논리적으로 분석·평가·분류하는 사고 과정이다.

- 객관적 증거에 비추어 사태를 비교, 검토하고 인과관계를 명백하게 한다.

- 이것에 의해 얻어진 판단에 따라 결론을 맺거나 행동하는 과정을 말한다.

협업하는 능력(Collaboration)

- 아무리 뛰어난 인재도 두 사람을 이길 수 없다.

- 친구들과 뭔가를 만들어내는 능력을 키워준다.

- 다른 분야의 사람들과 협업하는 것이 미래는 일상화가 된다.

- 친구들이 경쟁자가 아니라 같이 협력하는 존재가 된다.

- 남을 존경하고 누구에게나 배우는 자세를 갖추는 것이 필요하다.

소통하는 능력(Communication)

- 다른 사람과 원활하게 의사소통하는 능력이 중요하다.

- 다른 사람에게 자신의 의견을 전달하는 능력이 중요하다.

- 자신의 뜻을 상대방에게 이해시키는 능력을 키운다.

- 상대방을 설득하는 능력을 키운다.

---

11 출처: 교육학용어사전

문제 해결력

- 사회에서 필요한 문제를 해결하기 위한 능력을 갖추어야 한다.
- 스스로 비교하고 개선하는 노력을 함으로써 문제 해결력을 키운다.
- 딥러닝 능력을 키워야 한다(스스로 성능을 향상하는 능력).
- 단기목표를 설정해서 이를 성취하는 연습을 하는 것이 필요하다.
- 부모가 문제를 해결하는 방법을 자녀에게 보여 준다.

사회 친화적인 능력

- 남을 배려하고 남과 함께 어울릴 수 있는 인성을 갖춘 사람이 각광 받는다.
- 다른 사람과 교류하고 공감할 수 있는 능력이 중요하다.

질문을 잘하는 능력

- 발전적인 질문을 하도록 분위기 조성한다.
- 질문을 장려한다.
- 서로 다른 배경을 가진 아이와 교류하면서 질문을 교환한다.

스스로 사고하는 능력

- 주입식 교육보다는 스스로 생각하는 능력을 키워준다.
- 비판적 사고능력(Critical Thinking)을 키워주어야 한다.
- 처음에는 시간이 많이 걸리지만, 나중에는 더 큰 성과를 가져온다.
- 자기 주도 학습이 중요하다.

융합하는 능력

- 다른 분야와 접목하는 능력이 중요해진다.

- 있는 지식을 융합하여 새로운 것을 만들어내는 것이 요구된다.

- 융합사고력을 키워야 한다.

- 하이 콘셉트 시대가 된다.

- 하이 터치 시대가 된다.

: 용어 설명

① 하이 콘셉트(high concept)

- 예술적, 감성적, 아름다움을 창조하는 능력

- 여러 아이디어를 결합해 새로운 아이디어를 창조하는 것

- 트렌드를 감지하고 멋진 스토리를 만들어 내는 능력

② 하이 터치(high touch)

- 다른 사람의 마음을 이해하고, 공감하는 능력

- 여러 사람에게 즐거움을 선사하는 능력

- 평범한 일상에서 의미를 끌어내는 능력

- 다니엘 핑크의 『새로운 미래가 온다』에서 인용

파리드 자카리아(포린 어페어스 편집장 역임)의 미래 교육 방향

- 통섭의 교양 교육으로 가야 한다.

- 과학, 인문, 예술교육을 병행해야 한다.

- 인문교육과 테크놀로지를 동시에 가르쳐야 한다.

- 시험으로 평가할 수 없는 지적능력(창의력, 호기심, 모험심, 야망)을 키워 준다.

- 교양 교육을 강화해야 한다(설득력 있게 말하고, 글로 쓰기, 분석적기고 창의적으로 생각하기).

통찰력

- 사물의 본질을 꿰뚫어 볼 수 있는 능력을 갖춰야 한다.
- 어느 분야든지 적응할 수 있는 능력을 갖게 한다(슈퍼 제너럴티스트).
- 철저한 기초지식(주입식, 암기)과 토론식 교육의 병행이 필요하다.

잘 놀 줄 아는 능력

- 미래는 잘 노는 아이가 성공한다.
- 인간은 재미를 추구하는 속성을 가지고 있다.
- 잘 놀 줄 아는 사람이 대우받는 시대가 될 것이다.
- 일을 놀이로 생각하는 사람이 성공한다.
- 어릴 때 잘 놀아본 것이 나중에 자산이 된다.

변화를 수용하는 능력

- 변화하는 것을 받아들이고 적응하는 능력을 길러준다.
- 어떤 상황에서도 적응하는 능력을 길러야 한다.

끊임없이 배우는 능력(평생 학습 시대)

- 지식의 유효기간이 짧아진다.
- 한우물만 파서는 안 된다.
- 폭넓은 지식을 가져야 한다.

- 생각하는 능력을 키워야 한다.

- 새로운 지식을 끊임없이 배우는 능력을 갖춰야 한다.

- 평소 배우는 것이 즐거운 일이라는 것을 깨닫게 한다.

- 평생 교육을 통해 자신의 경쟁력을 높여야 한다.

- 기대수명이 142세 이르게 되며, 세상은 빠르게 변한다.

- 미래는 100세까지 일해야 하는 시대가 된다.

- 새 기술을 습득해서 계속 변신해야 한다.

- 배우는 것에 자신감을 느끼도록 해야 한다.

- 배우고 일하고 쉬는 사이클이 반복되는 사회가 된다.

- 미래에는 직업을 여러 번 바꾸어야만 생존할 수 있다.

- 기계에 지배당하지 않으려면, 우리는 끊임없이 배우는 자세가 필요하다.

창직 능력을 키워라

- 개개인이 새로운 직업을 만들어내야 한다.

- 어릴 때 다양한 경험을 하도록 유도한다.

- 자신이 좋아하는 것을 깊게 파고들고, 또한 사람을 연구한다.

- 다른 사람들이 하지 않는 것을 연구한다.

소프트 스킬(soft skill) 시대

비판적 사고, 대화 설득기술, 판단력, 도덕성, 자기관리, 자기 성찰, 필요한 지식 획득 능력 등이 중요한 시대다.

감성 지능을 키워라

타인과 감정 교류를 원활하게 할 수 있어야 한다. 사람은 다른 사람과 교감을 잘하는 것이 중요하다. 좋은 인간관계에서 필요한 감성 지능을 발달하도록 교육시켜야 한다. 미래는 대부분 사람의 일을 기계가 대체하게 된다. 그러나 인간의 감성을 다루는 직업은 계속 사람이 할 수밖에 없다. 공감하고 배려하는 사람으로 키워야 한다.

자기가 진정으로 하고 싶은 일을 선택해서 하는 시대

- 아이가 진정으로 하고 싶은 것을 하도록 해야 한다.
- 자신이 잘하는 것을 하도록 해야 한다.
- 자신이 하고 싶고 잘하는 분야에서, 창의적으로 할 수 있도록 도와주어야 한다.

미래는 모든 것이 바뀐다

- 부모의 과거 경험과 잣대로 미래를 예측하는 것은 어리석은 일이다.
- 미래의 불확실성을 생각한다면, 안전한 것이 계속 안전하다고 장담할 수 없다.
- 불안정하고 위험한 길을 선택하라.
- 남이 가지 않는 길을 선택하라.
- 남이 모두 반대하는 일을 찾아서 하라.
- 미래가 어떻게 변할지는 그 누구도 예측할 수 없다.

미래는 4차 산업혁명시대[12]

- 미래는 학벌이 중요한 것이 아니라 무엇을 할 수 있느냐가 중요하다.

- 내가 잘할 수 있는 것을 찾고 이를 발전시키는 것이 중요하다.

- 대부분의 일은 로봇과 인공지능 등 기계가 대신한다.

- 컴퓨터 기반 사고력은 필수다.

- 기술을 가진 소수가 지배하는 사회가 된다.

- 컴퓨터를 다루는 일자리가 늘어난다.

- 1인 기업시대가 된다.

- 모든 사람이 자신만의 독특한 분야에서 전문가가 되는 시대이다.

- 사물인터넷(IoT) 시대가 된다.

- 미래는 초연결사회[13]가 된다.

- 빅데이터 분석 기술이 중요해진다(정보를 종합하고 분석하는 기술).

- 로봇에 관련된 일자리는 늘어난다.

- 노동시간은 줄어들고 더 많은 여가가 생긴다.

- 사무직 일자리와 단순 반복 업무의 일자리는 모두 사라진다.

- 중간관리직은 일자리가 사라진다.

- 저소득의 육체노동직과 고소득의 창의적인 일자리는 늘어난다.

- 가치를 창조하고, 희소하며, 모방이 어려운 직업이 뜬다.

- 향후 20년 이내에 현재의 일자리의 47%가 없어진다.

---

12 제4차 산업혁명 시대: 농업혁명, 기계화와 대량생산에 따른 산업혁명, 디지털 혁명에 이어, 제조업과 정보통신기술(ICT) 및 첨단과학기술이 융합된 시대를 제4차 산업혁명 시대라고 말한다.

13 초연결사회(hyper-connected society): 인터넷과 통신기술의 발달로 인간과 인간, 기기와 기기, 사람과 기기 등 인간, 정보, 사물이 모두 연결되는 사회를 말한다.

- 가정에서 인성 교육이 중요해지는 시대가 된다.
- 인터넷이 활동의 일상화 공간이 되며, 인터넷 기업이 더욱 번성하게 된다.
- 지식은 원격강의나 인터넷 등으로부터 직접 전수받게 된다.
- 인공지능(AI), 신경기술, 3D 프린터, 유전자 편집, 퀀텀 컴퓨터 분야가 발달한다.
- 예술, 엔터테인먼트, 디자인 종사자가 늘어날 것이다.
- 간호사 직업을 비롯하여 남을 돌보는 직종의 수요가 늘어날 것이다.

미래 생존전략

- 나만의 길을 가야 한다.
- 자신만의 중심을 잡는 것이 매우 중요하다.
- 기존의 지식을 버려라(코페르니쿠스적 전환).
- 현재의 모든 것을 파괴하라.
- 현재의 모든 것을 의심하라.
- 항상 혁신하려는 생각을 가져야 한다.
- 가치 중심으로 삶을 계획하라.
- 항상 남과 다른 생각을 하는 습관을 가져야 한다.
- 남이 안 하는 것을 찾아서 하라.
- 남이 모두 반대하는 것을 하라.
- 정해진 답을 요구해서는 안 된다.
- 남과 다른 질문을 던질 줄 알아야 한다(Big Question).[14]

---

14 사회를 긍정적으로 바꿀 수 있는 거대 질문

- 미래의 모습에 대해 상상하라.

- 미래는 상상하는 사람에 의해 지배된다.

- 기계보다 사람이 잘할 수 있는 것을 키워주어야 한다.

- 기초체력이 튼튼한 사람으로 키워라.

- 컴퓨터 지식은 필수다.

- 정보통신기술(ICT)을 습득해야 한다.

- 영어도 필수다.

- 코딩을 필수로 배워야 한다.

- 수학과 물리도 잘 공부해야 한다.

- 사람만이 할 수 있는 일을 찾아라.

- 나의 취업경쟁자는 전 세계인이다.

- 나의 취업경쟁자는 로봇과 인공지능이다.

- 로봇을 다루는 사람이 유리하다.

- 기계를 다루는 전문기술자가 유리하다.

- 인간만이 가질 수 있는 꿈을 갖도록 하라.

- 변화에 잘 적응하는 아이로 키워라.

- 끊임없이 배우는 자세를 가져야 한다.

- 끈기와 호기심을 갖고 꾸준히 탐구하라.

- 새로운 미래를 개척하는 사람으로 키워야 한다.

미래의 인재 요건

다방면의 독서로 다양한 지식을 습득해야 하며, 논리적 사고, 창의력, 사고력을 갖춰야 한다.

합리적 사고를 배양하기 위해 과학, 수학의 공부가 매우 중요하다. 미래는 기계나 인공지능이 따라올 수 없는 인간만이 가진 특성을 활달시켜야 한다. 즉 상상력, 창의성, 비평적 사고, 설득기술, 유연한 적응력 등을 길러야 한다.

다니엘 핑크의 미래 전망

"좌뇌와 함께 우뇌의 능력이 중요시 되는 시대가 된다. 예술적 감수성이 필요하다. 누구나 살바도르 달리(Salvador Dali)나 파블로 피카소(Pablo Picasso) 같은 위대한 화가가 될 수 없지만 우리 모두가 디자이너가 되어야 한다. 수학, 과학, 영어, 사회과학, 기타 수업 과목에도 디자인을 접목시켜야 한다. 이제 디자인이 소비자의 결정을 하는 핵심요소이다. 따라서 MBA[15]보다는 MFA[16]가 더욱 인기가 있을 것이다."

"미래는 테크놀로지만으로는 안 된다. 디자인이 결합되어야 한다."

- 래리 톰슨(링링대 총장)

"개척하는 지성으로 키워야 한다."

- 염재호(고려대 총장)

"2029년 인간과 같은 인공지능이 탄생할 것이며, 2045년에는 인간을 뛰어넘는 포스트 휴먼이 탄생할 것이다."

- 레이 커즈와일(디래학자)

---

15 MBA(Master of Business Administration): 경영학 석사

16 MFA(Master of Fine Arts): 미술학 석사

부모 자격시험 예상문제

01. 자녀가 공부를 싫어하고 공부를 못하는 원인을 분석하시오.

02. 사교육을 시키지 않고 아이가 공부를 잘하기 위한 방법을 제시하시오.

03. 과도한 선행 학습의 폐해에 대해 논하시오.

04. 아이가 영어를 못하는 이유를 설명하고, 영어를 잘하기 위한 방법을 제시하시오.

05. 부모 자격취득의 중요성에 대해 논하시오.

06. 놀기의 중요성에 대해 논하시오.

07. 에릭슨의 심리 사회적 발달 이론을 설명하시오.

08. 부모가 자녀 교육에 미치는 영향과 역할에 대해 설명하시오.

09. 부모가 자녀 공부를 지도할 때 실패하는 원인을 설명하시오.

10. 행복한 아이로 키우기 위한 방안에 대해 논하시오.

11. 인성 교육의 중요성에 대해 논하시오.

12. 독서 습관의 중요성에 대해 논하시오.

13. 인성 교육에 있어서 부모의 역할에 대해 논하시오.

14. 인성 교육이 결여되었을 때 나타나는 현상에 대해 설명하시오.

15. 정서교육의 중요성에 대해 논하시오.

16. 아빠가 자녀 교육에 참여해야 하는 이유와 그 효과에 대해 논하시오.

17. 엄마와 아빠의 자녀 교육의 차이점에 대해 논하시오.

18. 꿈의 중요성과 꿈의 성격에 대해 논하시오.

19. 부모가 자녀에게 주어야 할 것들에 대해 논하시오.

20. 자녀에 대한 올바른 사랑과 잘못된 사랑에 대해 설명하시오.

21. 뇌를 발달시키는 방안에 대해 설명하시오.

22. 재능에 대해 설명하고 재능을 발견하기 위한 방안을 제시하시오.

23. 각인 효과에 대해 설명하시오.

24. 호기심을 키워주기 위한 방법에 대해 논하시오.

25. 아이가 수학을 잘하기 위한 방안을 제시하시오.

26. 아이가 성공하기 위해 갖추어야 할 요소에 대해 설명하시오.

27. 칭찬의 중요성과 칭찬 시 주의할 점에 대해 논하시오.

28. 미래가 요구하는 인재조건에 대해 논하시오.

29. 청소년기의 현상에 대해 논하시오.

30. 자존감에 대해 정의하고 자존감의 중요성에 대해 논하시오.

31. 자신감에 대해 정의하고 자신감의 중요성에 대해 논하시오.

32. 아이가 그 자체로 완벽하다는 점에 대해 논하시오.

33. 아이의 기질과 성격의 형성에 대해 논하시오.

34. 훈육 시 주의해야 할 사항에 대해 설명하시오.

35. 바람직한 부모의 형태에 대해 논하시오.

36. 글로벌 인재가 되기 위한 요건에 대해 논하시오.

37. 자녀와 소통이 안 되는 이유를 설명하고, 소통을 잘하기 위한 방안을 조하시오.

38. 자녀 존재의 의의에 대해 설명하시오.

39. 양육방식의 종류를 설명하고 가장 바람직한 양육방식을 논하시오.

40. 잔소리에 대해 설명하고 그 개선점에 대해 논하시오.

41. 자율성과 독립성의 중요성을 설명하시오.

42. 용돈 교육에 대해 논하시오.

43. 운동의 중요성에 대해 논하시오.

44. 창의적인 아이로 키우기 위한 방안에 대해 논하시오.

45. 미래의 변화에 대해 논하시오.

46. 아이가 원하는 방향대로 유도하기 위한 방안을 논하시오.

47. 메타인지에 대해 설명하시오.

48. 정서가 공부에 미치는 영향에 대해 논하시오.

49. 자녀를 과보호로 키웠을 때 부정적인 현상에 대해 논하시오.

50. 자녀 교육과 경제력의 상관·관계에 대해 논하고 자신의 견해를 밝히시오.

51. 공부 습관의 중요성과 그 방법에 대해 설명하시오.

52. 자녀 교육의 전반기와 후반기로 나눠서 부모의 역할에 대해 논하시오.